经济管理实验实训系列教材

财务报告分析

Financial Reporting Analysis

主 编 唐 俐
副主编 王海兵 杨安富

西南财经大学出版社
Southwestern University of Finance & Economics Press

总 序

高等教育的任务是培养具有创新精神和实践能力的高级人才。"实践出真知"，实践是检验真理的唯一标准，也是知识的重要源泉。大学生的知识、能力、素养不仅来源于书本理论与老师的言传身教，更来源于实践感悟与体验。大学教育的各种实践教学环节对于培养学生的实践能力和创新能力尤其重要，实践对于大学生成长至为关键。

随着我国高等教育从精英教育向大众化教育转变，客观上要求高校更加重视培养学生的实践能力。以往，各高校主要通过让学生到企事业单位和政府机关实习的方式来训练学生的实践能力。但随着高校不断扩招，传统的实践教学模式受到学生人数多、岗位少、成本高等多重因素的影响，越来越无法满足实践教学的需要，学生的实践能力的培养越来越得不到保障。有鉴于此，各高校开始探索通过校内实验教学和校内实训的方式来缓解上述矛盾，而实验教学也逐步成为人才培养中不可替代的途径和手段。目前，大多数高校已经普遍认识到实验教学的重要性，认为理论教学和实验教学是培养学生能力和素质的两种同等重要的手段，二者相辅相成、相得益彰。

相对于理工类实验教学而言，经济管理类专业实验教学起步较晚，发展滞后。在实验课程体系、教学内容（实验项目）、教学方法、教学手段、实验教材等诸多方面，经济管理实验教学都尚在探索之中。要充分发挥实验教学在经济管理类专业人才培养中的作用，需要进一步深化实验教学研究和推进改革。加强实验教学基本建设的任务更加紧迫。

重庆工商大学作为具有鲜明财经特色的高水平多学科大学，高度重视并积极探索经济管理实验教学建设与改革的路径。学校经济管理实验教学中心于2006年被评为"重庆市高校市级实验教学示范中心"，2007年被确定为"国家级实验教学示范中心建设单位"。经过多年的努力，我校经济管理实验教学改革取得了一系列成果，按照能力导向构建了包括学科基础实验课程、专业基础实验课程、专业综合实验课程、学科综合实验（实训）课程和创新创业课程五大层次的实验课程体系，真正体现了"实验教学与理论教学并重、实验教学相对独立"的实验教学理念，并且建立了形式多样、以过程为重心、以学生为中心、以能力为本位的实验教学方法和考核评价体系。努力做到实验教学与理论教学结合、模拟与实战结合、教学与科研结合、专业教育与创业教育结合、学校与企业结合、第一课堂与第二课堂结合，创新了开放互动的经济管理实验教学模式。

为进一步加强实验教学建设，展示我校实验教学改革成果，由学校经济管理实验教学指导委员会统筹部署和安排，计划陆续出版“经济管理实验教学系列教材”。本套教材力求体现以下几个特点：一是系统性，该系列教材将涵盖经济学、管理学等大多数学科专业的“五大层次”实验课程体系，有力支撑分层次、模块化的经济管理实验教学体系；二是综合性，该系列教材将原来分散到若干门理论课程的课内实验项目整合成一门独立的实验课程，尽量做到知识的优化组合和综合应用；三是实用性，该系列教材所体现的课程实验项目都经过反复推敲和遴选，尽量做到仿真，甚至全真。

感谢该系列教材的撰写者。该系列教材的作者们普遍具有丰富的实验教学经验和专业实践经历，个别作者甚至是来自相关行业和企业的实务专家，希望读者能从中受益。

毋庸讳言，编写经济管理实验教材是一种具有挑战性的开拓与尝试，加之实践本身还在不断地丰富与发展，因此本系列实验教材可能会存在一些不足甚至错误，恳请同行和读者批评指正。我们希望本套系列教材能够推动我国经济管理实验教学的发展，能对培养具有创新精神和实践能力的高级专门人才尽一份绵薄之力！

重庆工商大学校长、教授、博士生导师

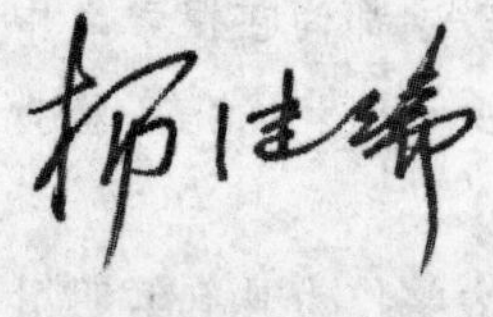

2011年5月10日

前言

财务报告指企业对外提供的各项正式报告或非正式会计信息。随着市场经济的快速发展，人们对财务报告提供的信息的分析利用越来越普遍，《财务报告分析》也成为一门实践性、技巧性很强的课程。财务报告分析既是企业管理者分析、评价经营活动、财务状况及经营成果的必要手段，又是企业利益相关者、投资人必备的投资分析工具。

《财务报告分析》是会计学专业、财务管理专业、审计学专业、金融学专业、投资学专业等财经专业的必修课程之一，又是相关专业的选修课程。本教材主要阐述了财务报告分析的基本理论、基本方法和基本技能。具体内容包括四个部分：第一部分是财务报告分析的概述，具体包括财务报告分析的程序、基本原则、信息资料基础及财务报告分析的一般方法；第二部分是财务报表的解读与分析，具体包括三章：资产负债表分析、利润表与所有者权益变动表分析和现金流量表分析；第三部分是财务能力分析，具体包括偿债能力分析、营运能力分析、盈利能力分析、增长能力分析和财务报告综合分析；第四部分是实验部分，具体包括资产负债表实验、利润表实验、现金流量表实验、财务能力实验和财务报告综合实验。

本教材的特点主要有：

(1) 体系简洁。本教材在参考多种主流教材体系基础上，把《财务报告分析》一书的体系调整为六章，体系设计上围绕“财务报告分析基础——四大报表的解读与分析——整体综合分析”的思路展开，以期让学生对报告分析有一个系统把握。

(2) 教材形式灵活，有助于教与学的互动。本教材内容新颖，教材形式灵活，有“学习提示”、“小讨论”、“小提示”、“小知识”、“课后题”等栏目，有助于师生互动。

3. 案例丰富。教材中的案例具有较强的代表性和实效性，每章都有上市公司的最新案例数据，力求案例真实、来源可靠、分析深入。

本教材适合普通本科院校、高职高专、成人高等教育、MBA学员的财务报告分析课程的教授，也可作为经济管理人员、在职会计人员、银行信贷人员、证券从业人员后续教育及知识更新的教材和参考书。

本书的具体分工如下：第一章由重庆工商大学唐俐教授和郭宗瑞睿（2011级研究生）完成；第二章及附录一由重庆工商大学杨安富副教授完成，第三章及附录二由重庆交通大学王慧琳讲师完成，第四章及附录三由西南石油大学钟文讲师完成，第五章及附录四由南京财经大学夏雪花讲师完成，第六章及附录五由重庆理工大学王海兵教授完成。

全书的统稿工作由唐俐教授和美国杜兰大学弗里曼商学院研究生马子茜完成。重庆理工大学研究生李文君参与全书书稿整理工作。重庆工商大学李定清教授对本书给予了许多宝贵的意见，在此一并表示诚挚的感谢！

由于时间仓促和编写人员水平有限，不妥之处在所难免，甚至出现错误遗漏等问题，需要在教学和使用中不断地改正和完善，希望广大读者提出宝贵的批评与建议，我们一定虚心接受并积极改进，在此，向读者表示真诚的感谢。书中引用了已在参考文献中注明和其他一些作者的宝贵成果，在此一并感谢！

重庆工商大学会计学院　唐俐

2013 年 10 月

目 录

第一章 财务报告分析概述

学习提示：

财务报告分析概述是学习财务报告分析的理论基础。本章要求学生了解分析程序和基本原则，掌握四大会计报表的格式以及财务报告分析方法的使用。

第一节 财务报告分析的程序和基本原则

财务报告指企业对外提供的各项正式报告或非正式会计信息。财务报表是财务报告的核心内容。财务报告分析是指企业财务报告的使用者和需求者采用科学的分析方法，根据财务报告提供的信息，对企业的财务状况、经营成果、现金流量等信息的真实性及形成过程进行分析，以全面、客观地评价企业财务信息质量及企业财务状况、经营成果，并为财务控制和财务决策提供依据的分析活动。

一、财务报告分析的程序

财务报告分析的程序就是分析财务报告的具体步骤，主要分为三个阶段：准备阶段、实施阶段和综合分析与评价阶段。其中，实施阶段是财务报告分析的主体部分，准备阶段为实施阶段提供依据，综合分析与评价阶段是在实施阶段的基础上进行总结与概括。

（一）财务报告分析的准备阶段

财务报告分析的准备阶段的主要任务是明确分析目的，制订分析方案，收集整理相关资料和信息，具体包括以下三个步骤：

1. 明确分析目的

不同的信息使用者对财务报告的关注点不同。因此，在分析财务报告时，首先要明确分析的目的，即信息使用者通过分析报告希望获取什么信息。只有明确了分析目的，才能进一步确定分析的内容与重点，并选择恰当的分析方法，从而得出正确的结论。

2. 制订分析方案

在明确财务报告分析目的的基础上，应制订详细可行的分析方案，包括财务报告分析的具体目的和内容，分析人员的职责分工与时间进度安排、分析评价标准及拟采用的分析方法等。

3. 收集整理相关资料和信息

信息收集整理的充分性、真实性和准确性是保证财务报告分析的客观性和准确性的基本条件之一。根据分析方案的职责安排，负责收集整理相关资料和信息的人员，应该依据已明确的分析目的，尽可能地收集相关资料。财务报告分析需要的主要资料包括审计报告、会计报表及附注、上市公告书、招股说明书、人力资源信息、企业预算报表、定员定额资料、所属行业相关信息等。在取得相关资料的基础上，分析人还应对资料进行加工整理，去伪存真，保证资料的真实性，提高财务报告分析的有效性。

（二）财务报告分析的实施阶段

财务报告分析的实施可以分为三个阶段：战略分析阶段、会计分析阶段、财务分析阶段。

1. 战略分析

战略分析是财务报告分析的重要起点，主要目的是寻找企业收益的驱动因素，防范风险，预测发展前景。通过战略分析，报告分析者可以对企业所处行业进行定性分析，了解企业在该行业中所处的地位和拥有的市场竞争力，从而识别企业的利润驱动因素和企业面临的主要风险，然后对企业的未来业绩做出合理的预测。企业的战略分析通常包括行业分析和竞争战略分析。

（1）行业分析。行业分析的目的是了解企业所在行业的利润潜力，因为不同行业的盈利能力不同，并且随着时间递延呈现规律性和可预测性。行业分析主要包括行业特征分析、行业生命周期分析和行业获利能力分析。其中行业特征分析主要是从行业的竞争特征、需求特征、技术特征、增长特征、盈利特征这五个方面进行分析；行业生命周期主要分为投入期、生长期、成熟期和衰退期，通过行业生命周期分析来判断该行业正处于哪个阶段；行业获利能力分析评价行业获取利润的能力，以及企业核心竞争力获取收益的稳定性和成长性。

（2）企业竞争战略分析。企业的盈利能力不仅受所处行业的影响，而且与企业所做出的竞争战略也有很大的关系，合理的竞争战略有助于企业取得竞争优势。企业竞争战略分析的目的就是评价企业做出的竞争战略是否合理。一般性的竞争战略主要有成本领先战略和差异化战略。实行成本领先战略的企业重点是严格控制成本，通过该战略，企业能够以较低的成本与对手相同的产品或服务进行竞争。实行差异化战略的企业需要具有创造力，就客户高度关注的某个方面，在行业中追求独特性，以独一无二的方式满足特定客户的需求。

2. 会计分析

会计分析是财务报告分析的基础，其目的是评价企业会计对企业基本经营状况的反映程度。通过会计分析，报告信息使用者可以了解企业的会计原则、会计政策和会计估计等，发现这些原因导致的会计信息差异，并采取一定的方式加以说明或调整，解决会计信息的可比性问题。会计分析一般分为以下五个步骤：

（1）阅读财务报告。全面地阅读财务报告是进行财务报告分析很关键的一步，目的是通过阅读财务报告，从中获取对信息使用者有价值的信息，有助于分析者对企业的会计政策、会计估计及会计信息的披露进行全面的了解和恰当的分析。在阅读财务报告时，不仅要阅读资产负债表、利润表、现金流量表和所有者权益变动表，还应该着重注意企业的财务报表附注，了解企业会计政策和会计估计及其变更的情况，同时也要注意注册会计师出具的审计报告和非财务资料信息。

（2）评估会计策略。会计策略包括会计政策和会计评估两个方面，在评估会计策略的时候，首先要明确企业用于衡量关键因素和风险的会计政策和会计估计是什么，评价选择会计策略时是否具有灵活性。如果具有很少的灵活性，要关注会计数据是否反映了企业的经营状况；如果具有很大的灵活性，需要重点关注企业采取的目的。因为管理层可以利用会计灵活性披露企业的经济状况或者隐瞒企业的真实业绩，以达到预期的经营效果。因此，分析者应该分析企业选择的会计政策与行业标准是否一致，管理层是否有利用会计酌情权进行盈余管理的强烈动机。

（3）分析财务报表变动。财务报表使用者要了解企业提供的财务报表出现了哪些变动，显著的变动往往意味着不正常的原因。因此，财务报表使用者应利用比较分析法、比率分析法、趋势分析法等专门方法，对报表分析的变动额度、变动幅度和变动趋势等进行分析，寻找出显著的变动，同时利用相关会计资料，判断企业对项目的显著变动是否具有充分、合理的解释，从而排除正常变动，锁定异常变动。

（4）评价信息披露质量。财务报告分析者应该评估企业信息披露的质量，评估企业是否披露了充分的信息来衡量企业的经营战略和经营业绩；附注信息是否充分解释了主要的会计政策，当企业的会计政策有显著变化时，是否在附注中进行了解释；对于不好的消息，管理层如何进行披露，管理层处理坏消息的方式可以最清楚地反映出企业信息披露的质量等。会计质量分析的常用方法是寻找能揭示出会计质量问题的“红旗”，面对出现的潜在的危险信号，分析者应该更加细致地研究相关项目或者收集更多的相关信息，获得证实财务舞弊的直接证据。

（5）消除会计失真。如果通过以上步骤确实发现企业存在财务舞弊现象，财务分析师需要利用财务报表及其他相关资料，尽量重新核算会计数据，调整财务报表数据，尽可能地消除会计失真的影响。

分析人员消除会计失真常用的工具有现金流量表和会计报表附注。企业的现金流量表能够协调权责发生制下和收付实现制下的企业业绩。当分析人员不能确定权责发生制下的利润时，现金流量表可以为调整提供基础。会计报表附注可以为重新核算会计数据提供大量有用的信息，例如对会计政策变更的说明，相关会计估计的详细信息等。同时，非财务信息资料也可以为调整提供辅助信息。

3. 财务分析

财务分析是财务报告分析的最主要部分，其目的是在考虑企业既定目标与方针政策的情况下，对企业的经营业绩进行评估。财务分析主要评价企业的偿债能力、营运能力、盈利能力和发展能力，这部分内容将在本书的第五章“财务能力分析”中详细介绍。常用的财务分析方法有比较分析法、比率分析法、因素分析法等，在分析时，可以根据分析目的将这些方法结合使用。其中比率分析法是最重要的方法，反映企业某方面财务状况的各类财务指标通常就是通过比率的方式来计算的，如分析企业偿债能力的速动比率、流动比率、资产负债率等。

（三）财务综合分析和评价阶段

1. 财务综合分析与评价

财务综合分析与评价是在报表分析的基础上，综合运用各种分析方法对企业的整体状况进行评价，并进行预警分析，是财务报告分析的最终环节。通过综合分析与评价，将定量分析与定性分析相结合，财务报表信息与非财务报表信息相结合，得出财务报告分析结论，并对企业的财务状况、经营结果和现金流量作出评价。

2. 价值评估与财务预测

在报表分析和综合分析与评价的基础上，信息使用者运用定性判断和定量判断，对企业价值进行合理的评估是对财务报告分析的有效应用。同时，应用历史或现实的财务报告结果预测企业未来财务状况也是非常有必要的，有利于信息使用者作出合理的决策。

3. 做出财务报告分析报告

财务分析报告是反映企业财务状况和经营成果意见的报告性书面总结。报告中应包括财务报告分析的对象、目的、分析程序、分析评价，以及分析人员在分析过程中发现的问题和提出的建议。它不仅可以为信息使用者提供决策依据，还可以为以后的财务报告分析提供参考，保证财务报告分析的连续性。

二、财务报告分析的基本原则

（一）目的明确原则

坚持目的明确原则，就是要求财务报告信息使用者在分析财务报告之前，明确分析的目的，即通过分析财务报告希望获取的信息。只有明确了分析目的，才能确定分析所需要的资料、分析程序和分析方法。分析的深度和质量在很大程度上取决于分析目的的明确程度。如果分析目的不明确，分析就无从下手，分析的结果可能就没有意义。因此，明确财务报告分析目的，是做好财务报告分析的首要任务。

（二）实事求是原则

坚持实事求是原则，就是要求财务报告分析者从实际出发，反对主观臆断、结论先行、搞数字游戏。坚持实事求是原则要求分析者必须要两手抓，一手抓必要性，一手抓充分性。不能只满足必要性就认定结论是正确的，更不能结论先行，通过搞数字游戏等手段达到既定目的。只有在必要性和充分性都满足时，得出的分析结果才是正确的。

（三）全面分析原则

坚持全面分析原则，就是要求财务报告分析者要全面地看问题，坚持一分为二，反对以点盖面。分析财务报告时要结合企业所在行业的特点和国家宏观经济政策等背景知识，兼顾有利因素与不利因素、主观因素与客观因素、外部因素与内部因素、经济问题与技术问题等。在进行财务报告分析时，既要注重各个财务指标的分析，又要进行综合财务分析，这样才能得出全面准确的结论。

（四）系统分析原则

坚持系统分析原则，就是要求财务报告分析者注重事物之间的联系，坚持相互地看问题，反对孤立地看问题。分析人要注意局部与全局的关系、报酬与风险的关系、偿债能力与盈利能力的关系等，从整体上把握企业的状况。在进行财务报告分析时，要尽量注重企业各个管理因素之间的联系。

（五）动态分析原则

坚持动态分析原则，就是要求财务报告分析者坚持用发展的眼光看问题，反对静止不变、墨守成规。财务报告分析者要注意过去、现在和未来的关系。既要分析过去的交易事项，总结规律和经验，又要对企业未来的发展潜力和前景作出预测。财务报告分析的目的就是将过去的数据放到现在的条件下进行评价，然后再对未来进行预测，帮助信息使用者作出决策。

（六）定量分析与定性分析结合原则

坚持定量分析和定性分析结合原则，就是要求财务报告分析者在进行分析时将财务报告分析理论与分析实践相结合。定性分析是基础和前提，有助于弄清本质和趋势；定量分析是工具和手段，有助于弄清数量和阶段性。财务报告分析要透过数字看本质，没有数字就得不出结论。因此，要坚持定量分析与定性分析结合原则，并以定量分析为主。

第二节 财务报告分析的信息资料基础

财务报告具体包括财务报表、财务报表附注、审计报告及非财务信息。

一、财务报表

财务报表包括资产负债表、利润表、现金流量表、所有者权益（或股东权益）变动表，提供关于企业财务状况、经营成果和现金流量的信息。

（一）资产负债表

1. 资产负债表的格式

资产负债表是反映企业某一特定日期财务状况的报表，是根据“资产＝负债＋所有者权益”的会计等式，依照一定的分类标准和一定的次序编制而成的。资产负债表主要从两个方面反映企业某个时点的静态财务状况指标：一方面反映企业在某一特定日期所拥有的资产规模及其内容；另一方面反映企业在某一特定日期资金的来源及其结构。我国会计制度规定的企业资产负债表的基本格式见表 1－1：

表 1 - 1

资产负债表

编制单位： 年 月 日 单位：元

资产	期末余额	年初余额	负债和所有者权益	期末余额	年初余额
流动资产：			流动负债：		
货币资金			短期借款		
交易性金融资产			交易性金融负债		
应收票据			应付票据		
应收账款			应付账款		
预付款项			预收款项		
应收利息			应付职工薪酬		
应收股利			应交税费		
其他应收款			应付利息		
存货			应付股利		
一年内到期的非流动资产			其他应付款		
其他流动资产			一年内到期的非流动负债		
流动资产合计			其他流动负债		
非流动资产：			流动负债合计		
可供出售金融资产			非流动负债：		
持有至到期投资			长期借款		
长期应收款			应付债券		
长期股权投资			长期应付款		
投资性房地产			专项应付款		
固定资产			预计负债		
在建工程			递延所得税负债		
工程物资			其他非流动负债		
固定资产清理			非流动负债合计		
生产性生物资产			负债合计		
油气资产			所有者权益：		
无形资产			实收资本（股本）		
开发支出			资本公积		
商誉			减：库存股		
长期待摊费用			盈余公积		

表1-1(续)

资产	期末余额	年初余额	负债和所有者权益	期末余额	年初余额
递延所得税资产			未分配利润		
其他非流动资产					
非流动资产合计			所有者权益合计		
资产总计			负债和所有者权益总计		

2. 资产负债表提供的信息

从表1-1中可以看出，资产负债表分左右两边，左边列示资产类项目，右边列示负债和所有者权益项目，并且左右两边的合计数保持平衡。其中，资产、负债和所有者权益按照一定的规律进行排序。资产负债表可以提供以下几个方面的信息：

(1) 资产类项目反映企业某一特定日期的资产总额，提供企业资产变现能力、资产结构及资产管理水平的信息。资产类项目在资产负债表中按照其流动性即变现能力排列，流动性越强的资产，其变现能力越强，排列越靠前。资产结构反映企业的生产经营状况和资产的利用情况，进而可反映出企业资产的管理水平。

(2) 负债类项目反映企业某一特定日期的负债总额，提供企业债务水平和结构的信息。负债类项目在资产负债表中按照债务到期日的远近顺序排列。通过分析各类负债占负债总额的比例，可以判断企业的债务结构是否合理。

(3) 所有者权益类项目反映企业某一特定日期所有者权益的总额，提供企业所有者权益的构成结构和收益分配情况的信息。所有者权益类项目在资产负债表中按照权益的永久程度排列，永久性高的排在前，低的在后。这对于评价企业获取利润和提供投资收益的能力至关重要。

(二) 利润表

1. 利润表的格式

利润表是反映企业在一定期间经营成果的报表。在利润表中，把一定时期的营业收入与同一时期相关的营业成本费用进行配比，计算出营业利润，并将这个时期内由于营业外事项产生的收入、费用、损失与营业利润相加，得出企业当期的经营成果。

利润表的格式主要有多步式和单步式，我国企业大多采取多步式利润表，其基本格式见表1-2：

表1-2　　利润表

编制单位：　　年度　　单位：元

项目	本期金额	上期金额
一、营业总收入		
减：营业总成本		
营业税金及附加		

表1－2(续)

项目	本期金额	上期金额
销售费用		
管理费用		
财务费用		
资产减值损失		
加：公允价值变动收益（损失以“－”号填列）		
投资收益（损失以“－”号填列）		
二、营业利润（亏损以“－”号填列）		
加：营业外收入		
减：营业外支出		
三、利润总额（亏损总额以“－”号填列）		
减：所得税费用		
四、净利润（净亏损以“－”号填列）		
五、每股收益：		
基本每股收益		
稀释每股收益		
六、其他综合收益		
七、综合收益总额		

2. 利润表提供的信息

（1）提供反映企业财务成果的信息。利润表中的“利润总额”反映出企业在某个时期的最终经营成果，即税前利润，这是企业经营的根本目的所在。由于我国企业多采取多步式利润表，因此从中可以分析利润的构成情况。同时还可以进行利润影响因素分析，比如对销售收入、成本、费用等进行分析，可以查明利润变动的主要原因，为全面评价企业经营状况和盈利能力提供依据。

（2）提供反映企业盈利能力的信息。盈利能力通常体现为财务成果与相关指标的比率关系。如财务成果与收入的比率、财务成果与成本费用的比率、财务成果与资产的比率等，从不同的角度分析评价企业的盈利能力。利润表不仅提供了财务成果，还提供了收入和成本费用的信息，为盈利能力分析提供了依据。

（三）现金流量表

1. 现金流量表的格式

现金流量表是反映企业在一定会计期间内有关现金和现金等价物的流入和流出信息的报表。在现金流量表中，主要列报经营活动、投资活动与筹资活动三类经济活动产生的现金流量。现金流量表基本格式见表1－3：

表 1-3　　现金流量表

编制单位：　　年　月　　单位：元

项目	本期金额	上期金额
一、经营活动产生的现金流量：		
销售商品、提供劳务收到的现金		
收到的税费返还		
收到其他与经营活动有关的现金		
经营活动现金流入小计：		
购买商品、接收劳务支付的现金		
支付给职工以及为职工支付的现金		
支付的各项税费		
支付其他与经营活动有关的现金		
经营活动现金流出小计		
经营活动产生的现金流量净额		
二、投资活动产生的现金流量：		
收回投资收到的现金		
取得投资收益收到的现金		
处置固定资产、无形资产和其他长期资产所收回的现金净额		
处置子公司及其他营业单位收回的现金净额		
收到其他与投资活动有关的现金		
投资活动现金流入小计：		
购建固定资产、无形资产和其他长期资产所支付的现金		
投资支付的现金		
取得子公司及其他营业单位支付的现金净额		
支付其他与投资活动有关的现金		
投资活动现金流出小计		
投资活动产生的现金流量净额		
三、筹资活动产生的现金流量：		
吸收投资收到的现金		
取得借款所收到的现金		
收到其他与筹资活动有关的现金		
筹资活动现金流入小计：		

表1－3(续)

项目	本期金额	上期金额
偿还债务所支付的现金		
分配股利、利润或偿付利息所支付的现金		
支付其他与筹资活动有关的现金		
筹资活动现金流出小计		
筹资活动产生的现金流量净额		
四、汇率变动对现金及现金等价物的影响		
五、现金及现金等价物净增加额		
加：期初现金及现金等价物余额		
六、期末现金及现金等价物余额		

2. 现金流量表提供的信息

（1）提供反映企业利润质量的信息。为了获得账面上较高的利润，很多企业都想尽各种办法“调整”利润。比如，通过报请国家有关部门批准，延长固定资产的使用寿命等。但是现金流量是一个客观数据，不像利润那样可以通过应计项目调整。因此，现金流量表可以为报表使用者全面正确地分析企业利润质量提供更可靠的信息。

（2）提供反映企业运用现金有效性的信息，更全面地揭示企业资产的流动性。现金流量表从经营活动、投资活动、筹资活动三大部分反映企业资金的来源、具体的增减变动及其原因。不仅能够判断企业运营状况和效果，而且可以为改善企业资金管理指明方向。

（3）提供资产负债表和利润表分析所需要的信息。由于自身格式的限制，资产负债表和利润表提供的信息存在着很大的缺陷，割裂了资产、负债、所有者权益、收入、成本和利润之间的关系。现金流量表则能有效地将它们联系起来，为全面分析企业经营状况提供重要的信息依据。

（四）所有者权益变动表

1. 所有者权益变动表的格式

所有者权益变动表是反映构成所有者权益的各组成部分当期的增减变动情况的报表。它解释在某一特定时间，所有者权益如何因企业经营的盈亏及现金股利的发放而发生变化。所有者权益包括股本（实收资本）、资本公积、盈余公积和未分配利润，报表使用者通过该表了解上述四个项目的年初余额、本年增加数、本年减少数和年末余额。所有者权益变动表的基本格式见表1－4：

表1-4　　所有者权益变动表

编制单位：　　　　年度　　　　单位：元

项目	本年金额										
	归属于母公司所有者权益									少数股东权益	所有者权益合计
	实收资本（或股本）	资本公积	减：库存股	专项储备	盈余公积	一般风险准备	未分配利润	其他	小计		
栏次	1	2	3	4	5	6	7	8	9	10	11
一、上年年末余额											
加：会计政策变更											
前期差错更正											
二、本年年初余额											
三、本年增减变动金额（减少以“-”号填列）											
（一）净利润											
（二）其他综合收益											
综合收益小计											
（三）所有者投入和减少资本											
1. 所有者投入资本											
2. 股份支付计入所有者权益的金额											
3. 其他											
（四）专项储备提取和使用											
1. 提取专项储备											
2. 使用专项储备											
（五）利润分配											
1. 提取盈余公积											
2. 提取一般风险准备											
3. 对所有者（或股东）的分配											
4. 其他											
（六）所有者权益内部结转											
1. 资本公积转增资本（或股本）											
2. 盈余公积转增资本（或股本）											
3. 盈余公积弥补亏损											
4. 其他											
四、本年年末余额											

表1-4（续）

项目	上年金额										
	归属于母公司所有者权益									少数股东权益	所有者权益合计
	实收资本（或股本）	资本公积	减：库存股	专项储备	盈余公积	一般风险准备	未分配利润	其他	小计		
栏次	12	13	14	15	16	17	18	19	20	21	22
一、上年年末余额											
加：会计政策变更											
前期差错更正											
二、本年年初余额											
三、本年增减变动金额（减少以“－”号填列）											
（一）净利润											
（二）其他综合收益											
综合收益小计											
（三）所有者投入和减少资本											
1. 所有者投入资本											
2. 股份支付计入所有者权益的金额											
3. 其他											
（四）专项储备提取和使用											
1. 提取专项储备											
2. 使用专项储备											
（五）利润分配											
1. 提取盈余公积											
2. 提取一般风险准备											
3. 对所有者（或股东）的分配											
4. 其他											
（六）所有者权益内部结转											
1. 资本公积转增资本（或股本）											
2. 盈余公积转增资本（或股本）											
3. 盈余公积弥补亏损											
4. 其他											
四、本年年末余额											

2. 所有者权益变动表提供的信息

（1）反映企业抵御风险的实力，提供企业盈利能力方面的信息。所有者权益变动表反映的是企业自有资金的增减变动情况，而自有资金的增减变动直接影响着企业抵御财务风险的实力变化。所有者权益的增减主要源于企业利润的增减，因此，所有者权益变动表间接地反映企业盈利能力，为财务报表使用者提供盈利能力方面的信息。

（2）反映企业自有资本的质量，提供企业经营管理工作的信息。所有者权益变动表全面记录了影响所有者权益变动的各个因素的年初余额和年末余额，通过分析每个项目金额的变动，以及各项目构成比例的变化，可以揭示企业所有者权益变动的原因及过程，能够客观地评价企业自有资本的质量，为改善企业经营管理工作提供帮助。

（3）反映企业股利分配政策和现金支付能力，为投资决策提供信息。所有者权益变动表既包括资产负债表中的“所有者权益”，又包括利润表中的“净利润”，还包括利润分配的情况。该表通过反映利润分析情况，不仅向投资者或潜在的投资者提供有关股利分配政策和现金支付能力方面的信息，而且将四大主要报表有机地联系起来，为综合评价企业财务状况、经营成果和现金流量提供了全面信息。

二、财务报表附注

财务报表附注用于揭示企业会计报表内有关项目的附加信息和另外的财务信息，便于财务报表使用者更深刻地理解财务报表的内容，它是财务报告不可缺少的组成部分。

1. 财务报表附注的作用

由于受到财务报表形式的制约，很多重要且可以公开的信息都无法反映出来，附注弥补了这一缺陷。作为表外信息披露的重要组成部分，附注对报表本身的内容和未包括的项目进行了补充说明和详细解释，内容上包括详细的财务信息，也包括一些非财务信息，有助于报表使用者在全面了解企业的财务状况和经营成果的同时，能够正确地分析和评价企业。另外，对于不具备会计专业知识的信息使用者来说，附注以文字为主，能够帮助他们更好地理解会计报表。

2. 财务报表附注的内容

按照我国《企业会计准则》的规定，报表附注中至少应披露下列内容，但是非重要项目除外。

（1）企业的基本情况。包括企业注册地、组织形式和总部地址；企业的业务性质和主要经营活动；母公司以及集团最终母公司的名称；财务报告的批准报出者和财务报告批准报出日。

（2）财务报表的编制基础。包括企业的会计年度、记账本位币、会计计量所运用的计量基础以及现金和现金等价物的构成。

（3）遵循《企业会计准则》的声明。

（4）重要会计政策和会计估计。

（5）会计政策和会计估计变更以及差错更正的说明。

（6）重要报表项目的说明（资产负债表具体项目附注、利润表具体项目附注、股东权益变动表具体项目附注、现金流量表具体项目附注等）。

（7）或有和承诺事项的说明。

（8）资产负债表日后事项的说明。

（9）关联方关系及其交易的说明。

三、审计报告

审计报告是注册会计师根据审计准则的规定，就企业财务报表的编制是否恰当地反映了企业的财务状况和经营成果所出具的书面形式的意见。由于财务报表编制人和使用人之间、企业内部管理层与企业投资人之间可能存在利益冲突，注册会计师出具的审计报告有助于加强财务报表的客观性和真实性。

注册会计师出具的审计报告分为两类，即标准审计报告和非标准审计报告。

（一）标准审计报告

标准审计报告是指不含有说明段、强调事项段、其他事项段或其他任何修饰性用语的无保留意见的审计报告。如果财务报表符合以下所有条件，注册会计师应当出具无保留意见的审计报告：

（1）财务报表已经按照适用的会计准则和相关会计制度的规定编制，在所有重大方面公允反映了被审计单位的财务状况、经营成果和现金流量。

（2）注册会计师已经按照《中国注册会计师审计准则》的规定计划和实施审计工作，在审计过程中未受到限制。

无保留意见的审计报告应当以“我们认为”作为意见段的开头，并使用“在所有重大方面公允反映”等专业术语。无保留意见审计报告格式如下：

审计报告

甲股份有限公司全体股东：

我们审计了后附的甲股份有限公司（以下简称甲公司）的财务报表，包括20××年12月31日的公司及合并资产负债表，20××年度的公司及合并利润表、公司及合并股东权益变动表和公司及合并现金流量表以及财务报表附注。

一、管理层对财务报表的责任

编制和公允列报财务报表是甲公司管理层的责任，这种责任包括：①按照《企业会计准则》的规定编制财务报表，并使其实现公允反映；②设计、执行和维护必要的内部控制，以使财务报表不存在由于舞弊或错误导致的重大错报。

二、注册会计师的责任

我们的责任是在执行审计工作的基础上对财务报表发表审计意见。我们按照《中国注册会计师审计准则》的规定执行了审计工作。《中国注册会计师审计准则》要求我们遵守中国注册会计师职业道德守则，计划和执行审计工作以对财务报表是否不存在重大错报获取合理保证。

审计工作涉及实施审计程序，以获取有关财务报表金额和披露的审计证据。选择的审计程序取决于注册会计师的判断，包括对由于舞弊或错误导致的财务报表重大错报风险的评估。在进行风险评估时，注册会计师考虑与财务报表编制和公允列报相关的内部控制，以设计恰当的审计程序，但目的并非对内部控制的有效性发表意见。审计工作还包括评价管理层选用会计政策的恰当性和作出会计估计的合理性，以及评价财务报表的总体列报。

我们相信，我们获取的审计证据是充分、适当的，为发表审计意见提供了基础。

三、审计意见

我们认为，甲公司财务报表在所有重大方面按照《企业会计准则》的规定编制，公允反映了甲公司20××年12月31日的公司及合并财务状况以及20××年度的公司及合并经营成果和公司及合并现金流量。

××会计师事务所（盖章） 中国注册会计师：×××（签名并盖章）

中国注册会计师：×××（签名并盖章）

中国××市 20××年×年×月

（二）非标准审计报告

非标准审计报告是指带强调事项段或其他事项段的无保留意见的审计报告和非无保留意见的审计报告。非无保留意见的审计报告包括保留意见的审计报告、否定意见的审计报告和无法表示意见的审计报告。

1. 带强调事项段的无保留意见的审计报告

强调事项段是注册会计师在审计报告的审计意见段之后增加的对重大事项予以强调的段落。增加强调事项段的情形一般包括以下几种：

（1）当存在可能导致对持续经营能力产生重大疑虑的事项或情况，但不影响已发表的审计意见时，注册会计师应当在审计意见段之后增加强调事项段对此予以强调。

（2）当存在可能对财务报表产生重大影响的不确定事项（持续经营问题除外），但不影响已发表的审计意见时，注册会计师应当考虑在审计意见段之后增加强调事项段对此予以强调。

除上述两种情形以及其他审计准则规定的增加强调事项段的情形外，注册会计师不应在审计报告的审计意见段之后增加强调事项段或任何解释性段落，以免财务报表使用者产生误解。

带强调事项段的无保留意见审计报告格式如下：

审计报告

甲股份有限公司全体股东：

我们审计了后附的甲股份有限公司（以下简称甲公司）的财务报表，包括20××年12月31日的公司及合并资产负债表，20××年度的公司及合并利润表、公司及合并股东权益变动表和公司及合并现金流量表以及财务报表附注。

一、管理层对财务报表的责任

编制和公允列报财务报表是甲公司管理层的责任，这种责任包括：①按照《企业会计准则》的规定编制财务报表，并使其实现公允反映；②设计、执行和维护必要的内部控制，以使财务报表不存在由于舞弊或错误导致的重大错报。

二、注册会计师的责任

我们的责任是在执行审计工作的基础上对财务报表发表审计意见。我们按照《中国注册会计师审计准则》的规定执行了审计工作。《中国注册会计师审计准则》要求我们遵守中国注册会计师职业道德守则，计划和执行审计工作以对财务报表是否不存在重大错报获取合理保证。

审计工作涉及实施审计程序，以获取有关财务报表金额和披露的审计证据。选择的审计程序取决于注册会计师的判断，包括对由于舞弊或错误导致的财务报表重大错报风险的评估。在进行风险评估时，注册会计师考虑与财务报表编制和公允列报相关的内部控制，以设计恰当的审计程序，但目的并非对内部控制的有效性发表意见。审计工作还包括评价管理层选用会计政策的恰当性和作出会计估计的合理性，以及评价财务报表的总体列报。

我们相信，我们获取的审计证据是充分、适当的，为发表审计意见提供了基础。

三、审计意见

我们认为，甲公司财务报表在所有重大方面按照《企业会计准则》的规定编制，公允反映了甲公司20××年12月31日的公司及合并财务状况以及20××年度的公司及合并经营成果和公司及合并现金流量。

四、强调事项

我们提醒财务报表使用者关注，如财务报表附注×所述，甲公司在20××年发生亏损×万元，在20××年12月31日，流动负债高于资产总额×万元。甲公司已在财务报表附注中充分披露了拟采取的改善措施，但其坚持经营能力仍然存在重大不确定性。本段内容不影响已发表的审计意见。

××会计师事务所（盖章）　　中国注册会计师：×××（签名并盖章）

中国注册会计师：×××（签名并盖章）

中国××市　　20××年×年×月

2. 保留意见的审计报告

当存在下列情形之一时，注册会计师应当发表保留意见：

（1）在获取充分、适当的审计证据后，注册会计师认为错报单独或者汇总起来对财务报表影响重大，但不具有广泛性，还不至于出具否定意见的审计报告。

（2）注册会计师无法获取充分、适当的审计证据以作为审计意见的基础，但认为未发现的错报（如存在）对财务报表可能产生的影响重大，但不具有广泛性，还不至于出具无法表示意见的审计报告。

注册会计师在出具保留意见审计报告时，应在意见段之前增加说明段，说明出具保留意见的理由。并在意见段中使用“除……的影响外”等术语。

保留意见的审计报告的格式如下：

审计报告

甲股份有限公司全体股东：

我们审计了后附的甲股份有限公司（以下简称甲公司）的财务报表，包括20××年12月31日的公司及合并资产负债表，20××年度的公司及合并利润表、公司及合并股东权益变动表和公司及合并现金流量表以及财务报表附注。

一、管理层对财务报表的责任

编制和公允列报财务报表是甲公司管理层的责任，这种责任包括：①按照《企业会计准则》的规定编制财务报表，并使其实现公允反映；②设计、执行和维护必要的内部控制，以使财务报表不存在由于舞弊或错误导致的重大错报。

二、注册会计师的责任

我们的责任是在执行审计工作的基础上对财务报表发表审计意见。除本报告“（三）导致保留意见的事项”所述事项外，我们按照《中国注册会计师审计准则》的规定执行了审计工作。《中国注册会计师审计准则》要求我们遵守中国注册会计师职业道德守则，计划和执行审计工作以对财务报表是否不存在重大错报获取合理保证。

审计工作涉及实施审计程序，以获取有关财务报表金额和披露的审计证据。选择的审计程序取决于注册会计师的判断，包括对由于舞弊或错误导致的财务报表重大错报风险的评估。在进行风险评估时，注册会计师考虑与财务报表编制和公允列报相关的内部控制，以设计恰当的审计程序，但目的并非对内部控制的有效性发表意见。审计工作还包括评价管理层选用会计政策的恰当性和作出会计估计的合理性，以及评价财务报表的总体列报。

我们相信，我们获取的审计证据是充分、适当的，为发表审计意见提供了基础。

三、导致保留意见的事项

甲公司20××年12月31日的应收账款余额×万元，占资产总额的×%。由于甲公司未能提供债务人地址，我们无法实施函证以及其他审计程序，以获取充分、适当的审计证据。

四、审计意见

我们认为，除了前段所述未能实施函证可能产生的影响外，甲公司财务报表已按照《企业会计准则》和《××会计制度》的规定编制，在所有重大方面公允反映了甲公司20××年12月31日的公司及合并财务状况以及20××年度的公司及合并经营成果和公司及合并现金流量。

××会计师事务所（盖章）　　　　中国注册会计师：×××（签名并盖章）

中国注册会计师：×××（签名并盖章）

中国××市　　　　20××年×年×月

3. 否定意见的审计报告

当存在下列情形之一时，注册会计师应当发表否定意见：

（1）没有按照《企业会计准则》和国家其他财务会计法规选用会计处理方法，并且被审计单位拒绝进行调整。

（2）没有能够在所有重大方面公允反映被审计单位的财务状况、经营成果和现金流量。

注册会计师在出具否定意见的审计报告时，应当在意见段之前增加说明段，并在意见段中使用“我们认为，由于受到前段所述事项的影响”等专业术语，并明确指出会计报表未能实现公允反映。

否定意见的审计报告格式如下：

审计报告

甲股份有限公司全体股东：

我们审计了后附的甲股份有限公司（以下简称甲公司）的财务报表，包括20××年12月31日的公司及合并资产负债表，20××年度的公司及合并利润表、公司及合并股东权益变动表和公司及合并现金流量表以及财务报表附注。

一、管理层对财务报表的责任

编制和公允列报财务报表是甲公司管理层的责任，这种责任包括：①按照《企业会计准则》的规定编制财务报表，并使其实现公允反映；②设计、执行和维护必要的内部控制，以使财务报表不存在由于舞弊或错误导致的重大错报。

二、注册会计师的责任

我们的责任是在执行审计工作的基础上对财务报表发表审计意见。我们按照《中国注册会计师审计准则》的规定执行了审计工作。《中国注册会计师审计准则》要求我们遵守中国注册会计师职业道德守则，计划和执行审计工作以对财务报表是否不存在重大错报获取合理保证。

审计工作涉及实施审计程序，以获取有关财务报表金额和披露的审计证据。选择的审计程序取决于注册会计师的判断，包括对由于舞弊或错误导致的财务报表重大错报风险的评估。在进行风险评估时，注册会计师考虑与财务报表编制和公允列报相关的内部控制，以设计恰当的审计程序，但目的并非对内部控制的有效性发表意见。审计工作还包括评价管理层选用会计政策的恰当性和作出会计估计的合理性，以及评价财务报表的总体列报。

我们相信，我们获取的审计证据是充分、适当的，为发表审计意见提供了基础。

三、导致否定意见的事项

如财务报表附注×所述，甲公司的长期股权投资未按照《企业会计准则》的规定采取权益法核算。如果按照权益法核算，甲公司的长期股权投资的账面价值将减少×万元，净利润将减少×万元，从而导致甲公司由盈利×万元变为亏损×万元。

四、审计意见

我们认为，由于受到前段所述事项的重大影响，甲公司财务报表没有按照《企业会计准则》和《××会计制度》的规定编制，未能在所有重大方面公允反映甲公司20××年12月31日的公司及合并财务状况以及20××年度的公司及合并经营成果和公司及合并现金流量。

××会计师事务所（盖章）　　　　中国注册会计师：×××（签名并盖章）

　　　　　　　　　　　　　　　　中国注册会计师：×××（签名并盖章）

中国××市　　　　　　　　　　　　20××年×月×日

4. 无法表示意见的审计报告

当注册会计师对被审计单位的会计报表不能发表肯定、否定或保留的审计意见时，应当出具无法表示意见的审计报告。

如果审计范围受到限制，无法获取充分、适当的审计证据以作为形成审计意见的基础，并认为未发现的错报对财务报表可能产生的影响重大且具有广泛性，注册会计师应当发表无法表示意见的审计报告。

注册会计师在出具无法表示意见的审计报告时，应当省略引言段中对注册会计师责任的描述，删除范围段，并在意见段中使用“由于审计范围收到限制”、“我们无法对上述会计报表发表意见”等专业术语。

在实践中，否定意见和无法表示意见的审计报告并不多见。

无法表示意见的审计报告格式如下：

审计报告

甲股份有限公司全体股东：

我们审计了后附的甲股份有限公司（以下简称甲公司）的财务报表，包括20××年12月31日的公司及合并资产负债表，20××年度的公司及合并利润表、公司及合并股东权益变动表和公司及合并现金流量表以及财务报表附注。

一、管理层对财务报表的责任

编制和公允列报财务报表是甲公司管理层的责任，这种责任包括：①按照《企业会计准则》的规定编制财务报表，并使其实现公允反映；②设计、执行和维护必要的内部控制，以使财务报表不存在由于舞弊或错误导致的重大错报。

二、导致无法表示意见的事项

甲公司未对20××年12月31日的存货进行盘点，金额为×万元，占期末资产总额的40%。我们无法实施存货监盘，亦无法实施替代审计程序，以对期末存货的数量和状况获取充分、适当的审计证据。

三、审计意见

由于上述审计范围受到限制可能产生的影响非常重大和广泛，我们无法对甲公司财务报表发表意见。

××会计师事务所（盖章）　　　　中国注册会计师：×××（签名并盖章）

　　　　　　　　　　　　　　　　中国注册会计师：×××（签名并盖章）

中国××市　　　　　　　　　　　　20××年×月×日

四、非财务信息

1. 重要提示

上市公司的重要提示通常表述如下：本公司董事会、监事会及董事、监事、高级管理人员保证本报告所载资料不存在任何虚假记载、误导性陈述或重大遗漏，并对其内容的真实性、准确性和完整性承担个别及连带责任；没有董事、监事、高级管理人员对年度报告内容的真实性、准确性、完整性无法保证或存在异议；会计师事务所为本公司出具了标准无保留意见（或者其他类型）的审计报告；公司董事长、总裁、主管会计工作负责人和会计机构负责人声明并保证年度报告中财务报告的真实、完整。

2. 公司基本情况简介

(1) 公司法定中文名称。

(2) 公司法定代表人。

(3) 公司董事会秘书及其联系地址、联系电话、传真、电子信箱等。

(4) 公司的基本信息。

(5) 公司信息披露信息。

(6) 公司股票信息。

(7) 公司其他有关资料。

3. 会计数据和业务数据摘要

具体包括主要会计数据、非经常性损益项目和金额、报告期末公司前三年主要会计数据和财务指标、采用公允价值计量的项目。

4. 股本变动及股东情况

具体包括股份变动情况表、限售股份变动情况表、截至报告期末前三年公司发行股票情况、报告期内公司股份总数发生变动情况、前十名股东持股情况、前十名无限售条件股东持股情况、控股股东情况、公司实际控制人情况、公司与实际控制人之间的产权及控制关系。

5. 董事、监事、高级管理人员和员工情况

具体包括现任及报告期内离任董事、监事和高级管理人员情况；现任董事、监事在股东单位的任职情况；现任董事、监事、高级管理人员的主要工作经历和在其他单位的任职或兼职情况；现任董事、监事、高级管理人员的年度报酬情况；报告期内公司董事、监事、高级管理人员变动情况；公司员工情况等。

6. 公司治理

具体包括公司治理情况；董事职责履行情况；公司相对于控股股东在业务、人员、资产、机构、财务等方面的独立完整情况；公司内部控制制度的建立健全情况；高级管理人员的考评及激励情况；公司披露内部控制的相关报告；公司建立年报信息披露重大差错责任追究制度的情况；公司是否存在因部分改制、行业特性、国家政策或收购兼并等原因导致的同行业竞争和关联交易问题。

7. 股东大会情况简介

具体包括年度股东大会情况和临时股东大会情况。

8. 董事会报告

具体包括管理层讨论与分析；公司投资情况单位；陈述董事会对公司会计政策、会计估计变更的原因及影响的讨论结果；董事会日常工作情况；现金分红政策的制定及执行情况；利润分配或资本公积转增股本预案；公司前三年股利分配情况或资本公积转增股本和分红情况。

9. 监事会报告

具体包括监事会的工作情况；监事会对公司依法运作情况的独立意见；监事会对检查公司财务情况的独立意见；监事会对公司最近一次募集资金实际投入情况的独立意见；监事会对公司收购、出售资产情况的独立意见；监事会对公司关联交易情况的

独立意见；监事会对内部控制自我评价报告的审阅情况及意见。

10. 重要事项

具体包括重大诉讼仲裁事项；破产重整相关事项及暂停上市或终止上市情况，本年度公司无破产重整相关事项；公司持有其他上市公司股权、参股金融企业股权情况；资产交易事项；报告期内公司重大关联交易事项；重大合同及其履行情况；承诺事项履行情况；聘任、解聘会计师事务所情况；上市公司及其董事、监事、高级管理人员、公司股东、实际控制人处罚及整改情况；其他重大事项的说明。

11. 备查文件目录

（1）载有法定代表人、主管会计工作负责人、会计机构负责人签名并盖章的会计报表。

（2）载有会计师事务所盖章、注册会计师签名并盖章的审计报告原件。

（3）报告期内所有在《中国证券报》、《上海证券报》、《证券时报》披露过的所有公司文件的正本及公告原稿。

小讨论：

1. 财务报表与财务报告有什么区别？

2. 标准审计报告和非标准审计报告有什么区别？

第三节　财务报告分析的一般方法

财务报告分析的方法多种多样，为了实现财务报告分析的目的，分析者应该按实际情况进行正确选择和有效运用。常用的财务报告分析方法概括起来主要有以下几种：比较分析法、比率分析法、趋势分析法、因素分析法和综合分析法。

一、比较分析法

比较分析法是指将实际达到的财务数据与某个特定的标准进行比较，来解释财务数据之间关系的一种分析方法。

应用比较分析法时，比较的结果通常以差异额的形式来表现，其计算公式表示如下：

差异额 = 比较指标数据 - 被比较指标数据

根据分析的目的和要求不同，比较分析法主要有以下三种具体形式：

1. 本期实际指标与本期预算指标比较

这种分析方法将本期预算指标数据作为比较的标准，通过比较可以评价企业分析期完成预算的程度和达到标准的程度，进一步分析产生差异的原因。

2. 本期实际指数与本企业以前某期历史指标比较

这种分析方法是一种动态的分析方法，将本企业以前某期历史指标作为比较的标准，通过分析可以了解企业不同时期事物的发展变化情况，从中探索其发展的趋势和规律。

3. 本企业与同行业其他企业指标或同行业平均水平指标比较

这种分析方法将同行业其他企业指标或同行业平均水平指标作为比较的标准。采用这种分析方法时，用于比较的指标要保持口径一致，这样才有意义。首先，采用的标准企业必须是同类型的，不同类的企业，相关的财务指标是不可比的；其次，要采取相同时间的指标，如都采用年度指标或者季度指标等。通过分析，能够了解企业在同行业中的竞争地位，分析自己的强项和不足之处，从而推动企业改善经营管理。

二、比率分析法

比率分析法就是将某些彼此存在关联的财务指标进行对比，计算出比率，据以揭示它们之间的关系和经济意义的分析方法。比率是相对数，可以将某些条件下的不可比指标变为可比指标。由于分析的目的不同，比率分析方法通常有以下三种：相关比率分析、结构比率分析和效率比率分析。

1. 相关比率分析

相关比率是典型的财务比率，它是将两个性质不同但又相互联系的财务指标数据进行相除后得出的比率。

在财务报告分析中，常用的相关比率概括起来可以分为：反映企业偿债能力的比率，如反映企业短期偿债能力的速动比率和流动比率，反映企业长期偿债能力的资产负债率等；反映企业营运能力的比率，如应收账款周转率、存货周转率等；反映企业盈利能力的比率，如营业毛利率、成本费用利润率、总资产报酬率等；反映企业发展能力的比率，如营业收入增长率、营业利润增长率等。

2. 结构比率分析

结构比率又称为构成比率，是以某项财务指标的某个构成部分的数据除以该项财务指标的总和数据求得的，反映部分与总体的关系。利用结构比率，可以考察总体中某部分所占的比重是否合理，达到充分揭示企业财务状况和经营成果构成情况的目的，以便协调各项财务活动。例如，对企业负债总额构成进行结构比率分析，计算出每年流动负债和非流动负债各项目占总债务的比重，可以揭示企业负债的构成及变化趋势，进而分析其原因。

3. 效率比率分析

效率比率是将某项经济指标所费数据除以所得数据得到的比值，反映投入与产出的关系。利用效率比率分析，可以进行得失比较，评价企业的经济效益。如将企业投资项目与成本、利润、资本等进行对比，可以计算出投资利润率、资本利润率、成本利润率等，可以从不同角度观察企业财务管理能力。

三、趋势分析法

趋势分析法是根据企业连续几年或几个时期的分析资料，运用指数或完成率的计算，确定分析期各有关项目的变动情况和趋势的一种财务报告分析方法。趋势分析法既可以用于对会计报表的整体分析，即研究一定时期报表各个项目的变动趋势，也可以用于某些主要项目的发展趋势分析。趋势分析法主要有两种方式：

1. 定比趋势分析

定比趋势分析是在连续几年的会计报表中，以第一年为基期，计算其余年度各个项目对基期同一项目的比值，据以反映各个项目在分析期间的上升或下降趋势。其中，选择的基期是固定的。这种分析方法通常是运用定基动态比率来计算，其计算公式表示为：

定基动态比率 = 分析期数额 / 固定基期数额

2. 环比趋势分析

环比趋势分析是在连续几年的会计报表中，计算后一年度各个项目对前一年度同一项目的比值，随后类推，形成一系列比值，据以反映各个项目在分析期内的总趋势。与定比趋势分析不同的是，环比趋势分析的基期是变动的。这种分析方法通常是运用环比动态比率来计算，其计算公式表示为：

环比动态比率 = 分析期数额 / 前期数额

进行趋势分析时，应注意以下问题：

（1）用于对比的各时期指标，在计算口径上应该保持一致性。

（2）剔除偶然性因素的影响，使得采用的数据能代表正常的经营情况。

（3）对有显著变化的指标和需要重点突出的重大问题，进行重点分析，并分析原因，以便采取有效的对策。

四、因素分析法

综合性财务指标的变动通常受到很多因素的影响。有些影响起积极作用，有些则起消极作用，起相同作用的因素中，也有主次之分。因素分析法是指为深入分析某一指标时，将该指标按构成因素进行分解，分别测试各个因素变动对该项指标影响程度的一种分析方法。因素分析法根据其分析特点，可以分为连环替代法和差额计算法两种。

1. 连环替代法

连环替代法是因素分析法的基本形式，是把影响某指标的各个相互联系的因素逐个分解测定，依次地把其中一个因素作为变量，假定其他因素为不变量，依次逐项进行替换，以测算各个因素对指标变动影响程度的方法。

连环替代法的程序由以下几个步骤组成：

（1）确定分析指标与影响因素之间的关系，并列出各个因素的预算数和实际数，然后计算分析指标预算数与实际数之间的差额，作为分析对象。

（2）依次用各个因素的实际数替换预算数，每次替换都要在上次替换的基础上进行，有几个因素就进行几次替换，直到所有的因素都由预算数替换为实际数，然后将每次替换后与替换前的指标进行比较，计算出差额，就是某个因素对预算完成结果的影响程度。

（3）将（2）中计算出来的各个因素的影响值相加，则是实际数和预算数之间的总差额，将其与（1）中确定的分析对象进行对比，检验是否一致。

比如某个指标 T 受 A、B、C 三个因素的影响，A、B、C 分别是三个因素的预算数，a、b、c 是实际数。按照上述的因素分析法程序：

第一步：确定关系式，计算分析对象。

$T = A \times B \times C$

则分析对象 = 实际数 - 预算数，表示为：

$T0 = a \times b \times c - A \times B \times C$

第二步：各个因素连环替代

预算数 $T = A \times B \times C$

第一次替换 $T1 = a \times B \times C$

第二次替换 $T2 = a \times b \times C$

第三次替换 $T3 = a \times b \times c$

T1 - T 反映 A 元素对分析对象的影响。

T2 - T1 反映 B 元素对分析对象的影响。

T3 - T2 反映 C 元素对分析对象的影响。

第三步：检验分析结果，即：

$T1 + T2 + T3 = T0$

下面以某种材料成本为例，说明连环替代法的应用。

例 1 - 1　甲材料是某种产品的主要原材料，2011 年和 2012 年甲材料成本情况如下：2011 年生产该产品 3000 件，单位产品甲材料消耗量 100 千克/件，材料单价 25 元/千克；2012 年生产该产品 3010 件，单位产品甲材料消耗量 95 千克/件，材料单价 24 元/千克。

首先，初步对比 2011 年和 2012 年的材料成本。

2011 年甲材料成本为 3000 × 100 × 25 = 7 500 000（元）　①

2012 年甲材料成本为 3010 × 95 × 24 = 6 862 800（元）

2012 年比 2011 年的材料成本降低了 637 200（6 862 800 - 7 500 000）（元）

其次，测试各因素对差额的影响程度。

第一次替换　3010 × 100 × 25 = 7 525 000（元）　②

第二次替换　3010 × 95 × 25 = 7 148 750（元）　③

第三次替换　3010 × 95 × 24 = 6 862 800（元）　④

②—① = 25 000（元），反映产量对分析对象的影响。

③—② = -376 250（元），反映单位产品材料消耗量对分析对象的影响。

④—③ = -285 950（元），反映材料单价对分析对象的影响。

最后，将三次影响值相加，等于分析对象，说明分析结果可能是正确的。

分析发现，由于产品产量增加，2012 年甲材料成本比 2011 年增加了 25 000 元；由于单位产品材料消耗量减少，2012 年材料成本下降了 376 250 元；由于材料单价下降，2012 年材料成本降低 285 950 元。受三个因素的共同影响，2012 年的材料成本比 2011 年的总共降低了 637 200 元。

小讨论：

连环替代法以标准指标的数学关系为基础，一般，数学关系是数量指标在前，还是质量指标在前?

2. 差额计算法

差额计算法是连环替代法的一种简化形式。它是利用各个因素的比较期与基期之间的差额，依次替换，直接计算出各个因素变动对分析指标的影响程度的一种分析方法。

例1－2　某公司2011年度甲产品销售量700件，销售单价为2000元/件，销售收入为1 400 000元；2012年度销售量900件，销售单价为1970元/件，销售收入为1 773 000元。

2012年度和2011年度销售收入差额＝1 773 000－1 400 000＝373 000（元），

其中：销量变动影响金额＝销量差异×2011年销售单价

＝（900－700）×2000

＝400 000（元）

单价变动影响金额＝2012年销量×单价差异

＝900×（1970－2000）

＝－27 000（元）

两个影响因素之和为400000＋（－27000）＝373 000（元）。

分析发现，销量增加导致2012年度的销售收入增加400 000元；由于销售单价降低，2012年度的销售收入下降27 000元。这两个因素综合影响的结果是2012年的销售收入比2011年增加了373 000元。

由于差额计算法是连环替代法的一种简易方法，因此有的学者，如郭光泽、杨安富把连环替代法与因素分析法看成同一概念，而忽略掉差额计算法。

因素分析法在实践中应用比较广泛，但是在应用中必须注意几个问题：一是要按照影响因素与综合性经济指标之间的因果关系，确定影响因素；二是在分步计算各个因素的影响值时，要假设影响值是在只有某一个因素是变量而其他因素均为不变的情况下得出的；三是要注意因素替代的顺序，分清基本因素和从属因素、主要因素和次要因素来加以确定。

五、综合分析法

综合分析法是以企业的财务报告等资料为基础，将各项财务分析指标作为一个整体，系统、全面、综合地对企业财务状况、经营成果和现金流量的变动进行分析、解释和评价，并在此基础上对公司未来的财务能力展开预警分析的分析方法。

财务综合分析法多种多样，概括起来主要分为两大类：一是财务会计报告综合分析，如资产与权益综合分析、利润与现金流量综合分析等；二是财务指标体系综合分析，如杜邦财务分析体系，沃尔比重评分法、财务预警分析等。

小提示：

平衡计分卡（BSC）是由哈佛商学院的罗伯特·卡普兰和戴维·诺顿于20世纪90年代初创建的一种绩效评价体系，它是根据企业组织的战略要求而精心设计的指标体系。BSC从财务、客户、流程和创新与学习四个方面对公司战略管理的绩效进行财务与非财务综合评价，不仅能有效克服传统的财务评估方法的滞后性、偏重短期利益和内部利益以及忽视无形资产收益等诸多缺陷，而且是一个科学的集公司战略管理控制与战略管理的绩效评估于一体的管理系统，其基本原理和流程简述如下：

（1）以组织的共同愿景与战略为内核，将公司的愿景与战略转化为下属各责任部门在财务、客户、流程、创新与学习四个方面的系列具体目标（即成功的因素），并设置相应的四张计分卡。

（2）依据各责任部门分别在财务、顾客、流程、创新与学习四种计量可具体操作的目标，设置一一对应的绩效评价指标体系，这些指标不仅与公司战略目标高度相关，同时兼顾和平衡公司长期和短期目标、内部与外部利益，综合反映战略管理绩效的财务与非财务信息。

（3）将各项指标的实际值与预算值进行比较，对应不同范围的差异率，设定不同的评分值。以综合评分的形式，定期（通常是一个季度）考核各责任部门在财务、客户、流程、创新与学习四个方面的目标执行情况，及时反馈，适时调整战略偏差，或修正原定目标和评价指标，确保公司战略得以顺利与正确地实行。

参考文献

[1] 郭光泽．财务报告分析［M］．北京：高等教育出版社，2007：32—33.

[2] 杨安富．财务报告分析［M］．北京：经济科学出版社，2013：18—20.

课后题：

1. 简述财务报告分析的基本内涵。
2. 不同的财务分析主体进行财务分析的目的。
3. 简述财务报告分析的程序。
4. 财务报告分析的资料信息来源有哪些？
6. 举例说明财务报告分析的原则。
7. 应用比较分析法需要注意哪些问题？
8. 比较分析有哪几种比较基准？
9. 简述因素分析法的步骤。

第二章　资产负债表分析

学习提示：

资产负债表是指反映企业在某一特定日期的财务状况的财务报表。分析资产负债表能够揭示企业的资产、负债者权益的构成和财务状况的实现过程，了解企业的偿债能力和营运能力，有助于投资者、债权人和企业管理当局作出正确决策。

通过本章的学习，能够了解资产负债表的作用和格式，掌握并熟练运用资产负债表项目分析和总体分析的方法。

第一节　资产负债表概述

一、资产负债表的作用

资产负债表表明企业某一时点静态的财务状况，即企业所拥有或控制的经济资源的数额及其构成情况，企业所负担的债务数额及构成情况；企业的所有者在企业享有的经济利益数额及构成情况。资产负债表必须定期对外公布和报送给外部与企业有经济利害关系的各个主体。编制资产负债表对于不同的会计信息使用者具有不同的意义和作用。

（一）对于企业管理者的作用

企业管理者通过资产负债表了解企业拥有或控制的经济资源和承担的责任、义务，了解企业资产、负债各项目的构成比例是否合理，并以此分析企业的生产经营能力、营运能力和偿债能力，预测企业未来经营前景。资产负债表右方提供某一日期资金来源总额及其结构，企业资金来源包括负债和所有者权益。负债表明企业未来需要用资产或劳务清偿的债务，是企业的借入资本；所有者权益表明企业所有者所拥有的权益，是企业的永久性资本。负债和所有者权益之比表示企业的资本结构，资本结构反映企业所有者权益对负债的保障程度，反映企业财务安全程度。

（二）对企业投资者的作用

企业的投资者通过资产负债表了解所有者权益构成情况，考核企业管理人员是否有效利用现有资源，是否使资产得到增值，以此分析企业财务实力和未来发展能力，并作出是否继续投资的决策。资产负债表分别列示期初数、期末数，通过将两期数据或不同年份数据进行比较，分析资产、负债、所有者权益的变动情况，掌握变动规律，预测企业发展趋势。

（三）对企业债权人和客户的作用

企业债权人和供应商通过资产负债表了解企业的偿债能力、支付能力及现有财务状况，以便分析财务风险，预测未来现金流动情况，作出贷款及营销决策。资产是偿还负债的物资保证，资产负债表提供的资产的信息，可反映企业财务实力。将资产与负债进行比较，计算出流动比率、速动比率等相关指标，可以反映企业的偿债能力和支付能力。一般而言，企业的所有者权益占负债与所有者权益的比重越大，企业清偿长期债务的能力越强，企业便可以进一步举借债。

（四）对政府有关管理部门的作用

政府机构和部门通过资产负债表，可以了解企业是否认真贯彻执行有关方针、政策，以便加强宏观管理和调控。

另外，对资产负债表与利润表有关项目的比较，可以对企业各种资源的利用情况作出评价。如可以考察资产报酬率、运用资本报酬率、存货周转率、债权周转率等。将资产负债表与利润表、现金流量表联系起来分析，可以对企业的财务状况和经营成果作出整体评价。

二、资产负债表的格式

资产负债表一般有表首、正表两部分，其中表首概括地说明报表名称、编制单位、编制日期、报表编号、货币名称、计量单位等。

资产负债表的格式一般有两种：报告式资产负债表和账户式资产负债表。报告式资产负债表是上下结构，上半部列示资产，下半部列示负债和所有者权益。具体排列形式又有两种：一是按“资产=负债+所有者权益”的原理排列；二是按“资产-负债=所有者权益”的原理排列。账户式资产负债表是左右结构，左边列示资产，右边列示负债和所有者权益。不管采取什么格式，资产各项目的合计等于负债和所有者权益各项目的合计这一等式不变。

在我国，资产负债表采用账户式，左边列示资产，右边列示负债和所有者权益，从整体上体现了“资产=负债+所有者权益”的会计等式。资产和负债项下各项目均按其流动性顺序依次排列。所有者权益项下各栏目按实收资本（或股本）、资本公积、库存股、盈余公积、未分配利润的顺序排列，并采用对比式填列，即各项目对比填列“年初余额”和“期末余额”两栏。这种排列方式，有利于进行纵向的对比分析，有利于考察各项目在本期增减变动的情况，便于编制现金流量表时获得必要的数据。

本教材为了排版方便，均采用报告式资产负债表，以后有关资产负债表的说明中，仅以一般企业为例进行说明，对其他企业的情况不再具体说明。我国一般企业资产负债表的内容和格式见表2-1：

表 2－1　　　　　　　　　　资产负债表

编制单位：东方电气　　　　2012 年 12 月 31 日　　　　　　　　单位：元

项目	期末金额	年初金额
货币资金	8 960 708 525	10 345 027 829
交易性金融资产	30 311 324	64 969 532
应收票据	2 568 756 925	2 240 345 399
应收账款	14 991 233 562	14 240 086 149
预付款项	5 784 631 011	5 728 312 159
应收利息	61 740 939	76 378 518
应收股利	136 612	
其他应收款	325 693 411	309 264 086
存货	31 901 091 912	35 859 918 721
流动资产合计	64 624 304 221	68 864 302 393
可供出售金融资产	413 013 757	308 987 299
长期股权投资	590 419 356	456 044 513
投资性房地产	27 479 503	29 120 432
固定资产	9 873 036 158	10 004 175 569
在建工程	723 924 492	836 061 476
工程物资	113 465	169 875
无形资产	997 185 847	991 153 406
长期待摊费用	615 000	769 883
递延所得税资产	1 076 964 799	951 941 073
非流动资产合计	13 702 752 377	13 578 423 525
资产合计	78 327 056 598	82 442 725 918
短期借款	2 118 520 013	2 272 298 662
交易性金融负债	25 830 967	30 643 141
应付票据	4 107 094 767	3 847 524 567
应付账款	13 385 150 090	14 460 216 175
预收款项	37 594 148 517	42 510 698 851
应付职工薪酬	398 694 229	407 917 862
应交税费	251 202 095	448 458 427
应付股利	2 008 724	1 560 250
其他应付款	2 027 341 175	1 871 026 035

表2-1(续)

项目	期末金额	年初金额
一年内到期的非流动负债	54 320 000	116 320 000
其他流动负债	80 844 288	85 945 216
流动负债合计	60 045 154 865	66 052 609 185
长期借款	125 827 585	165 808 428
长期应付款	685 253	685 253
专项应付款		22 744 416
预计负债	1 064 299 499	937 485 338
递延所得税负债	3 932 356	11 640 379
其他非流动负债	539 641 886	644 999 141
非流动负债合计	1 734 386 579	1 783 362 955
负债合计	61 799 541 444	67 835 972 140
股本	2 003 860 000	2 003 860 000
资本公积	5 074 096 576	5 075 180 693
专项储备	8 196 251	
盈余公积	453 492 121	319 634 515
未分配利润	8 158 283 796	6 421 629 656
外币报表折算差额	(19 823 327)	(17 745 991)
归属于母公司股东权益合计	15 678 105 418	13 802 558 874
少数股东权益	869 409 737	804 194 904
股东权益合计	16 547 515 154	14 606 753 778
负债和股东权益总计	78 327 056 598	82 442 725 918

新颁布的《小企业会计准则》在资产项目部分一般不存在或原则上不要求核算交易性金融资产、可供出售金融资产、持有至到期投资、长期应收款、投资性房地产、生产性生物资产、油气资产、商誉、递延所得税资产，但相应会增加短期投资和长期债券投资项目；在负债部分不存在交易性金融负债、应付债券、专项应付款、预计负债、递延所得税负债等负债项目；在所有者权益部分一般不存在库存股项目。

第二节　资产负债表的项目分析

一、资产项目分析

资产是企业控制的能给企业带来经济利益的经济资源。资产项目分析分两个大类进行：流动资产项目分析和非流动资产项目分析。

（一）流动资产项目分析

1. 货币资金

货币资金项目反映企业期末持有的现金、银行存款和其他货币资金等总额，应当根据库存现金、银行存款和其他货币资金各科目期末借方余额合计填列。货币资金是企业在生产经营过程中停留在货币形态的那部分资产，包括库存现金、银行存款和其他货币资金。货币资金是企业流动性最强的资产，但也是企业获利能力最差的资产。企业货币资金越多，说明企业的支付能力和财务适应能力越强。反之，货币资金越少，企业的支付能力和财务适应能力就越差。当然，货币资金过多，会导致企业资金的闲置，影响企业资金的利用效果。因此，企业应根据自身的实际情况确定一个合理的货币资金持有量。

货币资金占用合理性分析应结合以下方面：

（1）企业的资产规模和业务收支规模的大小与货币资金持有量之间的关系。一般来说，企业资产规模越大，货币资金的持有量越高。业务收支越频繁的企业，处于货币形态的资金越多。

（2）行业的特点。不同行业的企业，货币资金的合理结构是有差异的。即便是在相同的总资产规模条件下，其货币资金规模也可能不相同。

（3）企业筹资能力。如果企业筹资能力强，在资本市场上比较容易筹集到资金，在此情况下，企业可以保持较低规模的货币资金数额。

（4）货币资金的构成。从货币资金的构成可以分析出公司的货币资金状态，进而关注其资金适用的合理性；同时通过对不同币种结构进行分析也能看出汇率变动对公司的影响程度，在公司的附注中通常要提供相关资料。

2. 交易性金融资产

交易性金融资产项目反映企业持有的交易性金融资产的期末价值，即以公允价值计量且其变动计入当期损益的金融资产，包括为交易目的所持有的债券投资、股票投资、基金投资、权证投资等和直接指定为以公允价值计量且其变动计入当期损益的金融资产。本项目应当根据交易性金融资产科目期末借方余额填列。企业拥有交易性金融资产的目的主要是利用闲置的货币资金，购入随时能够变现的有价证券，以获得高于银行存款利息率的收益。

交易性金融资产分析要点如下：

（1）分析有价证券的构成。交易性金融资产具体包括很多内容，比如股票、债券均可能作为交易性金融资产，但是它们的风险是不一样的。分析时要注意不属于交易性金融资产范围的有价证券是否列入了交易性金融资产，如果有则应将其予以剔除。

（2）交易性金融资产的规模分析。交易性金融资产是利用企业闲置的资金进行运作，如果企业交易性金融资产的规模过大，势必会影响企业的正常经营活动。有时企业可能为了提高短期偿债能力而将长期投资作为交易性金融资产进行核算。分析时，应考虑企业交易性金融资产的规模，有无长期投资短期化现象。如果有，在分析时应该剔除。

（3）结合利润表中的公允价值进行分析。由于企业的交易性金融资产价值波动较大，因此，企业在持有以公允价值入账，且其变动计入当期损益的金融资产期间取得的利息或现金股利，应当确认为投资收益，如果利润表中的公允价值变动损益中由于交易性金融资产增值带来的收益高，说明公司的交易性金融资产质量较高，反之则低。

案例 2－1：东方电气的交易性金融资产分析

（1）交易性金融资产的种类

表 2－2　　单位：元

项目	2012 年年末公允价值	2012 年年初公允价值
交易性权益工具投资	25 623 904	27 149 793
其中：中国上市（香港除外）	25 623 904	27 149 793
衍生金融资产	4 687 420	37 819 740
合计	30 311 324	64 969 532

①本集团年末交易性金融资产余额较年初减少 34 658 208 元，减少 53.35%，主要系本年到期的远期售汇合约增加所致。②年末交易性权益工具投资，系本集团持有的 46 602 股四川友利投资控股股份有限公司（原名为四川舒卡特种纤维股份有限公司，股票代码：000584）非限制流通境内上市人民币普通股（A 股），占被投资公司注册资本的 0.011 4%；持有的 7 272 665 股中国西电电气股份有限公司非限制流通境内上市人民币普通股（A 股），占被投资单位注册资本的 0.1669%。上述交易性权益工具投资的年末公允价值，系根据证券市场收盘价计算确定。③年末衍生金融资产，系本集团与银行签订的远期售汇 3 832 万美元合约，年末公允价值根据相关银行报价计算确定。

（2）本集团年末交易性金融资产中，不存在变现受限制的交易性金融资产。

小讨论：

该公司的交易性金融资产的种类风险如何？会对公司盈利产生多大的影响？

3. 应收票据

应收票据项目反映企业期末持有的因销售商品、产品，提供劳务等而收到的、未到期收款也未向银行贴现的应收票据的期末价值，包括商业承兑汇票和银行承兑汇票。本项目应当根据应收票据科目期末借方余额填列。商业汇票作为一种结算手段和信用工具，在企业之间被使用得越来越频繁。

应收票据分析要点如下：

（1）应收票据的种类分析。显然，如果应收票据中银行承兑汇票比重高，则公司的应收票据质量较高。

（2）应收票据的对象分析。一方面要关注商业承兑汇票的承兑人的信誉和支付能力，对方信誉好、实力强则该票据的质量较高；另一方面还要关联企业之间，有无互相开具商业承兑汇票的现象。

（3）应收票据的贴现分析。分析时首先要注意票据贴现的合规性，看是否存在让债权企业用商业承兑汇票向银行贴现，然后再将从银行取得的贴现款转划给原票据债务企业，从而达到原票据债务企业间接从银行融资目的的行为。其次要关注商业承兑汇票贴现的数量，该类贴现将会给企业带来连带支付责任，形成公司的或有事项。

（4）应收票据划转应收账款的分析。分析时要注意企业有无在会计期末，通过将部分应收账款转化为应收票据，而少提坏账准备的行为。

案例 2-2：东方电气的应收票据分析

（1）应收票据种类

表 2-3　　单位：元

票据种类	2012 年年末金额	2012 年年初金额
银行承兑汇票	2 457 222 174	2 237 045 399
商业承兑汇票	111 534 751	3 300 000
合计	2 568 756 925	2 240 345 399

（2）本集团年末应收票据中，已贴现未到期的、带追索权的商业承兑汇票金额为 193 955 625 元。

（3）年末已经背书转让给他方但尚未到期的票据金额合计 1 580 703 921.34 元

（4）本集团年末已经贴现、但尚未到期的票据金额合计 458 068 000.00 元

小讨论：

该公司的应收票据质量如何？

4. 应收账款

应收账款项目反映企业期末持有的因销售商品、产品，提供劳务等经营活动应收取的款项的实际价值，应当以扣减提取的坏账准备后的净额填列。应收账款是企业为扩大销售规模而采用的一种赊销方式，应收账款是企业的一项债权，是企业的一项重要资产。

应收账款分析要点如下：

（1）应收账款规模的分析。判断应收账款规模的合理性，首先应结合企业所处行业进行分析，通常零售应收账款较少，而工业企业应收账款数额较大。其次，企业应收账款规模还与生产经营规模和信用政策有直接联系，生产经营规模大，相应应收账款的规模也较大；而生产规模较小的企业，则其应收账款的规模一般来说也较小。从企业采用信用政策来看，若采用相对宽松的信用政策，销售量增加，应收账款的数额也增大；反之，则会减少应收账款。最后，巨额的应收账款也有可能是因为应收账款

质量不高，存在长期挂账且难于收回的账款，或因客户发生财务困难，暂时难以偿还所欠货款。

（2）坏账损失的分析。基于应收账款信用风险较大，按照谨慎性原则的要求，对应收账款应该计提坏账准备金，以防范由于货款长期拖欠甚至无法收回给企业带来的损失。因此，应收账款分析，应分析坏账准备的计提范围、计提方法、提取比例的合理性，以防企业随意计提而虚增或虚减应收账款净额或利润。

（3）应收账款账龄分析。应收账款账龄分析是对现有债权按欠账期的长短进行分类，进而对不同账龄的债权进行质量分析。一般而言，未过信用期或已过信用期但拖欠期较短的债权发生坏账的可能性较小，而拖欠时间越久的债权发生坏账的可能性越大。

（4）应收账款的对象分析。应收账款的对象分析是从债务人的信息来判断公司应收账款的可回收性。一般来说，与企业业务关系稳定、经营效益好、信誉度高的债务人，其偿还应收账款的可能性较高；反之，则应收账款回收的可能性较低。对象分析具体包括以下几项：债务人的区域性分析、债务人的财务实力分析、债务人的集中度分析、债务人的关联性分析。

案例2-3：东方电气的应收账款分析

（1）应收账款坏账分析

表2-4　　单位：元

项目名称	2012年年末金额	2012年年初金额
应收账款	19 025 831 908	17 483 287 106
减：坏账准备	4 034 598 346	3 243 200 957
净额	14 991 233 562	14 240 086 149

（2）应收账款账龄分析

表2-5　　单位：元

账龄	2012年年末金额	2012年年初金额
1年以内	7 236 756 539	7 926 150 897
1~2年	4 027 312 888	3 291 061 228
2~3年	2 234 117 652	1 890 177 414
3~4年	990 630 771	794 056 249
4~5年	502 415 712	338 640 360
净额	14 991 233 562	14 240 086 148

小讨论：

从哪些方面可以分析公司应收账款的质量？

5. 预付账款

预付账款项目反映企业期末持有的按照购货合同规定预付给供应单位的款项。如“预付账款”科目所属有关明细科目期末有贷方余额的，应在本表“应付账款”项目内反映；如“应付账款”科目所属明细科目有借方余额的，也应包括在本项目内。预付账款的存在对企业来说通常是不利的：一方面，这项资金被对方无偿占用，因此，预付账款越少越好；另一方面，预付账款通常说明企业购买的材料或产品处于供不应求的状态，可能会面临提价，导致企业存在较大的成本压力。

预付账款分析要点：

（1）预付账款的真实性。如果企业处于买方市场的状态下，而预付账款的数额过大，说明企业预付账款可能存在虚假。

（2）预付账款的存在时间。通常，预付账款的账龄是在1年以内，如果企业预付账款长期没有发生采购且又没有退回，则说明企业的债权管理做得不好或者存在其他违规资金交易。

（3）预付账款退回频率。如果一个企业经常性地出现预付账款后没有实现交易而退回，通常是不正常的，有可能企业通过预付账款来隐瞒借款，进而隐瞒利息收入等。

案例2－4：东方电气的预付账款分析

表2－6

项目	2012年年末		2011年年末	
	金额（元）	比例（%）	金额（元）	比例（%）
1年以内	3 755 378 346	64.92	3 264 700 839	56.99
1～2年	1 284 742 117	22.21	1 234 518 303	21.55
2～3年	535 242 319	9.25	671 725 729	11.73
3年以上	209 268 229	3.62	557 367 289	9.73
合计	5 784 631 011	100	5 728 312 160	100

小讨论：

从公司预付账款账龄构成及金额变化可以对该公司的经营进行怎样的评价？

6. 其他应收款

其他应收款项目反映企业期末持有的其他应收款的实际价值，应当以扣减提取的坏账准备后的净额填列。其他应收款是指企业发生的除应收票据、应收账款和预付账款外的其他应收、暂付的款项，包括企业应收的各种赔款、存出保证金、备用金以及应向职工收取的各种垫付款项等。一般地，如果企业生产经营活动正常，其他应收款数额不应过大。

其他应收款主要的分析要点：

(1) 利润调节分析。一些公司常常把其他应收款作为企业调整成本费用和利润的手段，把一些应该计入当期费用的支出或本应计入其他项目的内容放在其他应收款中，从而高估利润或隐藏亏损。

(2) 关联方占用分析。一些公司的其他应收款期末余额巨大，也有可能是资金被关联方占用或被管理层挪用而形成的，如拆借给母公司的资金等。另外，相当多的托管收益、资产置换收益等没有现金到账，以及上市公司的大额资金被关联公司无偿占用，即使有偿相关收益也是挂账。大量的关联方其他应收款不能收回，一方面形成了企业的不良资产，另一方面还虚拟了企业的其他业务收入。

(3) 其他违规行为分析。有可能隐藏企业的违规行为，如非法拆借资金、给个人的销售回扣、抽逃注册资金等。

案例 2-5：东方电气的其他应收款分析

表 2-7 其他应收款的价值 单位：元

项目名称	2012 年年末	2011 年年末
其他应收款	633 559 541	594 736 352
减：坏账准备	307 866 130	285 472 266
净额	325 693 411	309 264 086

表 2-8 其他应收款的账龄 单位：元

账龄	2012 年年末	2011 年年末
1 年以内	198 582 793	186 941 400
1~2 年	36 895 555	37 330 476
2~3 年	25 895 546	68 344 938
3~4 年	51 352 540	8 953 063
4~5 年	7 525 205	2 049 763
5 年以上	5 441 772	5 644 446
净额	325 693 411	309 264 086

小讨论：

该公司的其他应收款存在哪些可能的问题？

7. 存货

存货项目反映企业期末持有的在库、在途和在加工中的各项存货的实际价值，包括各种材料、库存商品、在产品、半成品、周转材料（或者包装物及低值易耗品）、发出商品、委托加工物资等。该项目应当按照存货项目下各科目的期末余额，扣减提取的存货跌价准备后的净额填列。企业保持适当的存货有利于保证原材料的供应以及满足销售；但是，如果存货过多则会增加成本，影响流动资金的周转。

存货分析的要点如下：

（1）存货真实性分析。存货的真实性分析应结合企业的内部控制制度分析来进行。企业存货的质量，不仅取决于存货的账面数字，还与企业存货的管理制度密切相关。由于存货种类多，数量大，如果没有完善的管理制度控制，极易流失。

（2）存货的结构分析。存货主要由材料存货、在产品存货和产成品存货构成，存货结构是指各类存货在存货总额中的比重。一个企业在正常情况下，存货结构应保持相对稳定性，分析时应特别注意对变动较大的项目进行重点分析，如果存货比重出现剧烈变动，表明企业生产经营过程中有异常情况发生，因此应深入分析其原因，以便最终能够判断存货结构的合理性。存货结构还与公司价值有较强的关系：正常情况下，生产周期长的生产型企业材料存货和产成品存货的比重低、在产品存货高是一件好事情，说明企业产销两旺，相反则说明材料积压、产品积压、开工不足。但是生产周期短的企业材料存货和产成品存货的比重高、在产品存货比重低也是正常的。

（3）存货的计价。在资产负债表中，各种存货是以实际成本反映的，但在日常会计核算中，由于同类存货的进价成本不一定相同，在计算耗用成本或销售成本时，就要采用一定的计价方法进行核算。存货发出采用不同的计价方法，对企业的财务状况、盈亏情况会产生不同的影响。

（4）存货跌价准备分析。在一般情况下，企业应当按照每个存货项目的成本与可变现净值逐一进行比较，取其低者计量存货，并且将成本高于可变现净值的差额作为计提的存货跌价准备。财务报表分析者要特别注意存货的期末计价及存货跌价损失准备的提取情况，分析其对企业的财务影响。会计准则要求期末存货按照成本与可变现净值孰低法计价是一柄双刃剑：一方面，它有利于促使企业按照稳健性的要求提供更为可靠的财务报表，避免虚增资产、利润和所有者权益；另一方面，也给企业调节利润提供了一种较为便利的工具，尤其是当企业有特殊动机的时候，如上市公司需要扭亏为盈，或者需要“脱帽”，或者公司有融资需求的时候，更容易利用计提准备进行利润操纵。

案例 2-6：东方电气的存货分析

表 2-9　　单位：元

项目	2012 年年末金额		
账面余额	账面余额	跌价准备	账面价值
原材料（含材料采购）	6 789 389 732	76 241 000	6 713 148 732
自制半成品及在产品	19 697 548 759	223 563 346	19 473 985 413
库存商品（产成品）	1 207 972 236	130 231 201	1 077 741 036

小讨论：

该公司的存货构成是否良好？

（二）非流动资产项目分析

1. 可供出售金融资产分析

可供出售金融资产项目反映企业持有的可供出售金融资产的期末价值，是指初始确认时即被认定为可供出售的非衍生金融资产，以及除下列各类资产以外的金融资产，包括①贷款和应收款项；②持有至到期投资；③以公允价值计量且其变动计入当期损益的金融资产。本项目应按可供出售金融资产的期末价值分析填列。

可供出售金融资产的会计处理与以公允价值变动且其变动计入当期损益的金融资产的会计处理有类似之处，但也有不同。具体而言：初始确认时，都应按公允价值计量，但对于可供出售的金融资产，相关交易费用应计入初始入账金额；资产负债表日，都应按公允价值计量，但对于可供出售金融资产，公允价值变动不计入当期损益，而是计入所有者权益。

对可供出售金融资产的会计分析，应关注其会计处理的正确性，以及其变动规模的大小及合理性。

2. 长期股权投资

长期股权投资项目反映企业期末持有的采用成本法和权益法核算的长期股权投资的实际价值。本项目应根据“长期股权投资”科目的期末余额，扣减“长期股权投资减值准备”科目的期末余额后填列。企业进行长期股权投资的目的在于保持被投资企业的控制权；通过多元化经营来降低经营风险，稳定经营收益；或是为将来某些特定目的积累资金。

长期股权投资一般占用的资金时间长，数额大，对企业资金结构和经济效益影响较大。因此，对长期股权投资的分析重点在于长期股权投资的合理性和效益性。

长期股权投资的分析要点如下：

(1) 长期股权投资数量和规模的分析。通过企业所拥有的长期股权投资的数量和规模，可分析企业对被投资企业的实际控制权。同时，可以分析企业的扩张能力和未来的发展前景。

(2) 长期股权投资方案合理性分析。长期股权投资方案合理与否，关键看是否有较高的收益，是否可以分散风险，安全性如何。长期股权投资对象应选择盈利能力较强并有发展前景的投资项目。因此，分析长期股权投资时，要注意项目的获利能力。

案例2-7：东方电气的长期股权投资分析

表2-10 单位：元

项目	2012年年末金额	2011年年初金额
按成本法核算的长期股权投资	56 976 315	56 976 315
按权益法核算的长期股权投资	573 319 356	423 944 513
长期股权投资合计	630 295 671	480 920 827
减：长期股权投资减值准备	39 876 315	24 876 315
长期股权投资价值	590 419 356	456 044 513

小讨论：

如何评价该公司的长期股权投资对公司的盈利能力的影响？

3. 投资性房地产

投资性房地产项目反映企业期末持有的投资性房地产的实际价值，包括采用成本模式计量的投资性房地产和采用公允价值模式计量的投资性房地产。本项目应根据“投资性房地产”科目的期末余额，扣减“投资性房地产减值准备”科目期末余额后填列。投资性房地产的范围包括已出租的土地使用权、持有并准备增值后转让的土地使用权和已出租的建筑物。

投资性房地产的分析要点：

（1）投资性房地产的计量模式。投资性房地应按照成本进行初始计量，投资性房地产后续计量通常采用成本模式，只有满足特定情况才能采用公允价值模式进行计量，即企业有确凿证据表明其投资性房地产的公允价值能够持续可靠取得。但是，同一企业通常只能采用一种模式对所有的投资性房地产进行后续计量，不能同时采用两种模式。

（2）投资性房地产后续计量的变更。企业采用成本模式对投资性房地产进行后续计量的，若客观证据表明投资性房地产的公允价值可持续可靠地获得，则可以由成本模式改为公允价值模式；但采用公允价值模式进行后续计量的，不能改为成本模式。分析中要注意是否利用变更人为操纵利润。

4. 固定资产

固定资产项目反映企业期末持有的固定资产的实际价值。本项目应根据“固定资产”科目的期末余额，扣减“固定资产减值准备”科目和“累计折旧”科目的余额后填列。由于固定资产周转期较长，因此企业所拥有的固定资产越多，在总资产中的比重越大，企业资产的流动性和变现能力就越差。一般说，固定资产的规模和结构与企业所处的行业性质直接相关。

固定资产分析的要点如下：

（1）固定资产的规模分析。解读固定资产，首先应对其总额进行数量判断，即将固定资产与资产总额进行比较。这种分析应当结合行业、企业生产经营规模及企业生命周期来进行。

（2）固定资产的结构分析。合固定资产按经济用途使用情况，可分为生产用固定资产、非生产用固定资产、未使用和不需用固定资产等。在各类固定资产中，生产用固定资产，特别是其中的生产设备，同企业生产经营直接相关，在全部资产中占较大比重。非生产用固定资产是指职工宿舍、食堂、俱乐部等非生产单位使用的房屋和设备。一般而言，生产用固定资产所占比重越大，说明企业固定资产的质量越高。

（3）固定资产折旧的计提分析。采用合理的固定资产折旧方法计提固定资产折旧额，对于加强企业经济核算，正确计算产品成本和企业盈利，对于足额补偿固定资产损耗，保证固定资产再生的顺利进行均有重要意义。同时，采用不同的折旧方法，对企业的利润及纳税会产生不同的影响。

（4）固定资产减值分析。首先，企业固定资产减值准备计提得多说明该资企业资产质量不好；其次应注意分析减值计提的合理性，新企业会计准则规定固定资产的资产减值损失不得转回，这在一定程度上避免了上市公司利用资产减值操纵利润。

案例2-8：东方电气的固定资产分析

表2-11 单位：元

项目	2012年年初金额	本年增加	本年减少	2012年年末金额
原价合计	14 232 959 287	1 146 106 800	126 477 333	15 252 588 755
其中：土地资产	27 022 453		918 261	26 104 192
房屋建筑物	6 074 676 081	486 128 153	2 201 519	6 558 602 715
机器设备	7 218 884 121	512 183 644	104 072 698	7 626 995 067
运输工具	327 943 577	24 937 833	5 479 254	347 402 157
仪器仪表、电子设备及其他	584 433 055	122 857 170	13 805 601	693 484 624
累计折旧合计	4 228 507 514	1 246 590 961	112 712 947	5 362 385 527
其中：土地资产				
房屋建筑物	943 994 243	298 377 413	16 696	1 242 354 960
机器设备	2 829 419 495	759 450 269	95 264 954	3 493 604 811
运输工具	167 678 463	42 350 535	4 724 257	205 304 740
仪器仪表、电子设备及其他	287 415 312	146 412 744	12 707 040	421 121 016
减值准备合计	276 204	16 949 910	59 045	17 167 070
其中：土地资产				
房屋建筑物				
机器设备	102 543	16 856 030		16 958 573
运输工具	147 535	90 000	56 152	181 382
仪器仪表、电子设备及其他	26 127	3 880	2 892	27 115
账面价值合计	10 004 175 569	–	–	9 873 036 158
其中：土地资产	27 022 453	–	–	26 104 192
房屋建筑物	5 130 681 837	–	–	5 316 247 754
机器设备	4 389 362 083	–	–	4 116 431 683
运输工具	160 117 579	–	–	141 916 034
仪器仪表、电子设备及其他	296 991 616	–	–	272 336 494

小讨论：

公司固定资产折旧对公司的成本费用有多大的影响？公司的固定资产构成及其增减变动对未来经营活动会产生怎样的影响？

5. 无形资产

无形资产项目反映企业期末持有的无形资产成本，包括专利权、非专利技术、商标权、著作权、土地使用权等。这类资产具有以下的特征：不具有实物形态、属于非货币性长期资产、创造经济利益具有高度的不确定性。采用成本模式计量的已出租的土地使用权和持有并准备增值后转让的土地使用权，在“投资性房地产”项目反映，不在本项目反映。本项目应根据“无形资产”科目的期末余额，扣减“累计摊销”和“无形资产减值准备”科目的余额后填列。

无形资产分析的要点如下：

（1）无形资产规模分析。无形资产尽管没有实物形态，但随着科技进步特别是知识经济时代的到来，无形资产对企业生产经营活动的影响越来越大。无形资产越多，表明企业可持续发展能力和竞争能力就越强。因此，企业应从技术变革、销售增长、利润增长与无形资产的相互关系上分析无形资产规模。

（2）无形资产的类别比重分析。无形资产分为可辨认无形资产和不可辨认无形资产。可辨认无形资产包括专利权、非专利技术、商标权、著作权、土地使用权、特许权、电子计算机软件、网址和域名等；不可辨认的无形资产是指商誉。一般而言，专利权、商标权、著作权、土地使用权、特许权等无形资产价值质量较高，且易于鉴定。如果企业的无形资产以非专利技术、商誉为主，则容易产生资产的“泡沫”。

（3）表外无形资产分析。研究和开发支出的会计处理，并不能影响自创无形资产的成功与否。长期以来，企业已经自主研发成功的无形资产难以在资产负债表上出现，只能游离在资产负债表外。因此，历史较为悠久且重视研究和开发的企业，有可能存在多项已经成功、并且能为企业未来的发展作出积极贡献的无形资产。此外，作为无形资产重要组成部分的人力资源和品牌资源，也不在资产负债表上体现。

（4）无形资产会计政策分析。无形资产会计政策分析主要指无形资产摊销分析。无形资产摊销金额的计算正确与否，会影响无形资产价值的真实性。分析无形资产时应仔细审核无形资产摊销是否符合会计制度的有关规定，如无形资产摊销年限是否合理。

（5）无形资产的减值准备。企业会计制度规定，企业应定期对无形资产的账面价值进行检查，尤其是使用寿命不确定的无形资产及商誉，至少每年年末检查一次。企业计提较多的无形资产的减值准备说明该项资产的质量差，同时企业还可能视自己的需要来确定是否计提该准备，从而达到操作利润的目的。

案例2－9：东方电气的无形资产分析

表2－12　　　　单位：元

项目	2011年 年末金额	本年增加	本年减少	2012年 年末金额
原价合计	1 422 144 173	57 595 195	19 200	1 479 720 168
其中：软件	48 491 520	35 092 710	19 200	83 565 030

表2-12(续)

项目	2011年年末金额	本年增加	本年减少	2012年年末金额
土地使用权	1 031 997 048	15 785 845		1 047 782 892
专利权	10 019 320			10 019 320
非专利技术				
累计摊销合计	340 562 258	51 562 754	19 200	392 105 812
其中：软件	15 296 539	11 177 158	19 200	26 454 497
土地使用权	96 891 579	19 081 595		115 973 173
专利权	2 396 992	51 953		2 448 945
非专利技术	225 977 149	21 252 048		247 229 197
减值准备合计	90 428 510			90 428 510
其中：土地使用权	90 428 510			90 428 510
账面价值合计	991 153 406	–	–	997 185 847
其中：软件	33 194 981	–	–	57 110 534
土地使用权	844 676 960	–	–	841 381 210
专利权	7 622 328	–	–	7 570 375
非专利技术	105 659 137	–	–	91 123 729

小讨论：

如何评价公司的无形资产构成与公司盈利能力的相关性？

6. 在建工程

在建工程项目反映企业进行基建工程、安装工程、技术改造工程、大修理工程等所发生的实际支出，包括需要安装设备的价值，本项目应根据“在建工程”科目的期末余额填列。在建工程计提了减值准备的，还应当扣减计提的减值准备金额。在建工程占用的资金属于长期资金，工程管理出现问题，会使大量资金沉淀，甚至造成企业资金周转困难。因此，该项目分析应结合工程的工期分析其占用的合理性。此外，对在建工程进行分析时，还应关注借款费用资本化问题，分析企业有无通过借款费用资本化来操纵利润的现象。

7. 长期待摊费用

长期待摊费用项目反映企业已经发生但应由本期和以后各期负担的分摊期限在一年以上的各项费用，主要指租入固定资产的装修费、提前一次性支付的租金、固定资产的大修理费、已经提足折旧的固定资产的改扩建支出等。“长期待摊费用”科目中将于一年内摊销的部分，应在“一年内到期的非流动资产”项目中反映。长期待摊费用本质上是一种费用，其数额越大，表明企业的资产质量越差。因此，这类资产数额应当越少越好，占资产总额比重越低越好。在分析长期待摊费用时，应注意企业是否存在用长期待摊费用调节利润的现象。还应注意长期待摊费用与利润总额增长趋势是否相适应。一般情况下，长期待摊费规模应当呈减少的趋势。如果企业长期待摊费用规模增加幅度较大，则应关注会计报表附注中关于长期待摊费用确认标准和摊销的会计政策。重点检查会计报表附注中关于长期待摊费用项目的明细表，核查每个项目产生以及摊销的合理性。同时，应特别注意本年度增加较大和未予正常摊销的项目。

二、负债项目分析

负债是指企业所承担的能以货币计量、需以资产或劳务偿付的债务。按照偿还期的长短，负债分为流动负债和非流动负债。因此，负债项目分析包括流动负债项目分析和非流动负债项目分析。

（一）流动负债项目分析

1. 短期借款

短期借款项目反映企业向银行或其他金融机构等借入的期限在一年以下（含一年）的各种借款。本项目应根据“短期借款”科目的期末余额填列。短期借款往往解决企业短期资金的需要，其数量取决于企业生产经营活动和业务活动对流动资金的需求、现有流动资金的沉淀和资金短缺的情况。

（1）短期借款的规模分析。企业在经营过程中，保持一定数量的短期借款是必需的，但是如果企业短期借款的数量过大，超出企业偿债能力，就会对企业的生存和发展产生不利的影响。适度的短期借款规模，要与企业对短期资金的需求、流动资产尤其是存货规模相适应，要由流动负债的总量、企业现金流量状况和未来企业短期偿债能力的大小来确定。

（2）短期借款的变动分析

短期借款数量的多少往往取决于企业生产经营和业务活动对流动资金的需要量、现有流动资金的沉淀和短缺情况等。短期借款发生变化，其原因一般包括两大方面，即生产经营的需要和企业负债筹资政策的变动，否则就要深入分析其变动的合理性。

案例2－10：东方电气的短期借款分析

（1）短期借款分类

表2－13　　单位：元

借款类别	2012年年末金额	2012年年初金额
质押借款	193 955 625	452 298 662
信用借款	1 924 564 387	1 820 000 000
合计	2 118 520 013	2 272 298 662

（2）短期借款分析

①本集团年末质押借款，系本公司、深圳东锅控制公司、成都凯特瑞公司和东电

控制设备公司将附追索权商业承兑汇票向东方电气财务公司办理贴现形成的质押借款；②本集团年末无已到期未偿还短期借款；③截至本财务报告报出日，本集团年末短期借款已偿还315 605 311元。

小讨论：

短期借款的构成与公司的偿债能力相关吗?

2. 应付账款

应付账款项目反映企业因购买材料、商品和接受劳务供应等经营活动而应支付的款项。本项目应根据“应付账款”所属各明细科目的期末贷方余额填列。如“应付账款”科目所属各明细科目有借方余额的，应在本表“预付账款”项目反映；如“预付账款”科目所属各明细科目有贷方余额的，也应包括在本项目内。应付账款是一种自然融资行为，企业在合理的信用期内可以无偿使用，但是，超过信用期的应付账款，则说明企业的信用较差。在企业产销较为平稳的条件下，企业的应付账款规模还应该与企业的营业收入保持一定的对应关系，并且企业的应付账款平均付账期应保持稳定。如果企业的购货和销售状况没有发生很大的变化，企业的供货商也没有主动放宽赊销的信用政策，则企业应付账款规模的不正常增加、应付账款平均付账期的不正常延长，就是企业支付能力恶化、资产质量恶化、利润质量恶化的表现。分析企业的信用通常应编制应付账款账龄分析表，该标准在很多公司的附注里面会加以披露。

案例2-11：东方电气的应付账款分析

表2-14　　单位：元

项目	2012年年末金额	2012年年初金额
1年以内	9 578 267 258	11 184 128 254
1~2年	1 876 094 830	2 262 461 944
2~3年	1 044 970 982	600 913 897
3年以上	885 817 019	412 712 080
合计	13 385 150 089	14 460 216 175

小讨论：

该公司的偿债能力和商业信用如何?

3. 预收账款

预收账款项目反映企业按照合同规定向购货单位预收的款项。本项目应根据“预收账款”科目所属各明细科目的期末贷方余额合计填列。如“预收账款”科目所属各明细科目有借方余额的，应在本表“应收账款”项目内填列；如“应收账款”科目所属各明细科目有贷方余额的，也应包括在本项目内。通常，预付账款越多的企业盈利能力也越强。

分析预收账款项目应关注的要点如下：

(1) 预收账款的内容。判断企业预收账款的质量主要用企业经营的生命周期进行衡量。在实际工作中，一些企业违反会计制度，往往利用预收账款项目调整企业的当期损益，逃避税收。例如，企业在完成销售或收到货款后，为逃税而不作收入处理，将其挂入“预收账款”之中。对此，应严加关注和防范。

（2）预收账款是一种“良性”债务。一般而言，预收货款是一种“主动”的债务，它表明收款企业的产品结构和销路较好，生产的产品供不应求，也意味着该企业具有较好的未来盈利能力和偿债能力。

案例2－12：东方电气的预收账款分析

表2－15 单位：元

项目	2012年年末金额	2011年年末金额
预收账款	37 594 148 517	42 510 698 851
其中：1年以上	12 042 434 522	11 305 949 207

（1）本集团年末预收款项较年初减少4 916 550 334元，减少11.57%，主要系受国家金融政策趋紧影响，本集团主要客户融资难度加大，向本集团预付的货款减少所致。

（2）本集团年末账龄1年以上的预收款项未结转，主要系本集团提供的发电设备制造周期较长，尚未完工结算所致。

小讨论：

该公司的预收账款变化与经营状况和盈利能力是否相关？

4. 应付职工薪酬

应付职工薪酬项目反映企业根据有关规定应付给职工的各种薪酬，包括工资、职工福利、社会保险费、住房公积金、工会经费、职工教育经费、解除职工劳动关系补偿等应付职工薪酬项目。本项目应根据“应付职工薪酬”科目的期末余额填列。“应付职工薪酬”期末转为债权的，以“－”号填列。在正常的情况下，有信誉且资金不紧缺的企业，不会拖欠职工薪酬；如果企业有拖欠职工薪酬的现象，说明企业出现了资金短缺的情况。

应付职工薪酬分析要点：

(1) 关注职工薪酬的发生额。负债表中只能提供应付职工薪酬的余额，但是通常情况下余额大小并不能说明问题，除余额大幅增加可以说明企业可能拖欠职工薪酬外。因此分析中应关注应付职工薪酬的发生额，借方发生额对应本期支付给职工以及为职工支付的薪酬，贷方发生额对应的是本企业当期计入成本费用的职工薪酬。

(2) 应付职工薪酬的人均数量。职工薪酬的总量不能说明企业的好坏，将职工薪酬的本期支付额除以职工总数得到的人均职工薪酬如果处于较高水平，说明企业是不错的。

案例 2－13：东方电气的应付职工薪酬分析

表 2－16

单位：元

项目	2012 年年初金额	本年增加	本年减少	2012 年年末金额
工资、奖金、津贴和补贴	189 435 919	2 082 106 158	2 093 817 663	177 724 414
职工福利费		305 518 959	305 518 959	
社会保险费	120 079 515	662 430 251	662 819 999	119 689 767
住房公积金	6 051 606	213 122 216	212 556 099	6 617 723
工会经费和职工教育经费	24 931 019	88 096 228	80 493 023	32 534 224
非货币性福利		2 768 004	2 768 004	
辞退福利及内退补偿	67 419 803	42 178 490	48 819 167	60 779 126
其他		94 732 504	93 383 529	1 348 975
合计	407 917 862	3 490 952 810	3 500 176 443	398 694 229

小讨论：

通过应付职工薪酬分析企业的质量还需要结合哪些基本数据？

5. 应交税费

应交税费项目反映企业按照税法规定计算应交纳的各种税费，包括增值税、消费税、营业税、所得税、资源税、土地增值税、城市维护建设税、房产税、土地使用税、车船税、教育费附加、矿产资源补偿费等。企业代扣代缴的个人所得税，也通过本项目反映。企业不需要预计应交数所缴纳的税金，如印花税、耕地占用税等，不在本项目反映。本项目应根据"应交税费"科目的期末余额填列。"应交税费"期末转为债权的，以"－"号填列。一般来说，企业应交税金期末计提，下期期初缴纳，数额不应过大。如果该项目的金额过多，说明企业有拖欠国家税款的现象，应进一步分析欠税的原因。如果该项目的金额为负数，则表示企业多交的应当退回给企业或由以后年度抵交的税金。

6. 其他应付款

其他应付款项目反映企业除应付票据、应付账款、预收账款、应付职工薪酬、应付股利、应付利息、应交税费、长期应付款等以外的其他各项应付、暂收的款项。本项目应根据"其他应付款"科目的期末余额填列。通常，其他应付款金额不应过大，且时间不宜过长。如果企业其他应付款的数额巨大，且时间长，说明企业存在一定的问题，有可能隐含企业之间存在非法资金拆借、转移营业收入等违规行为。同时，如果企业经常性地从股东处借入款项，还可能存在隐瞒两套账的违规行为。

(二) 非流动负债项目分析

非流动负债是指企业偿还期限在一年以上的债务，包括长期借款、应付债券和长期应付款、或有负债等。

1. 长期借款

长期借款项目反映企业向银行或其他金融机构借入的期限在一年以上（不含一年）的各项借款。本项目应根据“长期借款”科目的期末余额扣减将于一年内到期的部分后的金额填列。有一定数量的长期借款，表明企业获得了金融机构的有力支持，拥有较好的商业信用和比较稳定的融资渠道。

对长期借款进行分析时应注意以下几点：

（1）与固定资产、无形资产的规模相适应。长期借款的目的是为了满足企业扩大再生产的需要。金融机构对于发放此项信贷有明确的用途和控制，因此长期借款必须与当期固定资产、无形资产的规模相适应。一般而言，长期借款应当以小于固定资产与无形资产之和的数额为上限；否则，企业有转移资金用途之嫌，如将长期借款用于炒股或期货交易。

（2）与企业当期收益相适应。长期借款使企业在一定时期内形成了一项固定的利息费用。对此，应注重其产出是否大于投入，即资金运用收益是否高于借款利率，可利用财务杠杆进行分析。

（3）长期借款利息费用的处理。与短期借款相比，长期借款除借款期限较长外，其不同点还体现在对借款利息费用的处理上。企业会计准则规定，长期借款的利息费用应当按照权责发生制原则的要求予以资本化或费用化。由于长期借款利息费用数额较大，直接影响资产账面价值和当期损益的高低，因此必须关注借款费用的会计政策，分析长期借款利息费用的资本化或费用化的合理性。

案例 2-14：东方电气的长期借款分析

表 2-17 **长期借款构成分析** 单位：元

借款类别	2012 年年末金额	2012 年年初金额
保证借款		50 000 000
信用借款	180 147 585	232 128 428
减：一年内到期的部分	54 320 000	116 320 000
合计	125 827 585	165 808 428

表 2-18 **长期借款到期日分析** 单位：元

项目	2012 年年末金额	2012 年年初金额
1~2 年	70 000 000	38 000 000
2~5 年	55 827 585	127 808 428
合计	125 827 585	165 808 428

小讨论：

公司偿债压力发生了怎样的变化？

2. 应付债券

应付债券项目反映企业为筹集长期资金而发行的债券本金和利息。发行一年期及一年期以内的短期债券，在“交易性金融负债”项目反映，不在本项目反映。本项目应根据“应付债券”科目的期末余额扣减将于一年内到期的部分后的金额填列。由于通常意义上的债券需要还本付息，所以在我国应付债券发行审批非常严格，因此，能够发行债券的企业本身就是高质量的企业。

应付债券分析要点如下：

（1）应付债券溢价或折价的摊销。在债券存续期间，企业还要分期计提或支付债券利息；同时，也需对债券折价或溢价分期进行摊销，折价摊销转为利息费用，溢价摊销冲减利息费用。而有的企业就利用溢价或折价的摊销来调节利润。

（2）应付债券的利息处理。应付债券的利息处理与长期借款利息处理的分析比较一致，关键是分析其利息处理资本化或者费用化的合理性。

3. 长期应付款

长期应付款项目反映企业除长期借款和企业债券以外的其他各种长期应付款项，包括应付租入固定资产的融资租赁费、以分期付款方式购入固定资产等发生的应付款项等。本项目根据“长期应付款”科目期末余额减去“未确认融资费用”科目期末余额填列。长期应付款中将于一年内到期的部分，在“一年内到期的非流动负债”项目反映。

分析中主要注意两点：

（1）长期应付款的内容构成是否合理。

（2）由于该款项的支付都有固定的时间和金额，所以分析时关键是分析该负债对公司以后的现金流的影响，以及确认未确认融资费用对所属期间的损益影响。

4. 预计负债

预计负债项目反映企业根据或有事项等相关准则确认的各项预计负债，包括对外提供担保、未决诉讼、产品质量保证、重组义务、亏损性合同等预计负债。本项目应根据“预计负债”科目的期末余额填列。分析预计负债首先应分析预计负债计提的合理性，是否存在该预计而不预计，或者不该预计但预计从而达到调节利润的目的。另外还应该明确预计负债多的含义，通常预计负债多的企业说明公司经营风险大、公司行为不规范、产品质量不稳定，也就是说预计负债越多说明公司越不规范。

三、所有者权益项目分析

（一）所有者权益项目的结构分析

1. 所有者权益的构成

所有者权益是指企业资产扣除负债后由所有者享有的剩余权益，具体包括以下四项：

（1）实收资本。实收资本（或股本）项目反映企业接受投资者投入的实收资本。本项目应根据“实收资本（或股本）”科目的期末余额填列。除非企业出现增资、减资等情况，实收资本在企业正常经营期间一般不发生变动。实收资本的变动将会影响企业原有投资者对企业的所有权和控制权，而且对企业的偿债能力、获利能力等都会产生重大影响。

（2）资本公积。资本公积项目反映企业收到投资者出资超出其在注册资本或股本中所占的份额以及直接计入所有者权益的利得和损失等的期末余额。本项目应根据“资本公积”科目的期末余额填列。期末资本公积为借方余额的，以“－”号填列。资本公积主要包括股本溢价、可供出售金融资产的公允价值变动、权益法下被投资单位非净损益变动形成的股权投资准备等。资本公积的主要用途有两个：①转增资本；②弥补亏损。

（3）盈余公积。盈余公积项目反映企业从净利润中提取的盈余公积的期末余额，主要包括法定盈余公积和任意盈余公积，本项目应根据“盈余公积”科目的期末余额填列。企业提取的盈余公积主要有以下几个方面的用途：①弥补亏损；②转增资本；③发放现金股利或利润。

（4）未分配利润。未分配利润项目反映企业尚未分配的利润。本项目应根据“利润分配——未分配利润”明细科目的期末余额填列，期末累计未分配利润为负数的，以“－”号填列。未分配利润通常用于以后年度向投资者进行分配。

2. 所有者权益的结构判断

分析者可将该项目分为内部和外部两大类，然后进行期末与期初的配比。股本和资本公积来源于企业外部（股东）的资本投入，而盈余公积和未分配利润则来源于企业内部（经营者）的资本增值，也称留存收益。外部股东权益的增长，只能说明投资额的加大，代表了企业外延式扩大再生产的能力，而内部股东权益的持续增长才意味着企业经营者的资本保值增值能力，才体现企业拥有充裕的自有资金和良好的偿债能力，代表了企业内涵式扩大再生产的能力。

（二）所有者权益的项目分析

1. 实收资本分析

实收资本是指投资者按照企业章程或合同、协议的约定实际投入企业的资本。企业资本的来源及其运用受企业组织形式、相关法律的约束较多。分析股本的规模时应注意以下两个问题：

（1）实收资本的总额。企业进行生产经营必须具备一定的物质基础，而报表上的实收资本揭示了一个企业生经营的物质基础。一般来说，资本总额越大，企业的物质基础就越雄厚，经济实力就越强。

（2）实收资本与注册资本的关系。根据注册资本制的要求，企业会计核算中的实收资本即为法定资本，应当与注册资本相一致，企业不得擅自改变注册资本数额或抽逃资金。一般情况下，投资者的投入资本，即构成企业的实收资本，应等于其在登记机关的注册资本。若实收资本远远低于注册资本，需进一步阅读会计报表附注及公司合同的有关说明，是否为注册资本不到位或者抽逃注册资本。

2. 资本公积分析

资本公积是企业一种储备形式的资本，其来源主要包括资本溢价及直接计入所有者权益的利得和损失等。通过对资本公积进行分析，可以全面反映企业资本公积的结构和形成，为正确决策提供可靠依据。分析资本公积项目应注意以下问题：

（1）资本公积的构成分析。资本公积通常包括：资本（或股本）溢价；采用权益法核算长期股权投资的企业，在持股比例不变的情况下，确认被投资单位除净损益以外所有者权益的其他变动中归属本企业的利得或损失；企业将固定资产转换为采用公允价值模式计量的投资性房地产时，转换当日的公允价值大于其账面价值产生的利得；可供出售金融资产公允价值变动形成的利得或损失等。在实际工作中，有的企业为了小集团的利益，在不具备法定资产评估条件的情况下，通过虚假评估来虚增净资产，以达到粉饰企业财务指标的目的。

（2）资本公积的用途分析。按照规定，资本公积可以用于转增资本，但是并非所有的资本公积均可以用于转增资本，比如采取权益法，被投资单位除净损益以外所有者权益变动确认的利得或损失；企业将固定资产转换为采用公允价值模式计量的投资性房地产时确认的利得；可供出售金融资产公允价值变动形成的利得或损失均不能用于转增资本。

3. 盈余公积分析

法定盈余公积按税后利润的10%提取，在此项公积达到注册资本的50%时企业可不再提取；任意盈余公积按股东会决议提取。一般而言，盈余公积越多越好。对盈余公积进行质量分析时应注意以下问题：

（1）结构判断。分析盈余公积结构的意义在于可以了解企业的意图，如任意盈余公积所占比重较大，说明企业意在加强积累，谋求长远的效益。

（2）用途合理性判断。将盈余公积的期末数与期初数配比，若盈余公积期末数额大大少于期初数额，则需进一步分析盈余公积用途的合理性。

4. 未分配利润分析

未分配利润越多说明企业盈利能力强，滚存利润多，但是过多则有分配不足的嫌疑，这与监管部门的要求是存在分歧的。未分配利润相对于盈余公积而言，属于未确定用途的留存收益，所以企业在使用未分配利润上有较大的自主权，受国家法律和法规的限制比较少。

第三节　资产负债表的总体分析

一、资产负债表的变动分析

资产负债表的变动分析是对企业财务状况及其变化所进行的总体性分析，一般采用比较分析法，通过编制比较资产负债表来进行横向分析，该分析也叫做资产负债表的水平分析。分析时，通过编制资产负债表的水平分析表，将企业资产负债表各项目的本期数与上期数进行比较，说明企业各资产项目、负债项目以及所有者权益项目增减变动的情况。水平分析表的编制可以采用增减变动绝对额和增减变动相对数相结合的方式。

案例2-15：东方电气的资产负债表增减变动分析

表2-19　　2012年12月31日　　单位：元

项目	2012年 年末金额（元）	2012年 年初金额（元）	增加额（元）	增加率（%）
货币资金	8 960 708 525	10 345 027 829	-1 384 319 305	-13.38
交易性金融资产	30 311 324	64 969 532	-34 658 208	-53.35
应收票据	2 568 756 925	2 240 345 399	328 411 526	14.66
应收账款	14 991 233 562	14 240 086 149	751 147 414	5.27
预付款项	5 784 631 011	5 728 312 159	56 318 851	0.98
应收利息	61 740 939	76 378 518	-14 637 579	-19.16
应收股利	136 612		136 612	
其他应收款	325 693 411	309 264 086	16 429 325	5.31
存货	31 901 091 912	35 859 918 721	-3 958 826 808	-11.04
流动资产合计	64 624 304 221	68 864 302 393	-4 239 998 173	-6.16
可供出售金融资产	413 013 757	308 987 299	104 026 458	33.67
长期股权投资	590 419 356	456 044 513	134 374 843	29.47
投资性房地产	27 479 503	29 120 432	-1 640 929	-5.63
固定资产	9 873 036 158	10 004 175 569	-131 139 411	-1.31
在建工程	723 924 492	836 061 476	-112 136 984	-13.41
工程物资	113 465	169 875	-56 410	-33.21
无形资产	997 185 847	991 153 406	6 032 441	0.61
长期待摊费用	615 000	769 883	-154 883	-20.12
递延所得税资产	1 076 964 799	951 941 073	125 023 727	13.13
非流动资产合计	13 702 752 377	13 578 423 525	124 328 852	0.92
资产合计	78 327 056 598	82 442 725 918	-4 115 669 320	-4.99
短期借款	2 118 520 013	2 272 298 662	-153 778 649	-6.77
交易性金融负债	25 830 967	30 643 141	-4 812 174	-15.70
应付票据	4 107 094 767	3 847 524 567	259 570 200	6.75
应付账款	13 385 150 090	14 460 216 175	-1 075 066 085	-7.43
预收款项	37 594 148 517	42 510 698 851	-4 916 550 334	-11.57

表2－19(续)

项目	2012年年末金额（元）	2012年年初金额（元）	增加额（元）	增加率（%）
应付职工薪酬	398 694 229	407 917 862	－9 223 633	－2.26
应交税费	251 202 095	448 458 427	－197 256 332	－43.99
应付股利	2 008 724	1 560 250	448 474	28.74
其他应付款	2 027 341 175	1 871 026 035	156 315 140	8.35
一年内到期的非流动负债	54 320 000	116 320 000	－62 000 000	－53.30
其他流动负债	80 844 288	85 945 216	－5 100 928	－5.94
流动负债合计	60 045 154 864	66 052 609 185	－6 007 454 321	－9.09
长期借款	125 827 585	165 808 428	－39 980 843	－24.11
长期应付款	685 253	685 253	0	0.00
专项应付款		22 744 416	－22 744 416	
预计负债	1 064 299 499	937 485 338	126 814 161	13.53
递延所得税负债	3 932 356	11 640 379	－7 708 023	－66.22
其他非流动负债	539 641 886	644 999 141	－105 357 255	－16.33
非流动负债合计	1 734 386 579	1 783 362 955	－48 976 375	－2.75
负债合计	61 779 541 443	67 835 972 140	－6 056 430 696	－8.93
股本	2 003 860 000	2 003 860 000	0	0.00
资本公积	5 074 096 576	5 075 180 693	－1 084 117	－0.02
专项储备	8 196 251		8 196 251	
盈余公积	453 492 121	319 634 515	133 857 605	41.88
未分配利润	8 158 283 796	6 421 629 656	1 736 654 140	27.04
外币报表折算差额	(19 823 327)	(17 745 991)	－2 077 336	11.71
归属于母公司股东权益合计	15 678 105 418	13 802 558 874	1 875 546 543	13.59
少数股东权益	869 409 737	804 194 904	65 214 833	8.11
股东权益合计	16 547 515 154	14 606 753 778	1 940 761 376	13.29
负债和股东权益总计	78 327 056 598	82 442 725 918	－4 115 669 320	－4.99

小讨论：

该公司的总体变化特征是什么？发生了哪些重大变化？企业的财务状况是好转还是恶化？

二、资产负债表的趋势分析

资产负债表的趋势分析就是将资产负债表的全部项目或者部分项目在一定时期内（通常需要5~10期）的数据进行比较分析，以揭示公司财务状况变动趋势的一种分析方法。资产负债表的趋势分析与资产负债表的变动分析比较相似，二者都是基于比较分析法展开分析，只是前者需要分析很多期才能揭示变动趋势，而后者往往是将本期数与上期数进行比较从而发现问题。

案例2－16：东方电气的资产负债表趋势分析

表2－20　　单位：元

项目	2012年年末	2011年年末	2010年年末	2009年年末	2008年年末
货币资金	8 960 708 525	10 345 027 829	13 754 295 282	14 925 127 755	11 928 529 661
交易性金融资产	30 311 324	64 969 532	56 590 975	4 702 846	173 825
应收票据	2 568 756 925	2 240 345 399	1 381 939 792	986 983 300	143 350 254
应收账款	14 991 233 562	14 240 086 149	11 708 888 636	9 896 693 950	9 297 125 697
预付款项	5 784 631 011	5 728 312 159	7 515 877 756	7 900 632 449	8 511 285 226
应收利息	61 740 939	76 378 518	41 329 432	46 689 300	13 681 500
应收股利	136 612				
其他应收款	325 693 411	309 264 086	419 729 277	404 424 767	160 045 821
存货	31 901 091 912	35 859 918 721	34 580 411 052	28 579 424 569	21 860 828 174
流动资产合计	64 624 304 221	68 864 302 393	69 459 062 203	62 744 678 936	51 915 020 158
可供出售金融资产	413 013 757	308 987 299	381 049 885		
长期股权投资	590 419 356	456 044 513	325 461 609	237 692 387	212 375 378
投资性房地产	27 479 503	29 120 432	30 761 360	32 402 187	34 041 886
固定资产	9 873 036 158	10 004 175 569	8 877 686 306	5 951 753 468	3 388 699 763
在建工程	723 924 492	836 061 476	1 492 714 511	2 526 561 066	1 450 365 893
工程物资	113 465	169 875	113 465	253 212	250 702
固定资产清理			1 090 453		
无形资产	997 185 847	991 153 406	975 603 072	901 099 986	587 125 273
长期待摊费用	615 000	769 883	1 686 622	271 516	352 971
递延所得税资产	1 076 964 799	951 941 073	707 659 027	636 121 948	490 203 416
其他非流动资产					239 076 186

表2-20(续)

项目	2012年年末	2011年年末	2010年年末	2009年年末	2008年年末
非流动资产合计	13 702 752 377	13 578 423 525	12 793 826 310	10 286 155 770	6 402 491 469
资产合计	78 327 056 598	82 442 725 918	82 252 888 513	73 030 834 707	58 317 511 627
短期借款	2 118 520 013	2 272 298 662	2 335 000 000	450 985 857	704 214 900
交易性金融负债	25 830 967	30 643 141	5 305 823	2 909 505	
应付票据	4 107 094 767	3 847 524 567	3 570 917 414	3 074 710 593	2 578 326 228
应付账款	13 385 150 090	14 460 216 175	11 108 250 925	10 850 984 283	7 566 916 565
预收款项	37 594 148 517	42 510 698 851	47 689 085 887	43 991 800 339	34 831 625 775
应付职工薪酬	398 694 229	407 917 862	467 583 217	399 940 423	362 138 462
应交税费	251 202 095	448 458 427	1 350 337 732	(720 412 091)	(94 734 117)
应付利息			800 711	43 137	158 792 490
应付股利	2 008 724	1 560 250	2 538 042	2 657 987	406 495
其他应付款	2 027 341 175	1 871 026 035	1 936 292 789	1 987 968 200	2 923 268 970
一年内到期的非流动负债	54 320 000	116 320 000	31 320 000	16 320 000	1 035 976 839
其他流动负债	80 844 288	85 945 216	121 973 441		741 165
流动负债合计	60 045 154 864	66 052 609 185	68 619 405 981	60 057 908 234	50 067 673 771
长期借款	125 827 585	165 808 428	275 808 428	615 000 000	722 320 000
长期应付款	685 253	685 253	685 253	1 588 592 608	3 626 592 608
专项应付款		22 744 416		105 000 000	
预计负债	1 064 299 499	937 485 338	833 643 848	658 042 803	332 966 105
递延所得税负债	3 932 356	11 640 379	15 648 299	21 489 763	30 402 751
其他非流动负债	539 641 886	644 999 141	723 314 186	915 456 522	912 338 644
非流动负债合计	1 734 386 579	1 783 362 955	1 849 100 014	3 903 581 696	5 624 620 109
负债合计	61 779 541 443	67 835 972 140	70 468 505 995	63 961 489 929	55 692 293 880
股本	2 003 860 000	2 003 860 000	2 003 860 000	1 001 930 000	882 000 000
资本公积	5 074 096 576	5 075 180 693	5 094 255 444	6 104 620 982	1 380 473 146
专项储备	8 196 251				
盈余公积	453 492 121	319 634 515	151 942 715	38 056 260	
未分配利润	8 158 283 796	6 421 629 656	3 793 595 552	1 569 418 630	53 451 530

表2－20(续)

项目	2012年年末	2011年年末	2010年年末	2009年年末	2008年年末
外币报表折算差额	(19 823 327)	(17 745 991)	(4 899 420)	(5 278 835)	(7 551 931)
归属于母公司股东权益合计	15 678 105 418	13 802 558 874	11 038 754 290	8 708 747 036	2 308 372 745
少数股东权益	869 409 737	804 194 904	745 628 228	360 597 741	316 845 002
股东权益合计	16 547 515 154	14 606 753 778	11 784 382 518	9 069 344 777	2 625 217 747
负债和股东权益总计	78 327 056 598	82 442 725 918	82 252 888 513	73 030 834 707	58 317 511 627

小讨论：

公司的财务状况在近5年呈现怎样的变化趋势？哪些项目的变化最能体现公司的这一趋势？

三、资产负债表的结构分析

（一）资产结构分析

资产结构是指企业中各项资产与总资产及各主要资产项目间的比例关系，每一类资产在企业价值创造过程中发挥着不同的作用，因此，划分资产结构的目的在于优化资产配置，改善财务状况，加速资金周转，减少经营风险。

1. 流动资产与非流动资产结构分析

$$流动资产比率=\frac{流动资产总额}{资产总额}\times 100\%$$

流动资产比率越高，企业流动资产在总资产中所占比重越大，企业承担风险的能力越强。同时，在销售收入不变的情况下，流动资产占用越多，流动资产周转速度就越慢，降低了资产的收益能力。确定适宜的流动资产比率实质上是对企业资产流动性与获利能力的权衡。合理的流动资产比率，应结合企业的经营性质、同行业平均水平或行业先进水平，结合销售的变动状况进行趋势分析。

$$非流动资产比率=\frac{非流动资产总额}{资产总额}\times 100\%$$

非流动资产代表企业长期可使用的资产，非流动资产比例过高，会降低资产周转速度，增加固定费用。因此，非流动资产比例不宜过高。

2. 经营资产与金融资产的结构分析

经营资产是指用于生产经营活动的资产，与总资产相比，它不包括没有被用于生产经营活动的金融资产。严格说来，保持一定数额的现金是生产经营活动所必需的，但是外部分析人员无法区分哪些金融资产是必需的，哪些是投资的剩余，为了简化都将其列入金融资产，视为未投入运营的资产。应收项目大部分是无息的，将其列入经营资产。区分经营资产和金融资产的主要标志是有无利息，如果能够取得利息则列为金融资产。例如，短期应收票据如果以市场利率计息就属于金融资产；否则应归入经营资产，它们只是促进销售的手段。只有短期权益性投资是个例外，它是暂时利用多余现金的一种手段，所以是金融资产，应以市价计价，至于长期权益性投资，则属于经营资产。

$$经营资产比率 = \frac{经营资产总额}{资产总额} \times 100\%$$

$$金融资产比率 = \frac{金融资产总额}{资产总额} \times 100\%$$

对于绝大多数企业来说，经营资产比率高说明企业经营活动占用资产多，主业比较突出，对企业来说是有利的；相反，金融资产比率高说明企业主业不突出，除非公司以金融投资活动为主业。

3. 主要资产项目结构分析

各类资产包含着各个不同的资产项目，各项资产在企业经营中具有不同的作用，企业生产经营活动对各项资产的依赖程度不同。因此，有必要进一步对主要资产项目构成进行分析。通常，单项资产达到总资产5%以上即可确认为是主要资产，且大类资产占总资产的比重应在80%以上该分析才有意义，但特殊情况例外。主要资产项目结构分析具体可通过计算主要项目占总资产的比重进行分析，根据其数值大小及其变化趋势，结合资产各主要项目的分析要点，分析资产变动的原因。

$$某大类资产比率 = \frac{该大类资产}{资产总额} \times 100\%$$

比如，固定资产比率 $= \frac{固定资产}{资产总额} \times 100\%$，其他比率类似。

案例2-17：东方电气的大类资产比重分析

表2-21 单位：元

项目	2012年 年末（元）	2011年 年末（元）	2012年比重 （%）	2011年比重 （%）
货币资金	8 960 708 525	10 345 027 829	11.44	12.55
应收账款	14 991 233 562	14 240 086 149	19.14	17.27
预付款项	5 784 631 011	5 728 312 159	7.39	6.95
存货	31 901 091 912	35 859 918 721	40.73	43.50
固定资产	9 873 036 158	10 004 175 569	12.60	12.13
资产合计	78 327 056 598	82 442 725 918	91.3	92.4

小讨论：

公司大类资产变化说明公司可能存在哪些问题？

（二）负债结构分析

负债是指企业所承担的能以货币计量、需以资产或劳务偿付的债务。对于负债结构分析而言，有意义的划分主要包括两个大类：一类是流动负债与非流动负债；另一类是经营负债与金融负债。

1. 流动负债与非流动负债结构分析

划分流动负债与非流动负债的标准是偿还时间，一般两者的划分以一年为标志。在一年内偿还的负债为流动负债，在一年以上偿还的负债为非流动负债。但在营业周期超过一年的企业，为科学地反映企业的财务状况，流动负债与非流动负债的划分以“一年或超过一年的一个营业周期”为标志。

$$流动负债比率=\frac{流动负债}{负债总额}\times 100\%$$

流动负债规模反映企业对短期债权人的依赖程度。流动负债比重越高，说明企业对短期资金的依赖性越强，企业偿债的压力就越大；流动负债比重越低，说明企业对短期资金的依赖性越弱，企业偿债的压力就越小。流动资产是偿还债务的物资保证，因此，在企业的流动资产周转速度快、短期负债的资金成本较低的情况下，企业可有较多的流动负债；否则，应减少流动负债。

$$非流动负债比率=\frac{非流动负债}{负债总额}\times 100\%$$

非流动负债比例反映企业对长期债权人的依赖程度。长期负债比重越高，表明企业经营对长期债务资金的依赖性越强；反之，非流动负债比重越低，则表明企业经营对长期债务资金的依赖性减弱。

2. 经营负债与金融负债的结构分析

区分经营负债和金融负债的标准是负债是否产生利息，经营负债是指在生产经营中形成的短期和长期无息负债。这些负债不要求利息回报，是伴随经营活动出现的，而非金融活动的结果。金融负债是公司筹资活动形成的有息负债。划分经营负债与金融负债的一般标准是有无利息要求。应付项目的大部分是无息的，故将其列入经营负债；如果是有息的，则属于金融活动，应列为金融负债。

$$经营负债比率=\frac{经营负债}{负债总额}\times 100\%$$

$$金融负债比率=\frac{金融负债}{负债总额}\times 100\%$$

如果公司的金融负债比率偏高，就会给公司带来一定的财务压力，并产生较多的利息支出，一旦将该利息支出费用化，就会给公司盈利带来一定的负面影响。

3. 主要负债项目结构分析

企业负债包含着不同的负债项目，各项负债在财务中具有不同的作用，对企业的财务管理和经营成果产生着不同的影响。因此，有必要进一步对主要负债项目构成进行分析。主要负债项目结构分析是通过计算各项负债项目比率来进行的，比如：

$$短期借款比率=\frac{短期借款}{负债总额}\times 100\%$$

其他负债项目的比率计算与此类似。

案例2－18：东方电气的全部负债项目的比率

表 2-22

项目	2012 年年末（元）	2011 年年末（元）	2012 年比重（%）	2011 年比重（%）
短期借款	2 118 520 013	2 272 298 662	3.43	3.35
交易性金融负债	25 830 967	30 643 141	0.04	0.05
应付票据	4 107 094 767	3 847 524 567	6.65	5.67
应付账款	13 385 150 090	14 460 216 175	21.67	21.32
预收款项	37 594 148 517	42 510 698 851	60.85	62.67
应付职工薪酬	398 694 229	407 917 862	0.65	0.60
应交税费	251 202 095	448 458 427	0.41	0.66
应付股利	2 008 724	1 560 250	0.00	0.00
其他应付款	2 027 341 175	1 871 026 035	3.28	2.76
一年内到期的非流动负债	54 320 000	116 320 000	0.09	0.17
其他流动负债	80 844 288	85 945 216	0.13	0.13
流动负债合计	60 045 154 864	66 052 609 185	97.19	97.37
长期借款	125 827 585	165 808 428	0.20	0.24
长期应付款	685 253	685 253	0.00	0.00
专项应付款		22 744 416	0.00	0.03
预计负债	1 064 299 499	937 485 338	1.72	1.38
递延所得税负债	3 932 356	11 640 379	0.01	0.02
其他非流动负债	539 641 886	644 999 141	0.87	0.95
非流动负债合计	1 734 386 579	1 783 362 955	2.81	2.63
负债合计	61 779 541 443	67 835 972 140	100.00	100.00

小讨论：

如何评价公司的负债特点和财务风险？

（三）所有者权益结构分析

1. 所有者权益的构成

所有者权益是指企业所有者对企业净资产的要求权。所有者权益在数量上等于企业全部资产减去全部负债后的余额，包括实收资本、资本公积、盈余公积和未分配利润四部分内容，具体概念参阅本章第一节资产负债表项目分析的相关内容。

2. 所有者权益项目结构分析

所有者权益结构分析，主要是分析实收资本、资本公积、盈余公积和未分配利润在所有者权益中的比重及其变动，其目的是揭示所有者权益变动的原因，所有者权益向投资者、债权人提供有关资本来源、净资产的增减变动等信息。

所有者权益的四个部分又可以分成两个大类：股东投入资本和留存收益，股东投入资本包括实收资本和资本公积，留存收益包括盈余公积和未分配利润。一个优秀的企业通常保持“低投入资本、高留存收益”，因为这样的企业通常意味着股东较少的投入获得了较高的回报。当然分析时还得考虑企业以前年度的分配情况，比如盈余公积转增资本和送股都会导致留存收益减少，同时投资资本增加，派现会导致留存收益减少。

案例2-19：东方电气的净资产构成分析

表2-23　单位：元

项目	2012年年末	2011年年末
股本	2 003 860 000	2 003 860 000
资本公积	5 074 096 576	5 075 180 693
专项储备	8 196 251	
盈余公积	453 492 121	319 634 515
未分配利润	8 158 283 796	6 421 629 656
外币报表折算差额	(19 823 327)	(17 745 991)
股东权益合计	16 547 515 154	14 606 753 778
负债和股东权益总计	78 327 056 598	82 442 725 918

小讨论：

公司净资产构成及其变化能说明公司的投资价值吗？

（四）资本结构分析

企业筹集资本的来源一般有两个渠道，一是向债权人筹资，即负债融资；二是向投资人筹资，即权益资本融资。广义的资本结构是指各主要资本来源构成的比例关系。狭义的资本结构是指债务资本与权益资本的比例关系。根据资本结构理论，最优资本结构的标准是：企业价值最大，加权平均成本最低。企业价值最大的同时也是加权平均成本最低的时候。企业价值是指企业未来现金流入的现值，上市公司通常可以表述为股价；加权平均成本即各种资金的成本乘以该种资金的比重后相加得到的结果。

在财务报告分析中，资本结构分析主要考核以下指标：

1. 资产负债率

资产负债率是企业全部负债总额与全部资产总额的比率，表示在企业全部资金来源中，从债权人方面取得资金的比重。该指标用于衡量企业利用负债融资进行财务活动的能力，也是衡量企业财务风险的重要标志，其计算公式为：

$$资产负债率=\frac{负债总额}{资产总额}\times 100\%$$

通常资产负债率越高意味着公司的财务风险越大，反之则小，但不能说资产负债率高则资本结构不合理。高负债，不一定表明资本结构不合理；低负债，也不一定表明资本结构是合理的。企业应将资产负债率与负债结构、企业的盈利能力等因素相结合，综合分析企业资本结构的合理性。适度的资产负债率水平分析还应该重点考虑以下两个方面因素：经济周期、行业性质。从经济发展的不同阶段看，资产负债率与经济景气成正相关关系，经济景气时，企业面临的经济环境与市场比较有利，产品销路好，举债可以增加企业的发展能力和盈利；反之，经济不景气时，产品销路下降，银根紧缩，举债增加风险和债务危机。从行业方面看，属于发展速度快的新兴行业，资产负债率一般较高，而成熟或衰退期的行业，资产负债率则一般较低，还有一些特殊行业，比如银行业资产负债率在正常情况下也都较高。

2. 产权比率

产权比率是负债总额与所有者权益总额之比，也叫资本负债率，其计算公式为：

$$产权比率=\frac{负债总额}{所有者权益总额}\times 100\%$$

产权比率较高，一般表示企业资本结构稳定性和资金来源独立性降低，债权人所得到的偿债保障下降，企业借款能力下降。产权比率降低或较低，一般表示企业偿债能力强，但产权比率过低则表明企业没有充分发挥自有资本的作用。

资产负债率与产权比率之间的关系可表示为：

$$产权比率=\frac{资产负债率}{1-资产负债率}$$

产权比率实际上是资产负债率的另一种表示形式，从变动关系看其是一致的：资产负债率高的企业产权比率必然也高。资产负债率越大，产权比率也越大，企业偿债能力越弱；资产负债率越小，产权比率也越小，企业偿债能力越强。但产权比率更侧重于揭示企业财务结构的稳健程度，以及所有者权益对企业偿债风险的承受能力。

参考文献：

[1] 杨安富．财务报告分析［M］．北京：经济科学出版社，2013.

[2] 郭泽光．财务报告分析［M］．北京：高等教育出版社，2007.

[3] 崔也光．财务报表分析［M］．南京：南开大学出版社，2003.

[4] 张新民．钱爱民．财务报表分析［M］．北京：中国人民大学出版社，2008.

[5] 陆正飞．财务报表分析［M］．北京：中信出版社，2006.

[6] 樊行健．财务分析［M］．北京：清华大学出版社，2007.

[7] 黄世忠．财务报表分析：理论·框架·方法与案例［M］．北京：中国财政经济出版社，2007.

[8] 张先治．财务分析［M］．大连：东北财经大学出版社，2007.

[9] 张惠忠．财务报告分析［M］．北京：科学出版社，2011.

[10] 池国华，王玉红，徐晶．财务报表分析［M］．北京：清华大学出版社，北京交通大学出版社，2008.

课后练习

1. 资产负债表有何作用?

2. 资产负债表项目分析中的重点项目是哪些?

3. 资产负债表分析总体从哪些方面进行?

4. 什么是资本结构? 资本结构分析通常需要哪些指标加以说明?

5. 资产负债率和产权比率有何异同?

6. 请选择一家与东方电气相同行业的公司，从项目分析、总体分析两个方面展开对比分析。

第三章 利润表与所有者权益变动表分析

学习提示：

利润表是反映企业一定会计期间的经营成果的财务报表。分析利润表能够揭示企业的利润构成和实现过程，了解企业的经营能力和获利能力，有助于投资者、债权人和企业的经营管理人员作出正确决策。

通过本章的学习，学生能够了解利润表的作用和格式，掌握并熟练运用利润表项目分析和总体分析的方法，理解所有者权益变动表项目分析和总体分析方法。

第一节 利润表概述

一、利润表的作用

利润表又称损益表，是反映企业在一定会计期间经营成果的会计报表。利润等于收入减费用后的净额、直接计入当期损益的利得和损失等。利润表可以提供企业在一段时期（年度、季度或每月）内取得的全部收入、成本费用以及利润的实现和构成情况，了解企业的经营能力和获利能力以及企业未来的发展趋势，有助于投资者、债权人和企业的经营管理人员作出正确决策。利润表的主要作用有：

1. 通过利润表可以了解和预测企业的经营成果和获利能力

利润表解释了企业的经营成果—利润的形成过程，利润表分别反映了一定时期企业通过经营活动取得的收入和与其收入相配比的成本和费用，以及从非经营活动中获得的利得和产生的损失，并反映出不同来源的经营成果。比较和分析同一企业在不同时期，或不同企业在同一时期的资产收益率、成本收益率等指标，能够揭示企业利用经济资源的效率；比较和分析收益信息，可以了解某一企业收益增长的规模和趋势。根据利润表所提供的经营成果信息，相应的信息使用者可以通过了解、解释和预测企业的获利能力，来对是否投资或增减投资等作出决策。

2. 通过利润表可以评价和预测企业的偿债能力

偿债能力指企业以资产清偿债务的能力。企业偿债能力的高低，受到多种因素的影响，其中最重要的因素之一就是企业的获利能力。获利能力强的企业通常有较好的资产流动性和权益结构。因此虽然利润表本身并不能直接评价和预测企业的偿债能力，只能了解企业的获利能力，然而一家长期获利能力低的企业，则资产的流动性必然由好转坏，权益结构也将逐渐由优变劣，破坏其偿债能力。债权人和管理部门通过分析和比较收益表的有关信息，可以间接地解释、评价和预测企业的偿债能力，尤其是长期偿债能力，并揭示偿债能力的变化趋势，进而作出各种决策。

3. 企业管理人员可根据利润表披露的经营成果作出经营决策

企业管理人员可以通过对利润表中各个构成要素的分析，获得各项收入、成本、费用与利润之间的增减变动关系，及时发现企业利润增减变动的原因，发现工作中存在的问题，找出根源所在，促进企业进一步改善经营管理，不断提高管理水平，作出合理的经营决策，不断提高获利能力。

4. 通过利润表可以正确评价各部门的经营业绩，考核管理人员的绩效

由于利润受到各环节和各部门的影响，因此通过比较前后期利润表上各项收入、费用、成本及收益的增减变动情况，并查考其增减变动的原因，可以较为客观地评价各职能部门和生产经营单位的绩效，以及这些部门和人员的绩效与整个企业经营成果的关系，以便评判各部门管理人员的功过得失，及时作出采购、生产销售、筹资和人事等方面的调整，激励管理人员的积极性，进一步提高利润。

二、利润表的格式

利润表的格式体现了利润的计算过程，一般分为单步式和多步式两种。单步式利润表是将当期所有的收入列在一起，然后将所有的费用列在一起，两者相减得出当前净利润。而我国的《企业会计准则》要求的利润表是多步式的。多步式利润表要求对当期所有的收入、成本费用、支出项目按性质分类，按利润形成的三个主要环节列示营业利润、利润总额和净利润，分步计算当前净利润。

在多步式利润表中，企业经营成果的计算过程为：

营业利润 = 营业收入 - 营业成本 - 营业税费 - 营业费用 - 管理费用 - 财务费用 - 资产减值损失 + 公允价值变动净收益 + 投资收益

利润总额 = 营业利润 + 营业外收入 - 营业外支出

净利润 = 利润总额 - 所得税

利润表的格式如表 3 - 1 所示。

表 3 - 1 利润表

编制单位：重庆百货公司 2012 年 12 月 31 日 单位：元

项目	本年累计数	上年累计数
一、营业收入	28 116 700 000	25 011 500 000
减：营业成本	23 908 200 000	21 371 800 000
营业税金及附加	215 072 000	173 767 000
销售费用	2 603 870 000	2 222 150 000
管理费用	628 834 000	557 774 000
财务费用	-34 143 100	-30 821 000

表3-1(续)

项目	本年累计数	上年累计数
资产减值损失	-8 899 220	17 855 700
加：公允价值变动收益（损失以“-”号填列）	-	-
投资收益（损失以“-”号填列）	10 874 500	1 441 580.00
其中：对联营企业和合营企业的投资收益	-	40 130
二、营业利润（亏损以“-”号填列）	814 682 000	700 478 000
加：营业外收入	17 939 000	28 984 000
减：营业外支出	5 882 940	8 037 780
其中：非流动资产处置损失	4 538 750	5 122 500
三、利润总额（亏损以“-”号填列）	826 738 000	721 424 000
减：所得税费用	126 229 000	112 669 000
四、净利润（净亏损以“-”号填列）	700 509 000	608 755 000
五、每股收益		
（一）基本每股收益	1.87	1.62
（二）稀释每股收益	1.87	1.62
六、其他综合收益（亏损）	-	-
七、综合收益总额	700 509 000	608 755 000

第二节　利润表项目分析

《企业会计准则第30号——财务报表列报》规定了利润表至少应当单独列示反映下列信息的项目：营业收入、营业成本、营业税金、管理费用、销售费用、财务费用、投资收益、公允价值变动损益、资产减值损失、非流动资产处置损益、所得税费用、净利润。上市公司还需要列示每股收益。在合并利润表中，企业应当在净利润项目之下单独列示归属于母公司的损益和归属于少数股东的损益。

一、收入项目类分析

收入是指企业在销售商品、提供劳务及让渡资产使用权等日常经营活动中所形成的经济利益的总流入。一般情况下，收入越多，利润越多。但是如果费用的增长速度超过收入的增长速度的时候，收入的增加反而会带来利润的减少。收入一般指营业收入，它由主营业务收入和其他业务收入两部分组成。利润表中还有一些项目放在成本费用项目后，也属于收入要素，如投资收益、公允价值变动损益、汇兑损益等。利润表本身不能够提供足够的信息对利润表项目进行分析，因此，我们需要用到会计报表附注提供的资料对利润表各项目作进一步分析。

1. 营业收入

营业收入的分析包括收入的确认与计量分析、收入的质量分析、主营业务收入分析、其他业务收入分析等方面。

(1) 收入的确认与计量分析。收入确认分析，主要是判断企业相关报表资料中所列举的收入是否符合会计准则和企业会计制度的规定。应重点分析收入确认时间的合规性；收入确认方法的合理性；特殊情况下收入确认问题，如商品需要安装或检验时收入的确认、买主有退货权时收入的确认等。

收入计量分析，主要是判断企业采用的计量收入的方法是否符合会计准则和企业会计制度的规定，并据此评价报表中收入信息的准确性。应重点关注现金折扣、商业折扣和销售折让等计量的准确性。

(2) 收入的质量分析。收入的质量分析可以从收入的效益和收入变动的影响因素两方面进行分析。

收入的效益分析可以通过计算总资产周转率，评价企业的经营业绩；计算营业收入增长率，评价企业经营业绩变动的趋势；计算营业利润率，评价企业营业活动的获利水平；计算营业现金比率，评价企业经营活动获取现金的能力。

营业收入的多少主要受销售数量和销售价格的影响。收入变动的影响因素分析是在分析营业收入总量变动的基础上，采用因素分析法具体确认销售数量和销售价格对其的影响程度。

(3) 主营业务收入分析。主营业务收入一般是企业的主要收入来源，对于企业的生存和发展具有举足轻重的作用。主营业务收入分析应该包括以下重点：主营业务收入在全部收入中的比重及其变化趋势、收入品种的构成、企业的市场占有情况、主营业务收入增长率及其变化态势、本企业的主营业务收入与同行业相同业务收入比较及与企业主营业务利润比较、主营业务收入与资产负债表的应收账款配比、关联方交易。

(4) 其他业务收入分析。其他业务收入通常不是企业的主要经营范围的收入，其比重较小，不是企业经常性的利润来源，一般不作为分析重点。但是如果企业其他业务收入增长速度较快，其比重逐年增加，就应该考察企业经营战略是否改变或者主营业务是否出现经营上的困难，如果发现企业其他业务收入急剧变动，则应作为重点加以分析。

现以贵州茅台酒股份有限公司 2012 年利润表和相关数据为例，分析营业收入，见表 3-2、表 3-3、表 3-4。

表 3－2　　2012 年营业收入、营业成本、营业利润　　单位：元

项目	2011 年	2012 年
主营业务收入	18 402 055 500. 21	26 455 251 445. 86
茅台酒	16 951 212 268. 98	24 032 63 151. 18
系列酒	1 450 843 231. 23	2 422 616 294. 68
其他业务收入	299 707. 09	83 707. 13
主营业务成本	1 551 126 515. 63	2 044 240 866. 68
茅台酒	1 094 996 180. 80	1 400 404 842. 86
系列酒	456 130 334. 83	643 836 023. 82
其他业务成本	107 460. 43	65 602. 08
营业利润	12 336 164 425. 08	18 830 739 817. 65

表 3－3　　2012 年前 5 名客户的营业收入情况

客户名称	主营业务收入（元）	占公司全部营业收入的比例（%）
上海海烟物流发展有限公司	225 270 989. 74	0. 85
山东新星集团有限公司	175 377 064. 10	0. 66
北京平大境界酒业有限公司	155 054 789. 74	0. 59
贵州省仁怀市糖业烟酒公司	151 432 512. 82	0. 57
北京市糖业烟酒公司酒类经营分公司	118 331 460. 68	0. 45
合计	825 466 817. 08	3. 12

表 3－4　　2012 年应收及预付账款　　单位：元

项目	2011 年	2012 年
应收票据	252 101 396. 08	204 079 117. 80
应收账款	2 225 396. 48	17 818 147. 27
预付款项	1 861 027 424. 03	3 872 870 407. 89

通过上述各表可以看出，贵州茅台酒股份有限公司的收入质量较高，主营业务是其主要的收入来源，其他业务收入对该公司而言非常不重要。与上年相比，企业的主营业务收入和营业利润实现了基本同步增长，该公司业务非常集中，在白酒行业中占有优势地位，其主要优势产品和主要优势市场都非常明确。公司前 5 名客户的营业收入仅占公司总收入的 3. 12%，说明公司的市场强势地位比较明显，不容易受到销售渠道的控制。主营业务收入与应收及预付账款的比例说明企业经营状况良好，欠款率较低。

小讨论

哪些因素会影响营业收入分析？除了以上数据外还可以从哪些角度分析营业收入？在上市公司中找到一家ST公司，分析它的营业收入项目，比较其与案例中的企业有何不同？

2. 投资收益

投资收益是指企业在一定的会计期间对外投资所取得的回报。投资收益包括对外投资所分得的股利和收到的债券利息，投资到期收回的或到期前转让债权取得款项高于账面价值的差额，以及按权益法确定的长期股权投资在被投资单位净资产的增加中所拥有的份额等。投资活动也可能遭受损失，如投资到期收回的或到期前转让所得款低于账面价值的差额，即为投资损失。

以广州汽车集团股份有限公司2012年利润表和相关数据为例，分析投资收益，见表3-5。

表3-5　广汽集团公司投资收益分析表　单位：元

项目	2011年	2012年	增减额
权益法核算的长期股权投资收益	4 636 438 339	2 634 884 119	-2 001 554 220
处置长期股权投资产生的投资收益	-1 732 599	-791 829	940 770
持有交易性金融资产期间取得的投资收益	0	75 506	75 506
持有至到期投资期间取得的投资收益	228 801	3 883 243	3 654 442
持有可供出售金融资产等期间取得的投资收益	0	9 131 460	9 131 460
处置交易性金融资产取得的投资收益	0	-622	-622
处置可供出售金融资产等取得的投资收益	0	-4 250 382	-4 250 382
其他投资收益	15 611 146	987 660	-14 623 486
合计	4 650 545 687	2 643 919 235	-2 006 626 452

从表中可以看出，广州汽车集团股份有限公司2012年的投资收益与2011年相比大幅度减少，其主要原因在于权益法核算的长期股权投资收益大幅度减少。编制投资收益分析表，既可以编制水平分析表，分析增减变动的原因；也可以编制垂直分析表，分析各项投资收益所占的比重。

二、费用项目类分析

利润表中的费用项目包括营业成本、营业税金及附加、管理费用、销售费用、财务费用。费用是构成企业经营成果的基本要素，对利润有着非常重要的影响。降低成本费用是企业提高经济效益的关键，是企业管理的重点。分析费用项目可以更好地分析成本费用增减的原因，找出有效降低成本费用的方法，促进企业利润增长和经济效益提升。

1. 营业成本分析

营业成本是指企业所销售商品或者提供劳务的成本。营业成本应当与所销售商品或者所提供劳务取得的收入进行配比。它分为主营业务成本和其他业务成本，分别与主营业务收入和其他业务收入相对应。对于一般企业而言，主营业务成本在营业成本中所占比重较大，并且企业取得的销售收入中，大部分是企业为生产或购买这些产品而发生的支出，主营业务成本的高低直接影响利润的多少。因此，主营业务成本应重点分析以下几个方面：

（1）主营业务成本占主营业务收入的比重。通过不同时期比重的变化，可以分析企业的获利能力的变动。如果这个比例在上升，在其他费用比例不变的情况下，企业取得同等收入需要耗费的成本在上升，说明企业的获利能力在下降。这时应该具体分析市场和企业本身，找出变动的原因，比如物价上涨、人工上涨、产品逐渐失去竞争力，还是由于企业内部经营管理出现问题。

（2）总体成本和单位成本的纵向比较和横向比较。纵向比较就是要比较其与之前年度的增减额和增减率，找出增减变化是由于企业的主营业务收入增减造成的，还是成本上升或内部成本管理问题造成的。横向比较不仅仅要比较总体成本和单位成本的过去，还应该与行业平均水平、行业同等规模、行业同等地区等相比较，找出成本上升或下降是全行业一致的，还是仅仅本企业的原因，更具体地分析，就能够找到单位成本升降的根本原因。

（3）注意会计政策的改变。会计政策的不一致导致的主营业务成本的增减改变与企业本身的经营成绩无关。例如存货的计价方法从先进先出法改为加权平均法就可能导致企业的成本变化，并导致利润的变化，这时候就要具体分析，利润增减是由于企业本身的获利能力增强还是会计政策变化带来的。

小讨论：

根据前面的数据，我们可以看到，贵州茅台酒股份有限公司的营业成本占营业收入的比重为7.7%，上年比重为8.4%，成本比重在下降，自行查找资料，分析是什么原因导致的比重下降？该公司的营业成本占营业收入的比重较低，这是白酒行业的共同特点呢还是该行业中少数公司的特点？为什么会出现这一现象？

2. 期间费用分析

企业的期间费用包括营业费用、管理费用和财务费用。期间费用应当直接计入当期损益，并在利润表中分项目列示。期间费用对利润有着直接的影响，分析时可以采用水平分析法和垂直分析法。

运用水平分析法可将各费用项目的实际数与上期数或预算数进行对比，来揭示各费用项目的变动情况及产生变化的原因；运用垂直分析法可将各费用项目占费用总额的比重进行对比，来揭示各费用项目的构成变化及其变化是否合理。

(1) 销售费用分析

销售费用是指企业在销售商品、提供劳务等过程中发生的费用，以及为了销售本企业商品而专门设立的销售机构的经营费用。一般包括由企业负担的包装费、运输费、广告费、装卸费、保险费、委托代销手续费、展览费、租赁费（不含融资租赁费）和销售服务费、销售部门人员工资、职工福利费、差旅费、办公费、折旧费、修理费、物料消耗、低值易耗品摊销以及其他经费等。与销售有关的差旅费也应计入销售费用。

销售费用对销售收入的增减可能产生很大的影响。如果销售费用大幅增长，应首先关注销售收入是否也随之增长；如果一段相对较长的时期中，销售费用的增长幅度远远超过营业收入的增长幅度，很可能企业的获利能力在下降，或者产品的竞争力降低。分析销售费用可以首先分析该费用的预算执行情况，将本期实际发生的费用与预算费用做比较，考核节约或超支情况。其次，应该列出销售费用明细表，对于每个费用项目进行水平和垂直分析，找出那些增减变动幅度较大的项目，作为重点分析的对象，找出变化原因。

现以贵州茅台酒股份有限公司 2012 年利润表和相关数据为例，分析销售费用，见表 3-6、表 3-7。

表 3-6 销售费用水平分析表

项目	2011 年（元）	2012 年（元）	增减额（元）	增减百分比（%）
广告宣传费	524 552 721.21	886 492 787.18	361 940 065.97	69.00
促销费用	46 831 796.36	141 987 730.04	95 155 933.68	203.19
运输费用	58 514 109.65	68 778 382.58	10 264 272.93	17.54
营销差旅费、办公费	18 597 806.31	28 782 704.10	10 184 897.79	54.76
打假费用	15 258 879.72	19 605 988.56	4 347 108.84	28.49
货物运输保险	16 958 585.91	16 685 117.63	-273 468.28	-1.61
业务招待费	2 764 751.30	6 964 740.82	4 199 989.52	151.91
专卖店装修费	6 679 990.00	5 298 815.24	-1 381 174.76	-20.68
其他	30 169 087.43	49 957 177.87	19 788 090.44	65.59
合计	720 327 727.89	1 224 553 444.02	504 225 716.13	70.00

从表 3-6 中可以看出，该公司 2012 年的销售费用与 2011 年相比大幅度提升，增长率为 70%，其中广告宣传费、营销差旅费、办公费等的增长幅度与销售费用的增长幅度比较接近，促销费用和业务招待费的增长远远超过总销售费用的增加，导致销售费用的增长超过公司营业收入增长水平。分析时还可以与最近几年的数据结合起来，如果从长期看销售费用的增长速度都高于收入的增长速度，公司应该采取有效措施，遏制销售费用增长过快的现象。

表 3-7　　销售费用垂直分析表

项目	2011 年（元）	2012 年（元）	2011 年比重（%）	2012 年比重（%）
广告宣传费	524 552 721. 21	886 492 787. 18	72. 82	72. 39
促销费用	46 831 796. 36	141 987 730. 04	6. 50	11. 60
运输费用	58 514 109. 65	68 778 382. 58	8. 12	5. 62
营销差旅费、办公费	18 597 806. 31	28 782 704. 10	2. 58	2. 35
打假费用	15 258 879. 72	19 605 988. 56	2. 12	1. 60
货物运输保险	16 958 585. 91	16 685 117. 63	2. 35	1. 36
业务招待费	2 764 751. 30	6 964 740. 82	0. 38	0. 57
专卖店装修费	6 679 990. 00	5 298 815. 24	0. 93	0. 43
其他	30 169 087. 43	49 957 177. 87	4. 19	4. 08
合计	720 327 727. 89	1 224 553 444. 02	100	100

从表中可以看出，广告宣传费在公司 2012 年销售费用支出中比重最大，达到 72. 39%，其次是促销和运输费用，分别有 11. 6% 和 5. 62%。如果企业想要有效降低成本费用，就应该从这几方面着手。

小讨论：

上海汽车集团股份有限公司 2012 年年报中其 2011—2012 年销售费用见表 3-8。

表 3-8　　销售费用明细表　　单位：元

项目	2011 年	2012 年
运输物流费	7 099 458 418. 94	8 207 978 001. 12
广告宣传费	6 358 710 653. 29	6 788 821 825. 89
售后服务费	2 867 037 646. 59	2 888 752 915. 26
其他	6 525 585 244. 25	9 322 602 360. 72
合计	22 850 791 963. 07	27 208 155 102. 99

对上表中上海汽车集团股份有限公司的销售费用作水平分析和垂直分析。比较两个公司的销售费用各项目及相关比例有何不同？是什么原因导致的不同？

（2）管理费用分析

企业管理费用是指企业行政管理部门为管理和组织企业生产经营活动而发生的各项费用支出。管理费用包括的内容很多，其节约空间也较大，一般包括管理人员工资及福利费、劳动保险费、职工待业保险费、业务招待费、研究费用、排污费、聘请中介机构费、低值易耗品摊销、无形资产摊销、固定资产折旧、土地使用税、车船使用税、印花税等其他管理费用。

一般而言，在企业的组织规模、管理方法、业务规模等方面变化不大的情况下，企业的管理费用通常不会发生较大的变化。它与营业成本的相关程度不如销售费用紧密。管理费用的分析方法与销售费用相同。

（3）财务费用分析

财务费用指企业在生产经营过程中为筹集资金而发生的各项费用，包括企业生产经营期间发生的利息支出（减利息收入）、汇兑净损失（有的企业如商品流通企业、保险企业进行单独核算，不包括在财务费用）、金融机构手续费，以及筹资发生的其他财务费用，如债券印刷费等。

进行财务费用的分析，应结合公司的筹资需求、经营战略、发展目标和偿债能力等方面进行分析，不能简单地以高低作为判断标准。由国家调整贷款利息导致的企业财务费用变化与企业自身经营能力无关。企业的资金需求降低，使得借款规模缩小导致的财务费用降低是正常的，如果企业由于资金不足影响了生产和发展规模的扩大，虽然财务费用减少了，但却会制约企业长期发展，并非好事。

小讨论：

查询任意一家上市公司年报，从会计报表附注中找到管理费用和财务费用明细表，按照销售费用的分析方法分析该公司的管理费用和财务费用。

三、利得与损失项目分析

我国利得与损失概念的首次引入是在2006年，当年发布的新《企业会计准则——基本准则》对利得和损失给出了定义。新准则第二十七条规定："利得是指由企业非日常活动所形成的、会导致所有者权益增加的、与所有者投入资本无关的经济利益的流入。损失是指由企业非日常活动所发生的、会导致所有者权益减少的、与向所有者分配利润无关的经济利益的流出。"从规定中可以看出，这里的利得与损失都是狭义的，不包括企业日常经营活动中产生的收入和费用，着眼于企业非日常经营活动中发生的交易事项导致的权益变动，与国际会计准则中利得与损失的概念相近。

小提示：

收入、费用和利得、损失的区别在于是否是企业日常经营活动形成的，因此利润表中的投资收益、资产减值损失和公允价值变动损益是否应该归类于收入还是利得，费用还是损失要根据取得收益或者遭受损失的具体情况是否属于企业日常经营活动来判断。

例如长期股权投资在成本法核算情况下，被投资单位宣告分派现金股利或利润时，投资企业按股份比例确认当期投资收益，我国《企业会计准则——收入》中认定的收入包括销售商品、提供劳务及让渡资产使用权三种收入，股利收入是让渡资产使用权取得的，因此这种投资收益应该属于收入；而处置长期股权投资时，将实际收到的金额与长期股权投资账面价值的差额计入投资收益，这部分投资收益是处置资产获得，非日常活动所形成的，应该属于利得。

我国目前会计准则要求将投资收益、资产减值损失和公允价值变动损益用于计算营业利润，而营业外收入和营业外支出这类利得和损失放在营业利润之外，实际上将投资收益、资产减值损失和公允价值变动损益归属于收入和费用项目，而营业外收入和营业外支出归属于利得和损失项目。

根据《企业会计准则——基本准则》的规定，我国仅有资产、负债、所有者权益、收入、费用和利润六大会计要素，而没有利得与损失要素，因此在我国，利得是收入的一部分，损失是一种费用。本书将其单独列出是为了区别企业日常经营活动的收支与非日常活动的收支对企业利润的影响。判断企业的经营状况和获利能力，主要依据企业日常经营活动中产生的利润。企业日常经营活动中产生的利润越多，说明企业的获利能力越强，发展前景越好。而如果企业的主要利润来自于非日常经营活动，其收入具有不确定性和连续性，可能是偶然的，即使今年的利润很高，也不能说明企业的未来发展。

1. 营业外收入分析

营业外收入是指与企业生产经营活动没有直接关系的各种收入，主要包括非流动资产处置利得、非货币性资产交换利得、债务重组利得、政府补助、盘盈利得、捐赠利得等。营业外收入的稳定性较差，投资者在分析企业的经营情况时，应该排除营业外收入的影响。此外，营业外收入占总收入的比例不应过大，如果占据较大比例，说明企业的盈利结构有问题，而盈利的质量如何也值得怀疑。

2. 营业外支出分析

营业外支出是指不属于企业生产经营费用，与企业生产经营活动没有直接的关系，但应从企业实现的利润总额中扣除的支出，包括固定资产盘亏、报废、毁损、出售的净损失、非季节性和非修理性期间的停工损失、职工子弟学校经费和技工学校经费、非常损失、公益救济性的捐赠、赔偿金、违约金等。营业外支出与营业外收入一样，不具有稳定性，不能用来预测企业的未来发展和获利能力。

3. 资产减值损失

资产减值损失是指因资产的账面价值高于其可收回金额而造成的损失，如计提的坏账准备，存货跌价准备和固定资产减值准备等形成的损失。《企业会计准则——资产减值》规定固定资产、无形资产、长期股权投资等资产减值损失一经确认，在以后的会计期间不得转回，消除了一些企业通过计提秘密准备来调节利润的可能，限制了利润的人为波动。对资产减值损失的分析应该分析其增减变动情况及其在总费用中所占的比重，可以通过编制资产减值损失分析表进行分析。如果公司资产减值损失产生不正常的大规模增减变动，应该找到哪些项目产生的变动，由企业自身的管理还是外部资产价值变动造成的。

4. 公允价值变动损益

公允价值变动损益是指企业以各种资产，如投资性房地产、债务重组、非货币交换、交易性金融资产等公允价值变动形成的应计入当期损益的利得或损失。即公允价值与账面价值之间的差额。该项目反映了资产在持有期间因公允价值变动而产生的损益。公允价值变动损益是未实现的损益，只体现资产价值的变化，只有当处置相应资产或负债时，公允价值变动损益才能实现。且由于公允价值是在不断发生变化的，最后实现的损益可能与开始确认的公允价值变动损益有较大差异。在公允价值变动非常大的时候，公允价值变动损益可能极大地影响企业的营业利润和净利润，但是由于其变动的不确定性，这类收益不能用来预测企业的未来发展和获利能力。

小知识：次贷危机与公允价值

自从2007年下半年美国次贷危机爆发以来，关于公允价值会计的讨论就不绝于耳。以花旗、美林、瑞银、AIG（美国国际集团）、百仕通为代表的金融机构，纷纷将矛头直指公允价值会计，声称公允价值计量模式夸大了次债产品的损失，放大了次贷危机的广度和深度。

在次贷危机中，按公允价值对ABS（资产支持证券）、MBS（抵押贷款支持证券）和CDO（抵押债务债券）等次债产品进行计量，导致金融机构确认巨额的未实现且未涉及现金流量的损失。这些天文数字般的“账面损失”，扭曲了投资者的心理，造成恐慌性抛售持有次债产品的金融机构股票的风潮。这种非理性投机行为反过来又迫使金融机构不惜代价降低次债产品的风险，本已脆弱不堪的次债产品市场濒临崩溃，金融机构不得不在账上进一步确认减值损失。公允价值会计这种独特的反馈效应，造成了极具破坏性的恶性循环，在次贷危机中推波助澜。

但是，会计界并不承认这一说法，指责金融结构的说法是为自己的错误寻找替罪羊。美国财务会计准则委员会主席罗伯特·赫兹在2008年公允价值圆桌会议上指出，财务会计准则委员会完全是应投资者清楚而明确的要求才规定金融资产应当按公允价值进行计量。事实上，金融界制造了房地产泡沫，并通过不受监管、不透明的资产证券化等金融创新手法放大金融资产泡沫，才最终酿成灾难深重的次贷危机。会计借助公允价值计量模式，及时、透明、公开地披露金融资产泡沫，促使金融界、投资者和金融监管当局正视和化解金融资产泡沫。倘若没有采用公允价值会计，投资者可能永远被掩盖在金融界创设的虚幻泡沫中。公允价值计量并不能给企业带来损失，它只是跟随市场，并非领导市场。

四、其他综合收益项目分析

《企业会计准则解释第3号》在第七条中首次提出了“其他综合收益”的概念，其他综合收益是反映企业根据企业会计准则规定未在损益中确认的各项利得和损失扣除所得税影响后的净额。也就是在会计确认时没有被计入利润表的利得和损失，通常这种利得和损失被反映在所有者权益的事项中。由于其他综合收益项目并没有在利润表中确认损益，因此不会影响到企业的净利润，也不会影响到股东的收益，只是在其他综合收益提出后，利润表反映的经营成果更加全面完整了。

涉及其他综合收益的事项主要包括可供出售金融资产公允价值变动、外币报表折算差额以及现金流量套期工具利得或损失。企业一般在会计报表附注中应该详细列出其他综合收益的具体内容。以上海汽车集团股份有限公司2012年年报的“其他综合收益”为例，见表3-9。

表 3-9　　上海汽车集团股份有限公司 2012 年年报　其他综合收益　　单位：元

项目	2011 年	2012 年
其他综合收益		
1. 可供出售金融资产产生的利得（损失）金额	-2 462 500 131.71	2 114 000 759.86
减：可供出售金融资产产生的所得税影响	-74 103 881.45	277 410 320.28
前期计入其他综合收益（亏损）当期转入损益的净额	205 964 446.26	-651 212 556.66
小计	-2 594 360 696.52	2 487 802 996.24
2. 按照权益法核算的在被投资单位其他综合收益（损失）中所享有的份额	-167 208 451.57	182 382 420.98
3. 外币报表折算差额	138 660 727.62	-24 214 046.58
4. 其他	139 014.83	-
合计	-2 622 769 405.64	2 645 971 370.64

第三节　利润表总体分析

一、利润表变动分析

利润表变动分析，也就是利润表水平分析，是根据利润表各个项目的数据的增减额和增减百分比，对企业的盈利状况及其变化趋势所进行的总体性分析，一般使用比较分析法编制利润变动分析表来进行横向分析。除了针对本企业利润表各项目的增减变化编制利润变动分析表以外，企业也可以编制反映企业实际盈利状况和预算盈利状况的分析表来分析企业经营计划的完成情况，编制反映本企业不同分部之间盈利状况的分析表来分析企业各分部的经营比重，编制反映本企业和同行业或者同地区平均的盈利状况比较的分析表来分析企业收益在同行业或者同地区中的水平。

现在以贵州茅台酒股份有限公司 2012 年利润表及相关资料为例，来编制该公司 2011 年与 2012 年的利润水平分析表，见表 3-10。

表 3-10　　贵州茅台酒股份有限公司利润变动分析表　　金额单位：元

项目	2011 年（元）	2012 年（元）	增减额（元）	增减百分比（%）
一、营业收入	18 402 355 207.30	26 455 335 152.99	8 052 979 945.69	43.76
减：营业成本	1 551 233 976.06	2 044 306 468.76	493 072 492.70	31.79
营业税金及附加	2 477 391 798.01	2 572 644 755.42	95 252 957.41	3.84

表3-10(续)

项目	2011年（元）	2012年（元）	增减额（元）	增减百分比（%）
销售费用	720 327 727.89	1 224 553 444.02	504 225 716.13	70.00
管理费用	1 673 872 427.75	2 204 190 581.13	530 318 153.38	31.68
财务费用	-350 751 496.92	-420 975 922.49	-70 224 425.57	20.02
资产减值损失	-2 500 650.57	2 979 258.50	5 479 909.07	
加：公允价值变动收益				
投资收益	3 383 000.00	3 103 250.00	-279 750.00	-8.27
其中：对联营企业和合营企业的投资收益				
二、营业利润	12 336 164 425.08	18 830 739 817.65	6 494 575 392.57	52.65
加：营业外收入	7 181 584.54	6 756 532.19	-425 052.35	-5.92
减：营业外支出	8 685 535.82	137 005 880.68	128 320 344.86	1477.40
其中：非流动资产处置损失				
三、利润总额（亏损以"-"号填列）	12 334 660 473.80	18 700 490 469.16	6 365 829 995.36	51.61
减：所得税费用	3 084 336 666.18	4 692 039 766.99	1 607 703 100.81	52.12
四、净利润（净亏损以"-"号填列）	9 250 323 807.62	14 008 450 702.17	4 758 126 894.55	51.44
五、每股收益				
（一）基本每股收益	8.44	12.82	4.38	51.90
（二）稀释每股收益	8.44	12.82	4.38	51.90
六、其他综合收益（亏损）				
七、综合收益总额	9 250 323 807.62	14 008 450 702.17	4 758 126 894.55	51.44

通过上述利润变动分析表，可以看出该公司盈利状况的变化主要表现在以下几个方面：

（1）公司2012年营业收入较2011年增长805 298万元，增长率为43.76%，说明公司的销售收入有了较大的增长。

（2）公司除销售费用外，营业成本、营业税金、管理费用、财务费用都出现了不同程度的增长，但都较大程度地低于营业收入的增长率，营业成本和管理费用增长了31%左右，营业税金仅增加3.84%。销售费用超过了营业收入的增长速度，达到70%，应查明销售费用大幅度增加的原因。公司财务费用体现为财务收入，且增长了20%，说明公司财务状况良好。资产减值损失有所增加，但总量不大，投资收益略有减少，变化不明显。总体而言，公司的成本费用随着营业收入的增加而增加，但增长速度低于营业收入的增长速度，表明成本费用控制较好。

（3）公司2012年营业利润较2011年增加了649 457万元，增长率为52.65%，高于营业收入的增长率。营业利润的增长主要由营业收入的增长以及成本费用的相对增长幅度较小导致。

（4）营业外收入的减少和营业外支出大幅度增加，增长率为1477.32%，使公司的利润总额增长率51.61%，低于营业利润的增长率。公司应查明营业外支出增长的具体原因。

（5）公司2012年净利润增加了475 812万元，增长率为51.44%。每股收益的增长速度与利润增长率一致。

二、利润表趋势分析

利润表趋势分析与利润表变动分析类似，都是使用比较分析法对企业的盈利状况及其变化趋势所进行的总体性分析。但利润表趋势分析表比较的是连续几个会计期间或年度企业盈利状况的趋势变动情况，既可以采用环比比较，也可以采用定基比较。

下面引用贵州茅台酒股份有限公司2009—2012年利润表的数据，编制利润趋势分析表（以环比为基础），对该公司利润发展趋势进行分析，见表3－11、表3－12。

表3－11　　贵州茅台酒股份有限公司2009－2012年利润表　　单位：元

项目	2009年	2010年	2011年	2012年
一、营业收入	9 669 999 065.39	11 633 283 740.18	18 402 355 207.30	26 455 335 152.99
减：营业成本	950 672 855.27	1 052 931 591.61	1 551 233 976.06	2 044 306 468.76
营业税金及附加	940 508 549.66	1 577 013 104.90	2 477 391 798.01	2 572 644 755.42
销售费用	621 284 334.75	676 531 662.09	720 327 727.89	1 224 553 444.02
管理费用	1 217 158 463.04	1 346 014 202.04	1 673 872 427.75	2 204 190 581.13
财务费用	－133 636 115.78	－176 577 024.91	－350 751 496.92	－420 975 922.49
资产减值损失	－300 085.01	－3 066 975.05	－2 500 650.57	2 979 258.50
加：公允价值变动收益				
投资收益	1 209 447.26	469 050.00	3 383 000.00	3 103 250.00
其中：对联营企业和合营企业的投资收益				
二、营业利润	6 075 520 510.72	7 160 906 229.50	12 336 164 425.08	18 830 739 817.65
加：营业外收入	6 247 977.00	5 307 144.91	7 181 584.54	6 756 532.19
减：营业外支出	1 228 603.08	3 796 643.04	8 685 535.82	137 005 880.68
其中：非流动资产处置损失				
三、利润总额（亏损以“－”号填列）	6 080 539 884.64	7 162 416 731.37	12 334 660 473.80	18 700 490 469.16
减：所得税费用	1 527 650 940.64	1 822 655 234.40	3 084 336 666.18	4 692 039 766.99

表3－11（续）

项目	2009 年	2010 年	2011 年	2012 年
四、净利润（净亏损以“－”号填列）	4 552 888 944.00	5 339 761 496.97	9 250 323 807.62	14 008 450 702.17
五、每股收益				
（一）基本每股收益	4.57	5.35	8.44	12.82
（二）稀释每股收益	4.57	5.35	8.44	12.82
六、其他综合收益（亏损）				
七、综合收益总额			9 250 323 807.62	14 008 450 702.17

表 3－12　　贵州茅台酒股份有限公司利润趋势分析表（环比）　　单位:%

项目	2009 年	2010 年	2011 年	2012 年
一、营业收入	100	120.30	158.19	143.76
减：营业成本	100	110.76	147.33	131.79
营业税金及附加	100	167.68	157.09	103.84
销售费用	100	108.89	106.47	170.00
管理费用	100	110.59	124.36	131.68
财务费用	100	132.13	198.64	120.02
资产减值损失	－100	－1022.33	－81.55	119.11
加：公允价值变动收益				
投资收益	100	38.79	721.32	91.72
其中：对联营企业和合营企业的投资收益				
二、营业利润	100	117.86	172.27	152.65
加：营业外收入	100	84.94	135.33	94.08
减：营业外支出	100	308.95	228.76	1577.32
其中：非流动资产处置损失				
三、利润总额	100	117.79	172.21	151.61
减：所得税费用	100	119.31	169.22	152.12
四、净利润	100	117.28	173.23	151.44
五、每股收益				
（一）基本每股收益	100	117.07	157.76	151.90
（二）稀释每股收益	100	117.07	157.76	151.90

通过贵州茅台酒股份有限公司2009—2012年的利润趋势分析表，可以看到该公司盈利情况的变化趋势如下：

（1）四年来公司营业收入增长较快，2010年、2011年、2012年分别较前一年增长了120.3%，158.19%，143.76%，每年平均增长40%左右。

（2）公司的营业利润在2010年、2011年、2012年分别较前一年增长了117.86%，172.27%，152.65%，各年增长速度不均衡，除2010年外，2011年与2012年均高于营业收入的增长幅度。其原因主要在于营业成本、营业税金、销售费用、管理费用虽然随着增长，但增长速度赶不上营业收入的增长速度，财务收入的增加也抵消了部分的费用支出。资产减值损失和投资收益虽然有所增减，但由于金额相对数不大，对营业利润的影响不大。

（3）公司2010年、2011年、2012年的利润总额分别较前一年增长了117.79%，172.21%，151.61%，各年增长速度不均衡，且略低于营业利润的增长速度，说明目前营业外收入和营业外支出对利润总额的影响不大。但营业外支出每年都以较快的速度在增长，这个现象值得注意，应找到增长的原因。

（4）公司2010年、2011年、2012年的净利润分别较前一年增长了117.28%，173.23%，151.44%，与营业利润和利润总额的增长基本保持一致。从近几年的趋势来看，公司盈利状况良好，有较好的发展前景。

三、利润表结构分析

利润表结构分析主要是通过分析收入、费用、利润各项目在总收入、总费用、总利润中的比重，以反映企业的收入构成、费用构成和各环节的利润构成。一般分为利润表收支结构分析和利润表损益实现结构分析。

小知识：

利润表结构分析也可以使用利润表垂直百分比法分析，通过计算利润表各项目占营业收入的比重，反映各项目与营业收入的关系情况及其变动，分析各项目的重要性，是一种常见的分析方法。

1. 利润表收支结构分析

利润表收支结构反映企业一定时期各项收入、支出与利润的关系，以及不同性质收支与总收入和总支出的关系，从而说明企业收支的水平及其稳定性、合理性。

根据前面表3-11的相关数据，可以编制贵州茅台酒股份有限公司利润收支结构分析表，见表3-13。

表3-13　　贵州茅台酒股份有限公司利润收支结构分析表

项目	2011年（元）	2012年（元）	2011年比重（%）	2012年比重（%）
总收入	18 412 919 791.84	26 465 194 935.18	100	100
营业收入	18 402 355 207.30	26 455 335 152.99	99.94	99.96
投资收益	3 383 000.00	3 103 250.00	0.02	0.01

表3－13(续)

项目	2011 年（元）	2012 年（元）	2011 年比重（%）	2012 年比重（%）
营业外收入	7 181 584.54	6 756 532.19	0.04	0.03
总支出	6 078 259 318.04	7 764 704 466.02	100	100
营业成本	1 551 233 976.06	2 044 306 468.76	25.52	26.33
营业税金及附加	2 477 391 798.01	2 572 644 755.42	40.76	33.13
销售费用	720 327 727.89	1 224 553 444.02	11.85	15.77
管理费用	1 673 872 427.75	2 204 190 581.13	27.54	28.39
财务费用	－350 751 496.92	－420 975 922.49	－5.77	－5.42
资产减值损失	－2 500 650.57	2 979 258.50	－0.04	0.04
营业外支出	8 685 535.82	137 005 880.68	0.14	1.76

从表3－13可以看出，该公司2011年和2012年营业收入占到了总收入的99.94%和99.96%，占有绝对优势，而投资收益和营业外收入仅占到极小的比重，公司的盈利主要来自日常经营活动，有较高的稳定性和持续性。

2011年和2012年的营业成本分别占总支出的25.52%，26.33%；营业税金及附加分别占总支出的40.76%、33.13%；销售费用分别占总支出的11.85%、15.77%；管理费用分别占总支出的27.54%、28.39%；财务费用由于体现为财务收入，因此实际减少了总支出5%左右，资产减值损失和营业外支出比重很小，影响不大。营业成本及税金和期间费用加起来在企业总支出中所占比重很大，说明公司的支出基本都用到企业的日常经营活动中，企业的收支结构比较合理。

小讨论：

贵州茅台酒股份有限公司的营业税金及附加占总支出比重超过了该公司营业成本占公司总支出的比重，找到任意一家上市公司的利润表，比较两个公司的比重是否一致？是什么原因导致该公司的营业税金比重这样高？

2. 利润表损益实现结构分析

利润表损益实现结构分析反映企业不同时期利润之间的关系，也就是营业利润、利润总额、净利润。当然，企业也可以进一步分产品种类、分地区分析企业利润的构成情况，分析企业的优势产品、优势市场的盈利水平和收益变化状况。

根据前面表3－11的相关数据，可以编制贵州茅台酒股份有限公司利润损益实现结构分析表，见表3－14。

表3－14　　贵州茅台酒股份有限公司利润损益实现结构分析表

项目	2011 年	2012 年
营业利润（元）	12 336 164 425.08	18 830 739 817.65
利润总额（元）	12 334 660 473.80	18 700 490 469.16

表3-14(续)

项目	2011 年	2012 年
净利润（元）	9 250 323 807.62	14 008 450 702.17
营业利润占利润总额比重（%）	100.01	100.70
营业利润占净利润比重（%）	133.36	134.42

从表 3-14 可以看出，公司的利润主要由营业利润构成，说明其收益结构基本合理，主业明确，公司的持续盈利能力强。

四、利润表质量分析

分析利润表不仅要重视公司的盈利能力——财务成果的数量，更应该关注财务成果的质量。只有好质量的利润才具有持续性，不具有持续性和稳定性的公司，即使它取得极高的利润，也不具备投资价值，因为投资者并不知道企业是否拥有继续创造利润的能力。一般而言，利润质量高的企业有以下特点：企业利润主要来自于主营业务所取得的利润；企业实施持续的、稳健的会计政策；企业的收入能迅速转化为现金；对企业财务状况和利润的确认具有谨慎性。

利润表中如果出现以下情况，可能说明利润质量出现下滑或者有操纵利润的情况。

（1）企业利润中非主营业务利润比重偏大；

（2）企业利润中非日常经营活动带来的利润比重较大；

（3）企业计提较低的减值准备，但经常出现较大的由于资产减值带来的损失；

（4）企业扩张速度过快，财务费用过高或者过低；

（5）企业经常变更自身的会计政策和会计估计；

（6）企业在收入大增的情况下，成本费用反而下降等。

案例

*ST 国药于 2004 年在上海证券交易所上市，由于经营不善，面临退市风险。该公司 2012 年年报显示营业总收入为 4918.9 万元，营业总成本为 5495.4 万元，营业利润为亏损 576.5 万元，公司当年取得营业外收入 12 604 万元，利润总额为 11 992 万元，税后净利润为 11 974.8 万元。如果仅从财务成果的结果来看，企业利润相对于收入而言比例很高，但如果具体分析利润的质量，会发现企业的营业利润显示为亏损，其净利润都来自于营业外收入。分析营业外收入后我们发现，12 604 万元的营业外收入主要来自处置非流动资产利得，政府补助和无法支付的应付款，其中政府补助就占到营业外收入的 59%。而这些营业外收入不具有可重复性，不能证明企业的未来获利能力，因此会计利润质量不高。

第四节 所有者权益变动表分析

一、所有者权益变动表项目分析

所有者权益变动表是指反映构成所有者权益各组成部分当期增减变动情况的报表。所有者权益变动表应当全面反映一定时期所有者权益变动的情况，不仅包括所有者权益总量的增减变动，还包括所有者权益增减变动的重要结构性信息，特别是要反映直接计入所有者权益的利得和损失，让报表使用者准确理解所有者权益增减变动的根源。

我国《企业会计准则》规定，在所有者权益变动表中，所有者权益变动表至少应当单独列示反映下列信息的项目：净利润；直接计入所有者权益的利得和损失项目及其总额；会计政策变更和差错更正的累积影响金额；所有者投入资本和向所有者分配利润等；按照规定提取的盈余公积；实收资本（或股本）、资本公积、盈余公积、未分配利润的期初和期末余额及其调节情况。以重庆百货公司为例，所有者权益变动表的格式见表3－15。

表3－15　　所有者权益变动表（部分）

编制单位：重庆百货公司　　2012年12月31日　　单位：元

项目	本年金额（上年金额略）					
	实收资本（或股本）	资本公积	减：库存股	盈余公积	未分配利润	所有者权益合计
一、上年年末金额	373 093 418	409 376 813.48	－	220 305 215.57	1 723 550 034.03	略
加：会计政策变更	－	－	－	－	－	
前期差错更正	－	－	－	－	－	
二、本年年初余额	373 093 418	409 376 813.48	－	220 305 215.57	1 723 550 034.03	
三、本年增减变动金额（减少以“－”号填列）					529 242 204.12	
（一）净利润					697 134 242.22	
（二）其他综合收益						
上述（一）和（二）小计					697 134 242.22	
（三）所有者投入和减少资本						
1. 所有者投入资本						
2. 股份支付计入所有者权益的金额						
3. 其他						
（四）利润分配					－167 892 038.10	
1. 提取盈余公积						

表3-15(续)

项目	本年金额（上年金额略）					
	实收资本（或股本）	资本公积	减：库存股	盈余公积	未分配利润	所有者权益合计
2. 对所有者（或股东）的分配					-167 892 038.10	
3. 其他						
（五）所有者权益内部结转						
1. 资本公积转增资本（或股本）						
2. 盈余公积转增资本（或股本）						
3. 盈余公积弥补亏损						
4. 其他						
四、本年年末余额	373 093 418	409 376 813.48	-	220 305 215.57	2 252 792 238.15	略

1. 实收资本或股本变动情况的分析

一般企业实收资本（或股本）增加的途径主要有：所有者投入或增发新股，向外界筹集新的资金；资本公积转增资本；盈余公积转增资本；利润分配转入，即股份公司通过发放股票股利的方法实现增资；可转换公司债券持有人行使转换权利，将其持有的债券转换成股票。通过所有者权益变动表，可以弄清楚实收资本或股本增加的原因。

2. 资本公积及其增减变动分析

资本公积是由投资者和其他方投入，所有权归属于投资者，但是不构成企业的实收资本（或股本），不具有表决权份额的那部分资本。资本公积主要来自于资本溢价或股本溢价以及其他资本公积。

3. 留存收益及其增减变动分析

企业的留存收益包括两个部分：盈余公积和未分配利润。对于留存收益的增减变动分析有助于了解企业所有者分配利润情况和企业的股利分配政策，从而分析分配政策是否与企业发展战略相一致。如果公司发展战略趋向稳定，没有大规模的扩张计划，但又赚取巨额利润不进行分配，投资者有理由怀疑企业存在利润造假或者现金流量出现问题。

盈余公积包括法定盈余公积金和任意盈余公积金。根据《中华人民共和国公司法》的规定，法定盈余公积金的提取比例为当年税后利润（弥补亏损后）的10%。法定盈余公积金已达到注册资本的50%时可不再提取。提取法定公积金后，经股东会或者股东大会决议，公司还可以从税后利润中提取任意公积金。企业提取盈余公积的主要目的是用来弥补亏损、转增资本以及扩大公司生产经营。

未分配利润是企业当年实现的税后利润加上年初未分配利润，经过弥补亏损、提取法定盈余公积、提取任意盈余公积和向投资者分配利润等利润分配之后剩余的利润，是企业留待以后年度进行分配的利润，是未指定用途的企业留存。相对于所有者权益的其他部分来说，企业对于未分配利润的使用有较大的自主权。

留存收益的增减变动分析包括以下几个方面：

（1）了解留存收益的变动总额、变动原因和变动趋势；

（2）对留存收益的组成项目进行具体会计分析，评价其变动的合理性；

（3）结合利润分配政策，分析利润分配政策的稳定性。

二、所有者权益变动表总体分析

分析所有者权益变动表的目的是为了揭示企业财务实力的强弱以及抵御财务风险的能力，表明所有者财富的保值增值情况，找出所有者权益变动的原因，并能揭示所有者权益变动的主要影响因素，企业的股利分配政策以及现金支付能力，为投资者的投资决策提供全面信息。

所有者权益变动表总体分析包括增减变动分析和项目结构分析。

所有者权益增减变动分析就是要分析所有者权益总额及各项目的增减变动金额和百分比，以便对所有者权益的变动情况作总体了解，可以进一步掌握企业的偿债保证能力、财务政策以及企业自我积累、融通资金的能力。

所有者权益项目结构是指所有者权益的各项目金额占所有者权益总额的比重，它反映了所有者权益各项目的分布情况，揭示了企业的经济实力和风险承受能力，同时也反映了企业的内部积累能力，间接地反映了企业长期的经营能力和盈利状况。

根据贵州茅台酒股份有限公司2012年所有者权益变动表的有关数据编制表3－16。

表3－16　　所有者权益增减变动分析表（部分略）

项目	2011年（元）	2012年（元）	增减额（元）	增减百分比（%）
盈余公积	2 640 916 373.35	3 036 434 460.46	2 640 916 373.35	14.98
未分配利润	19 937 119 181.96	28 700 075 247.50	19 937 119 181.96	43.95
其中：对股东分配利润	2 265 120 000.00	4 149 605 460.23	2 265 120 000.00	83.20

结合前面的分析表，可以看出企业随着利润的增加比较合理地提取盈余公积，2012年利润的增长幅度较大，企业的应收账款和现金流量控制较好，因此企业加大了对股东分配现金股利的力度，符合企业自身的财务状况和经营情况。企业的股份分配政策，也符合投资者对于公司的预期。

参考文献

[1] 郭泽光．财务报告分析［M］．北京：高等教育出版社，2007.

[2] 池国华．财务报告分析［M］．北京：清华大学出版社，北京交通大学出版社，2008.

[3] 张先治，陈友邦．财务分析［M］.5 版．大连：东北财经大学出版社，2010.

[4] 刘凌冰．会计报表阅读与分析［M］．大连：东北财经大学出版社，2010.

[5] 林世怡，林华．财务报告和分析：企业、政府与非营利组织财务报告分析［M］．上海：复旦大学出版社，2007.

[6] 袁小勇，邵军．财务报表分析［M］．北京：首都经济贸易大学出版社，2009.

[7] 戴欣苗．财务报表分析［M］.2 版．北京：清华大学出版社，2008.

[8] 邹香，谢万健．财务报表分析［M］．镇江：江苏大学出版社，2008.

课后题

1. 利润表有何作用？为什么要进行利润表分析？

2. 利润表项目分析有几个类别？阐述分析重点？

3. 利润表总体分析有哪几种方法？各有什么优点？

4. 什么是所有者权益变动表？对其分析能说明什么问题？

5. 自己选择相同行业的两家公司，根据本章所学的分析方法分析利润表，对比分析结果，评价两家公司的报表质量并分析其未来发展前景。

第四章　现金流量表分析

学习提示：

现金流量表是反映企业一定会计期间现金和现金等价物流入和流出的报表。通过对现金流量表的分析能够揭示企业经营活动、投资活动和筹资活动的现金流量信息，以便财务报表使用者了解和评价企业获取现金和现金等价物的能力，并据以预测企业未来现金流量，帮助报表使用者对企业获取现金的能力作出正确判断。

通过本章的学习，学生能够了解现金流量表的作用和格式，掌握并熟练运用现金流量表项目分析和总体分析的方法。

第一节　现金流量表概述

一、现金流量表的作用

现金流量表是指反映企业一定会计期间现金和现金等价物流入和流出的报表。现金流量表以现金及现金等价物为基础编制，按照收付实现制原则编制，将权责发生制下的盈利信息调整为收付实现制下的现金流量信息。其中，现金是指企业库存现金以及可以随时用于支付的存款，主要包括库存现金、银行存款以及其他货币资金。不能随时用于支付的存款不属于现金。现金等价物是指企业持有的期限短、流动性强、易于转换为已知金额现金、价值变动风险很小的投资。现金等价物的定义本身，包含了判断一项投资是否属于现金等价物的四个条件：①期限短；②流动性强；③易于转换为已知金额的现金；④价值变动风险很小。期限短，一般是指从购买日起 3 个月内到期。例如可在证券市场上流通的 3 个月内到期的短期债券等。从现金等价物的四个条件中可以看出，期限短、流动性强，强调了变现能力；易于转换为已知金额的现金、价值变动风险很小，则强调了支付能力的大小。因此，现金等价物虽然不是现金，但其支付能力与现金的差别不大，可视为现金。企业为保证支付能力，手持必要的现金，为了不使现金闲置，可以购买短期债券，在需要现金时，随时可以变现。本章以后的阐述，如果不在提及“现金”的同时提及“现金等价物”，所提“现金”即指现金及现金等价物。现金流量是指企业现金和现金等价物的流入和流出。根据企业业务活动的性质和现金流量的来源，将企业一定期间产生的现金流量分为三类：经营活动现金流量、投资活动现金流量和筹资活动现金流量。在现金流量表中，现金及现金等价物被视为一个整体，企业现金（包括现金等价物）形式的转换不会产生现金的流入和流出。例如，企业从银行提取现金，是企业现金存放形式的转换，并未流出企业，不构成现金流量。

小讨论：

1. 权益性投资是否属于现金等价物？

2. 企业用现金购买3个月内到期的国库券，是否构成现金流量？

企业的现金流转情况在很大程度上影响着企业的生存和发展。企业现金充裕，就可以及时购入必要的材料物资和固定资产，及时支付工资、偿还债务、支付股利和利息；反之，轻则影响企业的正常生产经营，重则危及企业的生存。现金管理已经成为企业财务管理的一个重要方面，受到企业管理人员、投资者、债权人以及政府监管部门的关注。编制现金流量表的主要目的，是为财务报表使用者提供企业一定会计期间内现金和现金等价物流入和流出的信息，以便于财务报表使用者了解和评价企业获取现金和现金等价物的能力，并据以预测企业未来现金流量。一般来说，现金流量表的作用主要体现在以下几个方面：

（一）有助于动态了解企业现金变动的情况以及影响现金净流量的因素

资产负债表中货币资金项目反映了企业现金变动的结果，是静态现金存量。至于企业从哪里取得的现金，又将现金用于哪些方面，只有通过对现金流量表的分析，才能动态地了解企业现金变动的情况，掌握企业经营活动、投资活动和筹资活动产生的净现金流量情况，并揭示现金变动的原因。

（二）有助于判断企业获取现金的能力

现金余额是企业现金流动的结果，并不能反映企业现金流量的大小。通过现金流量表分析，特别是进行经营活动净现金流量的分析，能够帮助报表使用者对企业获取现金的能力作出正确判断。

（三）有助于分析企业收益质量

利润是按权责发生制计算的用于反映企业当期的财务成果，但利润并不能真正代表企业实现的可支配的收益，账面上有利润不能满足报表使用者（管理者、投资者等）管理和评价企业的需求，报表使用者还需要知道企业是否真的有钱。高质量的盈利必须要求有相应的现金流入作为保证。这也是人们越来越重视现金流量表分析的原因之一。通过现金流量表的分析，可以掌握企业经营活动、投资活动和筹资活动的现金流量，可以从现金流量的角度了解净利润的质量，为分析和判断企业的财务前景提供信息。

二、现金流量表的格式

如前所述，根据企业业务活动的性质和现金流量的来源，将企业一定期间产生的现金流量分为经营活动现金流量、投资活动现金流量和筹资活动现金流量。经营活动产生的现金流量可以采用直接法和间接法进行编制，由此，现金流量表的格式分为直接法下的现金流量表和间接法下的现金流量表两种格式。

（一）直接法下的现金流量表的格式

所谓直接法，是指按现金收入和现金支出的主要类别直接反映企业经营活动产生的现金流量。直接法一般以利润表中的营业收入为起算点，调节与经营活动有关的项目的增减变动，然后计算出经营活动产生的现金流量。采用直接法编报的现金流量表，便于分析企业经营活动产生的现金流量的来源和用途，预测企业现金流量的未来前景。所以，我国现金流量表准则规定企业应当采用直接法编报现金流量表。

在直接法下的现金流量表中，企业的现金流量分别按照经营活动、投资活动和筹资活动的现金流入和现金流出的类别列报，全面揭示企业现金流量的方向、规模和结构。经营活动产生的现金流量来自于企业投资活动和筹资活动以外的所有交易和事项。在直接法下，企业应当分别提供经营活动的现金流入和现金流出信息。经营活动的现金流入项目有：①销售商品、提供劳务收到的现金；②收到的税费返还；③收到的其他与经营活动有关的现金。经营活动的现金流出项目有：①购买商品、接受劳务支付的现金；②支付给职工以及为职工支付的现金；③支付的各项税费；④支付的其他与经营活动有关的现金。

投资活动产生的现金流量来自于企业长期资产的购建和不包括在现金等价物范围的投资及其处置活动。在直接法下，企业应当分别提供投资活动的现金流入和现金流出信息。投资活动的现金流入项目有：①收回投资所收到的现金；②取得投资收益收到的现金；③处置固定资产、无形资产和其他长期资产收回的现金净额；④收到的其他与投资活动有关的现金。投资活动的现金流出项目有：①构建固定资产、无形资产和其他长期资产支付的现金；②投资支付的现金；③支付的其他与投资活动有关的现金。

筹资活动产生的现金流量来自于导致企业资本及债务规模和构成发生变化的活动。在直接法下，企业应当分别提供筹资活动的现金流入和现金流出信息。筹资活动的现金流入项目有：①吸收投资收到的现金；②取得借款收到的现金；③收到的其他与筹资活动有关的现金。筹资活动的现金流出项目有：①偿还债务支付的现金；②分配股利、利润或偿还利息支付的现金；③支付的其他与筹资活动有关的现金。

表 4－1 列示了福耀玻璃 2012 年采用直接法编制的现金流量表。

表 4－1　　现金流量表

编制单位：福耀玻璃　　年度：2012　　单位：元

项目	本年金额	上年金额
一、经营活动产生的现金流量：		
销售商品、提供劳务收到的现金	11 149 000 000	10 474 100 000
收到的税费返还	101 245 000	102 425 000
收到的其他与经营活动有关的现金	94 488 700	71 307 700
经营活动现金流入小计	11 344 700 000	10 647 900 000

表4－1(续)

项目	本年金额	上年金额
购买商品、接受劳务支付的现金	6 714 400 000	7 489 020 000
支付给职工以及为职工支付的现金	1 153 870 000	936 674 000
支付的各项税费	886 772 000	655 469 000
支付的其他与经营活动有关的现金	80 081 300	104 712 000
经营活动现金流出小计	8 835 120 000	9 185 880 000
经营活动产生的现金流量净额	2 509 570 000	1 462 000 000
二、投资活动产生的现金流量：		
收回投资所收到的现金	0	0
取得投资收益所收到的现金	0	4 900 000
处置固定资产、无形资产和其他长期资产所收回的现金净额	25 578 400	42 086 200
处置子公司及其他营业单位收到的现金净额	0	0
收到的其他与投资活动有关的现金	93 070 000	8 179 000
投资活动现金流入小计	118 648 000	55 165 200
购建固定资产、无形资产和其他长期资产所支付的现金	1 571 310 000	1 110 360 000
投资所支付的现金	2 487 200	0
取得子公司及其他营业单位支付的现金净额	0	0
支付的其他与投资活动有关的现金	0	0
投资活动现金流出小计	1 573 800 000	1 110 360 000
投资活动产生的现金流量净额	－1 455 150 000	－1 055 200 000
三、筹资活动产生的现金流量：		
吸收投资收到的现金	3 675 000	0
其中：子公司吸收少数股东投资收到的现金	3 675 000	0
取得借款收到的现金	3 341 620 000	3 768 440 000
发行债券收到的现金	0	400 000 000
收到其他与筹资活动有关的现金	1 800 000 000	500 000 000
筹资活动现金流入小计	5 145 300 000	4 668 440 000
偿还债务支付的现金	5 512 690 000	3 120 930 000
分配股利、利润或偿付利息所支付的现金 其中：子公司支付给少数股东的股利、利润	998 212 000	1 297 020 000
支付其他与筹资活动有关的现金	9 064 000	3 487 000
筹资活动现金流出小计	6 519 970 000	4 421 430 000

表4－1(续)

项目	本年金额	上年金额
筹资活动产生的现金流量净额	－1 374 670 000	247 002 000
四、汇率变动对现金及现金等价物的影响	0	0
五、现金及现金等价物净增加额	－320 252 000	653 802 000
期初现金及现金等价物余额	807 537 000	153 736 000
期末现金及现金等价物余额	487 285 000	807 537 000

(二) 间接法下的现金流量表的格式

所谓间接法，是指以净利润为起算点，调整不涉及现金的收入、费用、营业外收支等有关项目，剔除投资活动、筹资活动对现金流量的影响，据此计算出经营活动产生的现金流量。由于净利润是按照权责发生制原则确定的，且包括了与投资活动和筹资活动相关的收益和费用，将净利润调节为经营活动现金流量，实际上就是将按权责发生制原则确定的净利润调整为现金净流入，并剔除投资活动和筹资活动对现金流量的影响。

采用间接法编报现金流量表，便于将净利润与经营活动产生的现金流量净额进行比较，了解净利润与经营活动产生的现金流量差异的原因，从现金流量的角度分析净利润的质量。所以，在现金流量表准则中规定企业采用直接法编报现金流量表，同时要求在附注中提供以净利润为基础调节到经营活动现金流量的信息。

表4－2列示了福耀玻璃2012年采用间接法将净利润调节为经营活动产生的现金流量的现金流量表补充资料。

表4－2　　现金流量表补充资料

编制单位：福耀玻璃　　年度：2012　　单位：元

补充资料	本年金额	上年金额
1. 将净利润调节为经营活动现金流量：		
净利润	1 524 640 000	1 512 610 000
加：资产减值准备	34 188 500	10 326 400
固定资产折旧、油气资产折耗、生产性物资折旧	724 322 000	642 097 000
无形资产摊销	28 689 300	25 080 600
长期待摊费用摊销	80 812 700	69 622 700
待摊费用的减少（增加以“－”号填列）	0	0
预提费用的增加（减少以“－”号填列）	0	0
处置固定资产、无形资产和其他长期资产的损失（收益以“－”号填列）	8 469 180	－22 389 800
固定资产报废损失（收益以“－”号填列）	0	0

表4－2(续)

补充资料	本年金额	上年金额
公允价值变动损失（收益以“－”号填列）	－1 046 870	706 169
财务费用（收益以“－”号填列）	226 203 000	190 254 000
投资损失（收益以“－”号填列）	－21 538 600	－16 017 100
递延所得税资产减少（增加以“－”号填列）	－45 088 700	－16 313 300
递延所得税负债增加（减少以“－”号填列）	5 573 030	978 817
存货的减少（增加以“－”号填列）	－16 919 100	－219 626 000
经营性应收项目的减少（增加以“－”号填列）	－306 312 000	－276 821 000
经营性应付项目的增加（减少以“－”号填列）	267 575 000	－438 506 000
其他	0	0
经营活动产生现金流量净额	2 509 570 000	1 462 000 000
2. 不涉及现金收支的重大投资和筹资活动：		
债务转为资本	0	0
一年内到期的可转换公司债券	0	0
融资租入固定资产	0	0
3. 现金及现金等价物净变动情况：		
现金的期末余额	487 285 000	807 537 000
减：现金的期初余额	807 537 000	153 736 000
加：现金等价物的期末余额	0	0
减：现金等价物的期初余额	0	0
现金及现金等价物的净增加额	－320 252 000	653 802 000

从表4－1和表4－2可以看出，不论是采用直接法，还是间接法，表中的经营活动的现金流量都是相等的。但两种方法各有利弊。按直接法编制经营活动产生的现金流量优点是直截了当，能够反映企业现金流量的来龙去脉，易于财务报表使用者理解；缺点是编制过程复杂，成本较高。按间接法编制经营活动产生的现金流量优点是编制过程相对简单，可以节省大量的编制成本；缺点是编制过程不够直观，需要具有一定的会计基础知识方可理解。

小知识：

根据美国《95号财务会计准则》和《第7号国际会计准则》的要求，企业可以在直接法和间接法中任选一种，作为列示经营活动产生的现金流量。大多数企业选择的是间接法，将权责发生制下确定的净利润调节为收付实现制下经营活动产生的现金流量。我国的《企业会计准则31号——现金流量表》要求企业采用直接法列示经营活动产生的现金流量，同时在附注中披露采用间接法将净利润调节为经营活动流量的信息。

可以说，我国在现金流量表方面的要求可能是全世界最高的。但这种高标准、严要求是否符合成本效益原则不得而知。不可否认的是，我国的投资者、债权人和监管部门对现金流量表的分析和利用并不十分普遍，特别是证券监管方面，例如新股发行、后续发行、退市和复市时，基本上是以资产负债表和利润表为导向，很少有涉及以现金流量为基础的指标。

第二节 现金流量表项目分析

一、经营活动现金流量分析

（一）经营活动现金流量各项目的分析

1. 销售商品、提供劳务收到的现金

销售商品、提供劳务收到的现金是指企业销售商品、提供劳务实际收到的现金，包括销售收入和应向购买者收取的增值税销项税额，具体包括本期销售商品、提供劳务收到的现金，以及前期销售商品、提供劳务本期收到的现金和本期预收的款项，减去本期销售本期退回的商品和前期销售本期退回的商品支付的现金。企业销售材料和代购代销业务收到的现金，也包括在本项目中。

该项目的现金流量构成了经营活动现金流入的主要部分。在正常经营情况下，企业的销售活动和信用政策在一年内会比较稳定，销售业务一般不会大起大落。因此，这部分现金流量年度内应保持一定的均衡性。当然，需要考虑企业的销售策略发生变化、国际国内经济形势使得市场供求关系发生变化、企业信用政策发生变化、企业收账政策的变化等因素的影响，进一步判断企业有没有粉饰主营业务现金流量的可能性。

2. 收到的税费返还

收到的税费返还是指企业收到返还的各种税费，如收到的增值税、营业税、所得税、消费税、关税和教育费附加返还款等。这一项目只包括企业上交后由税务等政府部门返还的款项，不包括其他方面的补贴和返还款。企业收到的与非税费有关的现金，应在“收到的其他与经营活动有关的现金”项目中反映。

该项目的现金流量的变动与国家税收政策有关，其变化不具有持续性，不能真正代表企业具有获取现金的能力。

3. 收到的其他与经营活动有关的现金

收到的其他与经营活动有关的现金是指企业除上述各项目外，收到的其他与经营活动有关的现金，如罚款收入、经营租赁固定资产收到的现金、投资性房地产收到的租金收入、流动资产损失中由个人赔偿的现金收入、除税费返还外的其他政府补助收入等。其他与经营活动有关的现金，如果价值较大的，应单列项目反映。

该项目的分析，着重判断企业是否借助关联交易等把经营活动现金流量“做”漂亮，掩盖企业经营中的真实现金流量情况。可能存在这样的企业，在大额应收账款不能收回、经营活动现金流量出现困难的情况下，为了维持生产或年报为投资者接受，请求关联企业或大股东“临时输血”，归入“收到的其他与经营活动有关的现金”项目，同时使得当期经营活动现金流量迅速上升，很好地掩盖了真实的现金流量情况。

4. 购买商品、接受劳务支付的现金

购买商品、接受劳务支付的现金是指企业购买材料、商品、接受劳务实际支付的现金，包括支付的货款以及与货款一并支付的增值税进项税额，具体包括本期购买商品；接受劳务支付的现金，以及本期支付前期购买商品、接受劳务的未付款项和本期预付款项，减去本期发生的购货退回收到的现金。为购置存货而发生的借款利息资本化部分，应在“分配股利、利润或偿付利息支付的现金”项目中反映。

该项目的现金流出量是经营活动现金流出的主要部分。企业在正常经营情况下，其购销活动在一年内会比较稳定，该项目的现金流量一般比较平稳，除非企业销售市场发生变化、企业资金供应发生变化或企业应付账款管理水平等因素的影响。因此，分析时应结合企业有关的财务报表附注加以分析。

5. 支付给职工以及为职工支付的现金

支付给职工以及为职工支付的现金是指企业实际支付给职工的现金以及为职工支付的现金，包括企业为获得职工提供的服务，本期实际给予各种形式的报酬以及其他相关支出，如支付给职工的工资、奖金、各种津贴和补贴等，以及为职工支付的其他费用，不包括支付给在建工程人员的工资。支付给在建工程人员的工资，在“购建固定资产、无形资产和其他长期资产所支付的现金”项目中反映。企业为职工支付的医疗、养老、失业、工伤、生育等社会保险基金、补充养老保险、住房公积金，企业为职工缴纳的商业保险金，因解除与职工劳动关系给予的补偿，现金结算的股份支付，以及企业支付给职工或为职工支付的其他福利费用等，应根据职工的工作性质和服务对象，分别在“购建固定资产、无形资产和其他长期资产所支付的现金”和“支付给职工以及为职工支付的现金”项目中反映。

对于支付给职工以及为职工支付的现金项目，应结合企业的工资发展水平、企业的经济效益加以分析。

6. 支付的各项税费

支付的各项税费是指企业按规定支付的各项税费包括本期发生并支付的税费以及本期支付以前各期发生的税费和预交的税金，如支付的营业税、增值税、所得税、教育费附加、印花税、房产税、土地增值税、车船使用税等。不包括本期退回的增值税、所得税。本期退回的增值税、所得税等在“收到的税费返还”项目中反映。

分析该项目时应将其与企业的收入状况、资产状况、盈利状况结合起来。其中营业税、消费税与企业的收入密切相关，所得税与企业的盈利状况相关，房产税、土地使用税与企业的资产状况相关。

7. 支付的其他与经营活动有关的现金

支付的其他与经营活动有关的现金是指企业除上述各项目外，支付的其他与经营活动有关的现金，如罚款支出、支付的差旅费、业务招待费、保险费、经营租赁支付的现金等。其他与经营活动有关的现金，如果金额较大，应单列项目反映。本项目可以根据有关科目的记录分析填列。

（二）经营活动现金流量质量分析

经营活动是企业经济活动的主体，也是企业获取持续现金流的基本途径，因此其质量直接体现了企业的经营状态和财务状况。经营活动现金流量的质量分析主要包括真实性分析、成长性分析和充足性分析。

1. 经营活动现金流量真实性分析

首先，在正常经营情况下，企业经营活动现金流量年度内应保持均衡，对比企业半年度现金流量表和年度现金流量表的经营活动现金流量，考察其均衡性，可以初步确认企业经营活动现金流量的真实性。当然，同时需要考虑国内国际经济形势的影响，以及企业所处行业的生产特点。其次，重点分析相关明细项目，进一步确定经营活动现金流量的真实性。通过“销售商品、提供劳务收到的现金”项目，判断企业在期末是否虚构预收账款，有无相关销售合同，其主营业务现金流入是否缺乏真实性；通过“收到的其他与经营活动有关的现金”项目，判断企业是否借助关联交易，掩盖企业真实的经营活动现金流量情况。

2. 经营活动现金流量成长性分析

将本期经营活动现金净流量与上期经营活动现金净流量进行比较，增长率越高，说明企业成长性越好，质量越高。该比率等于或接近1，说明企业内部资金较前期没有明显增长，经营活动现金流量的成长能力不强，需要结合与投资活动相关现金流量信息，关注企业经营规模的变化趋势，预测企业未来经营活动现金流量状况；该比率大于1时，表明企业经营活动现金流量呈上升趋势，显然有利于企业的进一步成长和扩大经营规模，也预示着企业发展前景良好。该比率小于1，说明企业经营活动现金流量在逐步萎缩，势必破坏企业的持续经营，企业的发展前景令人担忧。

3. 经营活动现金流量充足性分析

当经营活动的净现金流量小于零，这意味着企业通过正常的产、购、销等经营活动产生的现金流入不足以支付上述经营活动引起的现金流出。这种状况下，企业不仅不能长期发展，甚至短期内进行简单再生产都会出现问题。当经营活动的净现金流量等于零，这意味着企业正常的经营活动产生的现金流入刚好可以满足企业经营活动引起的现金流出，企业的经营现金流量处于平衡状态；企业正常经营活动就不需要额外补充流动资金，但经营活动也不能为企业的投资活动以及筹资活动贡献资金。这种情况下，企业仅仅弥补了付现成本，非付现成本没有得到货币补偿，长期来看仍然处于亏损状态，仍是面临危机的。只有经营活动产生的现金流量大于零，并且能完全弥补非付现成本后仍有剩余的资金，企业才有富余现金购买设备，用于投资活动，才有利于企业的长期可持续发展。

二、投资活动现金流量分析

（一）投资活动现金流量各项目的分析

1. 收回投资收到的现金

收回投资收到的现金是指企业出售、转让或到期收回除现金等价物以外的交易性金融资产、持有至到期投资、可供出售金融资产、长期股权投资等而收到的现金，不包括债权性投资收回的利息、收回的非现金资产，以及处置子公司及其他营业单位收到的现金净额。债权性投资收回的本金，在本项目反映，债权性投资收回的利息，不在本项目中反映，而在“取得投资收益所收到的现金”项目中反映。处置子公司及其他营业单位收到的现金净额单设项目反映。

分析该项目发生变动的原因时，主要考虑：①是否为了收缩对外投资的规模而减少股权投资，如果是由于投资环境的改变或被投资单位经营状况不佳，说明企业在重新调整投资策略，有利于企业未来的发展。②是否为了解决资金的需求而出售投资收回现金。如果企业收回短期投资，通过短期投资的变现来满足货币资金的需求，可结合资产负债表中的货币资金分析。企业进行短期投资的目的主要是利用暂时闲置的资金，购入能够随时变现的有价证券，以获得高于银行存款利率的收益。如果收回股权投资是为了弥补经营活动现金不足，则说明企业资金周转不畅，资金短缺问题严重，这种现象持续发展下去，将会影响企业发展。

2. 取得投资收益收到的现金

取得投资收益收到的现金是指企业因股权性投资而分得的现金股利，因债权性投资而取得的现金利息收入。股票股利由于不产生现金流量，不在本项目中反映；包括在现金等价物范围内的债券性投资，其利息收入在本项目中反映。

该项目的现金流入表明企业前期投资本期所获得的收益，应与利润表中的投资收益结合起来进行分析。

3. 处置固定资产、无形资产和其他长期资产收回的现金净额

处置固定资产、无形资产和其他长期资产收回的现金净额是指企业出售固定资产、无形资产和其他长期资产（如投资性房地产）所取得的现金，减去为处置这些资产而支付的有关税费后的净额。处置固定资产、无形资产和其他长期资产所收到的现金，与处置活动支付的现金，两者在时间上比较接近，以净额反映更能准确反映处置活动对现金流量的影响。由于自然灾害等原因所造成的固定资产等长期资产报废、毁损而收到的保险赔偿收入，在本项目中反映。如处置固定资产、无形资产和其他长期资产所收回的现金净额为负数，应作为投资活动产生的现金流量，在“支付的其他与投资活动有关的现金”项目中反映。

该项目的分析应当结合企业处置固定资产等进行变现的原因。如果是处置闲置的不再给企业带来经济利益的资产，其对于企业的经营和理财是有利的；如果是为了解决经营或偿债方面的困难，不得不靠变卖固定资产等维持生产或偿还到期债务，这将影响企业未来的发展。

4. 购建固定资产、无形资产和其他长期资产支付的现金

购建固定资产、无形资产和其他长期资产支付的现金是指企业购买、建造固定资产，取得无形资产和其他长期资产（如投资性房地产）支付的现金，包括购买机器设备所支付的现金、建造工程支付的现金、支付在建工程人员的工资等现金支出，不包括为购建固定资产、无形资产和其他长期资产而发生的借款利息资本化部分，以及融资租入固定资产所支付的租赁费。为购建固定资产、无形资产和其他长期资产而发生

的借款利息资本化部分，在“分配股利、利润或偿付利息支付的现金”项目中反映；融资租入固定资产所支付的租赁费，在“支付其他与筹资活动有关的现金”项目中反映。

在分析购建固定资产、无形资产和其他长期资产所支付的现金时，应对连续几个会计期间的数据加以比较来分析企业对内投资的情况。如果持续增长，其原因可能是企业在不断扩大规模，说明企业处于成长期有较多的投资机会；如果持续减少，其原因可能是企业处于成熟期，投资机会较少或是企业在收缩现有规模，调整经营战略。在分析时应结合企业的长期规划和短期计划进行评价。

5. 投资支付的现金

投资支付的现金是指企业进行权益性投资和债权性投资所支付的现金，包括企业取得的除现金等价物以外的交易性金融资产、持有至到期投资、可供出售金融资产而支付的现金，以及支付的佣金、手续费等交易费用。企业购买股票和债券时，实际支付的价款中包含的已宣告但尚未领取的现金股利或已到付息期但尚未领取的债券利息，应在“支付其他与投资活动有关的现金”项目中反映；收回购买股票和债券时支付的已宣告但尚未领取的现金股利或已到付息期但尚未领取的债券利息，应在“收到其他与投资活动有关的现金”项目中反映。

投资所支付的现金是企业所进行的对外投资，其规模的大小应和企业的经营特点以及资金来源的情况相适应，还应考虑国家宏观经济环境和企业投资环境的变化，同时要结合投资收益进行分析。

（二）投资活动现金流量净额的分析

1. 投资活动现金流量小于或等于零

投资活动现金流量小于或等于零，这种情况意味着企业在购建固定资产、无形资产和其他长期资产、权益性投资及债务性投资等方面所支付的现金大于企业因处置固定资产、无形资产或其他长期资产、收回投资、分得股利、取得债券收入等所收到的现金净额之和。投资活动现金流量小于或等于零，不能武断地认为是好还是坏，应该观察这个特征是否符合企业的发展阶段，是否与企业的发展战略和发展方向相一致，才能进一步作出判断。从企业投资活动引起的现金流出量来看，企业的投资活动明显地分为两类：一是对内扩大再生产或转产投资，即购建固定资产、无形资产和其他长期资产支付的现金；二是对外扩张性投资，即对外股权、债权投资支付的现金。上述两类活动，都将增加企业未来的现金流量，应该体现企业长期发展战略的要求。因此，此类活动的现金流量应有较强的计划性，并与企业的发展战略之间有较为密切的联系，都不应该是“冲动”的结果，而应该是在进行充分的研究与论证以后决策的结果。为此，分析时应该关注投资活动的现金流出量与企业投资计划的吻合程度。另外，由于对内扩大再生产而进行的固定资产等投资的收回方式是增加经营活动的现金流量，所以长期来看，投资活动现金流量净额的累计数会小于零。

2. 投资活动现金流量大于零

投资活动现金流量大于零，这种情形意味着投资活动的现金流入量大于与投资活动相关的现金流出量。投资活动现金流量大于零可能出于两种原因：一是企业的投资回收的资金大于投资的现金流出；二是由于企业迫于资金压力，处理在用的固定资产或者持有的长期投资等造成的。分析时应该加以区分，找到真正的原因。

总之，投资活动现金流量必须符合企业的发展战略，盲目投资在增加企业的资金压力的同时，会造成巨大的亏损，导致投资无法收回，严重的可能会导致企业破产。

三、筹资活动现金流量分析

（一）筹资活动现金流量各项目的分析

1. 吸收投资收到的现金

吸收投资收到的现金是指企业以发行股票等方式筹集资金实际收到的款项净额（发行收入减去支付的佣金等发行费用后的净额）。以发行股票等方式筹集资金而由企业直接支付的审计、咨询等费用，在“支付其他与筹资活动有关的现金”项目中反映。

2. 借款收到的现金

借款收到的现金是指企业举借各种短期、长期借款而收到的现金，以及发行债券实际收到的款项净额（发行收入减去直接支付的佣金等发行费用后的净额）。

吸收投资所收到的现金和借款收到的现金均属于企业对外筹资，其规模的大小与企业经营活动和投资活动资金需求有关，也与企业的理财政策以及企业的对外筹资能力相关。

吸收投资所收到的现金和借款收到的现金项目发生增减变动的原因可能是：企业正处于成长期，其投资机会较多，需要大量资金，则会加快吸收资本和举债的速度，表现为吸收投资所收到的现金和借款收到的现金处于快速增长态势。如企业处于成熟期，其投资机会会明显减少。这时对外筹集资金的速度放慢，吸收投资收到的现金和借款收到的现金项目将会表现为规模逐渐萎缩。

分析筹资活动现金流入时，应结合投资活动、经营活动的现金净流量进行评价。投资活动现金流出较大，说明企业具有扩大获利的机会，加快了投资和经营扩张的步伐；经营活动现金流出较大，说明企业经营活动现金短缺，经营活动创造现金流量的能力不足，依靠筹集资金来满足经营活动现金流出的需要。如果这种资金短缺是暂时的，通过合理地安排筹集资金可以解决问题；如果这种资金短缺持续地发生，其原因是经营不当造成的，则会对企业有较大影响，如企业不加强管理，其在筹资方面将面临很大的困难。

3. 收到的其他与筹资活动有关的现金

收到的其他与筹资活动有关的现金是指企业除上述各项目外，收到的其他与筹资活动有关的现金。其他与筹资活动有关的现金如果价值较大，应单列项目反映。

4. 偿还债务所支付的现金

偿还债务所支付的现金是指企业以现金偿还债务的本金，包括归还金融企业的借款本金、偿付企业到期的债券本金等。企业偿还的借款利息、债券利息，在“分配股利、利润或偿付利息所支付的现金”项目中反映。

5. 分配股利、利润或偿付利息支付的现金

分配股利、利润或偿付利息支付的现金是指企业实际支付的现金股利、支付给其他投资单位的利润或用现金支付的借款利息、债券利息。不同用途的借款，其利息的开支渠道不一样，如在建工程、财务费用等，均在本项目中反映。

6. 支付的其他与筹资活动有关的现金

支付的其他与筹资活动有关的现金是指企业除上述各项目外，支付的其他与筹资活动有关的现金，如以发行股票、债券等方式筹集资金而由企业直接支付的审计、咨询等费用，融资租赁各期支付的现金，以分期付款方式构建固定资产、无形资产等各期支付的现金等。其他与筹资活动有关的现金，如果价值较大，应单列项目反映。

(二) 筹资活动现金流量净额的分析

1. 筹资活动现金流量小于或等于零

筹资活动现金流量小于或等于零是指筹资活动所产生的现金流入量小于或者等于筹资活动的现金流出量。这种情况的出现，可能因为企业的筹资达到了一定目的，利用经营活动产生的现金流量或者投资活动产生的现金流量在债务到期时进行偿还；可能企业在会计期间集中支付筹资费用、进行利润分配或偿还利息等；也可能是企业在投资活动和企业战略方面没有更多作为的一种表现。因此，需要结合其他信息进行分析。

2. 筹资活动现金流量大于零

筹资活动现金流量大于零是指筹资活动所产生的现金流入量大于筹资活动的现金流出量。在企业的初创期和成长期，内部资金不足以满足大规模的投资，需要从外部筹集资金，因此企业筹资活动现金流量一般会大于零。分析一个企业的筹资活动现金流量大于零是否正常，关键看筹集资金的目的，可能是因为企业扩大规模；也可能因为企业的投资失误造成亏损，或者经营现金流量长期入不敷出所致，是企业不得已的筹资行为。

第三节 现金流量表总体分析

一、现金流量表变动分析

现金流量表变动分析是指将企业本期与上期现金流量表各项目的数据进行比较，看企业现金流量各项目的增减变动情况，从中找出影响企业现金流量变动的主要原因，为进一步的分析指明方向。为了考察企业现金流量增减变动的情况，可以通过编制比较财务报表的方法来进行。在比较财务报表中，计算各类和各项目的增减以及差异，从中看出企业现金流量的变化，包括有利和不利的变化。

(一) 编制现金流量表水平分析表

以福耀玻璃 2012 年的现金流量表为例，编制以下水平分析表，如表 4－3 所示。

表 4－3　　福耀玻璃现金流量表水平分析表（2012）

项目	本年金额（元）	上年金额（元）	增加额（元）	增长率（%）
一、经营活动产生的现金流量：				
销售商品、提供劳务收到的现金	11 149 000 000	10 474 100 000	674 900 000	6.44
收到的税费返还	101 245 000	102 425 000	－1 180 000	－1.15
收到的其他与经营活动有关的现金	94 488 700	71 307 700	23 181 000	32.51
经营活动现金流入小计	11 344 700 000	10 647 900 000	696 800 000	6.54
购买商品、接受劳务支付的现金	6 714 400 000	7 489 020 000	－774 620 000	－10.34
支付给职工以及为职工支付的现金	1 153 870 000	936 674 000	217 196 000	23.19
支付的各项税费	886 772 000	655 469 000	231 303 000	35.29
支付的其他与经营活动有关的现金	80 081 300	104 712 000	－24 630 700	－23.52
经营活动现金流出小计	8 835 120 000	9 185 880 000	－350 760 000	－3.82
经营活动产生的现金流量净额	2 509 570 000	1 462 000 000	1 047 570 000	71.65
二、投资活动产生的现金流量：				
收回投资所收到的现金	0	0	0	
取得投资收益所收到的现金	0	4 900 000	－4 900 000	－100.00
处置固定资产、无形资产和其他长期资产所收回的现金净额	25 578 400	42 086 200	－16 507 800	－39.22
处置子公司及其他营业单位收到的现金净额	0	0	0	
收到的其他与投资活动有关的现金	93 070 000	8 179 000	84 891 000	1037.91
投资活动现金流入小计	118 648 000	55 165 200	63 482 800	115.08
购建固定资产、无形资产和其他长期资产所支付的现金	1 571 310 000	1 110 360 000	460 950 000	41.51
投资所支付的现金	2 487 200	0	2 487 200	
取得子公司及其他营业单位支付的现金净额	0	0	0	
支付的其他与投资活动有关的现金	0	0	0	

表4-3(续)

项目	本年金额（元）	上年金额（元）	增加额（元）	增长率（%）
投资活动现金流出小计	1 573 800 000	1 110 360 000	463 440 000	41.74
投资活动产生的现金流量净额	-1 455 150 000	-1 055 200 000	-399 950 000	37.90
三、筹资活动产生的现金流量：				
吸收投资收到的现金	3 675 000	0	3 675 000	
其中：子公司吸收少数股东投资收到的现金	3 675 000	0	3 675 000	
取得借款收到的现金	3 341 620 000	3 768 440 000	-426 820 000	-11.33
发行债券收到的现金	0	400 000 000	-400 000 000	-100.00
收到其他与筹资活动有关的现金	1 800 000 000	500 000 000	1 300 000 000	260.00
筹资活动现金流入小计	5 145 300 000	4 668 440 000	476 860 000	10.21
偿还债务支付的现金	5 512 690 000	3 120 930 000	2 391 760 000	76.64
分配股利、利润或偿付利息所支付的现金	998 212 000	1 297 020 000	-298 808 000	-23.04
支付其他与筹资活动有关的现金	9 064 000	3 487 000	5 577 000	159.94
筹资活动现金流出小计	6 519 970 000	4 421 430 000	2 098 540 000	47.46
筹资活动产生的现金流量净额	-1 374 670 000	247 002 000	-1 621 672 000	-656.54
四、汇率变动对现金及现金等价物的影响	0	0	0	
五、现金及现金等价物净增加额	-320 252 000	653 802 000	-974 054 000	-148.98
期初现金及现金等价物余额	807 537 000	153 736 000	653 801 000	425.28
期末现金及现金等价物余额	487 285 000	807 537 000	-320 252 000	-39.66

（二）现金流量表的水平分析评价

从表4-3可以看出，经营活动现金流入量比上年增长696 800 000元，增长幅度为6.54%，主要是销售商品、提供劳务收到的现金增加了674 900 000元，增长率为6.44%。经营活动现金流出量比上年减少了350 760 000元，减少幅度为3.82%，主要是购买商品、接受劳务支付的现金减少了774 620 000元，减少幅度为10.34%。虽然这两大项目相差达1 449 520 000元，但由于收到的其他与经营活动有关的现金、支付给职工及为职工支付的现金、支付的各项税费和支付的其他各项与经营活动有关的现金等项目的影响，最终使得经营活动现金流量金额增加了1 047 570 000元，增长幅度达到71.65%。从该增长来看还是符合逻辑的，在公司销售商品收到的现金大幅增加时，生产和销售也大幅增加了，相应的人工支出和税金支出增加属于正常的。

投资活动现金净流量在最近两期都表现为较大金额的净流出，本期净流出1 455 150 000元，上期净流出1 055 200 000元，净流出净增加399 950 000元，增加幅度达到37.90%。从构成上可以清楚地发现，这两年净流出主要是“购建固定资产、无形资产和其他长期资产支付的现金”金额巨大导致的，本期和上期分别达到1 571 310 000元和1 110 360 000元，本期较上年增加460 950 000元，增长幅度达41.51%。而公司的投资活动现金流入与现金流出相比，这两年都处于一个较低的水平，本期和上期分别只有118 648 000元和55 165 200元。其他的现金流量金额更小，对于该企业投资活动现金流量几乎不产生重大影响。从现金流量的特征可以看出公司这两年处于扩张发展中，没有得到回报。如果公司的长期资产投资能够取得较好的回报，则公司未来的现金流量的增长和优化是完全值得期待的。同时也可以发现，现金流量为负数并不是一件值得担忧的事情，关键是看投资的质量。

筹资活动现金流入本期和上期分别达到5 145 300 000元和4 668 440 000元，增长476 860 000元，增长幅度达到10.21%，筹资活动现金流出本期和上期分别达6 519 970 000元和4 421 430 000元，增长2 098 540 000元，增长幅度达47.46%，相应地筹资活动产生的现金流量净额本期和上期分别为-1 374 670 000元和247 002 000元，减少了1 621 672 000元，减少幅度达656.54%。该减少说明企业在投资大幅增加的同时，筹资活动现金流量却在大幅度减少。从表中数据看出，减少的主要原因是本期和上期“偿还债务支付的现金”分别为5 512 690 000元和3 120 930 000元，本期增加了2 391 760 000元，增长幅度达76.64%。说明可能以前借款较多，本期具有支付能力，能够偿还债务，同时说明企业未来偿债压力变小。

通过对以上现金流量表的三个部分的水平分析，概括得出这样的结论：福耀玻璃这两年经营活动取得了很好的现金流，但是由于投资的增长，同时筹资活动流出现金增加，企业投资活动和筹资活动现金净流出量不能完全通过经营活动产生的净流入来有效地补充。最终导致本期净现金流量合计为-320 250 000元，而上期净现金流量为653 802 000元，需要结合企业的其他信息，关注其现金流量平衡的能力。

二、现金流量表趋势分析

现金流量表的趋势分析是指将不同时期的同类现金流量表指标对比求出比率，进行动态比较，据以分析该项指标的增减速度和变动趋势。由于对比的标准不同，可分为基期分析和环比分析两种。基期分析是将分析期与基期的同类现金流量指标的数值对比求出比率；环比分析是将分析期与前期的同类现金流量指标的数值对比求出比率。运用趋势分析法，一般需要注意：①趋势分析法需要分析的报告期比较长。既然是趋势分析，一年的数据分析就无所谓趋势，至少是两年以上，比较期越长，越能客观反映趋势。②趋势分析法需要注重可比性。在进行趋势分析的若干年数据中，如果企业某年的编制条件或重大外部因素改变，使得其采用了不同的会计政策，则现金流量表中数据的变化就不能完全说明其财务状况的变化趋势。③在实际操作中，现金流量表趋势分析常常需要与资产负债表和利润表等财务报表相结合。只有与其他财务报表资料结合起来，才能更清晰、全面地了解企业财务状况的发展趋势，为报表使用者作决策提供正确的依据。

为了更清楚地看出现金流入和流出趋势，又将现金流量表的趋势分为现金流入趋势分析、现金流出趋势分析和现金流量净额趋势分析。

（一）现金流入趋势分析

1. 编制现金流入趋势分析表

现金流入趋势反映了企业经营活动的现金流入、投资活动的现金流入和筹资活动的现金流入的趋势。以福耀玻璃现金流量表相关数据为例，编制现金流入趋势分析表，见表4－4。

表4－4　　福耀玻璃现金流入趋势分析表

项目	2010年（元）	2011年（元）	2012年（元）	基期分析		环比分析	
				2011年（%）	2012年（%）	2011年（%）	2012年（%）
一、经营活动产生的现金流量：							
销售商品、提供劳务收到的现金	9 043 950 000	10 474 100 000	11 149 000 000	115.81	123.28	115.81	106.44
收到的税费返还	101 536 000	102 425 000	101 245 000	100.88	99.71	100.88	98.85
收到的其他与经营活动有关的现金	30 834 700	71 307 700	94 488 700	231.26	306.44	231.26	132.51
经营活动现金流入小计	9 176 320 000	10 647 900 000	11 344 700 000	116.04	123.63	116.04	106.54
二、投资活动产生的现金流量：							
收回投资所收到的现金	0	0	0				
取得投资收益所收到的现金	7 350 000	4 900 000	0	66.67		66.67	
处置固定资产、无形资产和其他长期资产所收回的现金净额	91 238 600	42 086 200	25 578 400	46.13	28.03	46.13	60.78
处置子公司及其他营业单位收到的现金净额	0	0	0				
收到的其他与投资活动有关的现金	32 145 500	8 179 000	93 070 000	25.44	289.53	25.44	1137.91
投资活动现金流入小计	130 734 000	55 165 200	118 648 000	42.20	90.76	42.20	215.08
三、筹资活动产生的现金流量：							
吸收投资收到的现金	0	0	3 675 000				
其中：子公司吸收少数股东投资收到的现金	0	0	3 675 000				
取得借款收到的现金	1 965 870 000	3 768 440 000	3 341 620 000	191.69	169.98	191.69	88.67
发行债券收到的现金	0	400 000 000	0				
收到其他与筹资活动有关的现金	800 000 000	500 000 000	1 800 000 000	62.50	225.00	62.50	360.00

表4-4(续)

项目	2010年（元）	2011年（元）	2012年（元）	基期分析		环比分析	
				2011年（%）	2012年（%）	2011年（%）	2012年（%）
筹资活动现金流入小计	2 765 870 000	4 668 440 000	5 145 300 000	168.79	186.03	168.79	110.21
四、现金流入合计	12 072 924 000	15 371 505 200	16 608 648 000	127.32	137.57	127.32	108.05

2. 现金流入趋势分析评价

从现金流入趋势表可以看出，经营现金流入量2011年比2010年增长了16.04%，2012年比2011年增长了6.54%。经营活动现金流入量中，“销售商品、提供劳务收到的现金”占最大比重，2011年比2010年增长了15.81%，2012年比2011年增长了6.44%。说明企业销售能力和销售收现能力基本稳定，有持续增长性。另外，“收到的其他与经营活动有关的现金”增长较大，2011年比2010年增长了131.26%，2012年比2011年增长了32.51%，需要结合企业具体情况分析其经营活动现金流入的增长性。

投资现金流入量2011年比2010年减少了57.80%，2012年比2011年增长了115.08%。投资活动现金流入在2012年异常增长主要受“收到的其他与投资活动有关的现金”项目的影响，说明2012年企业处置了大量投资资产回收资金，需要结合企业具体情况关注企业是否转变投资方向。

筹资现金流入量2011年比2010年增长了68.79%，2012年比2011年增长了10.21%。筹资活动现金流入中“收到其他与筹资活动有关的现金”增长较大，2012年比2011年增长了260%，但“取得借款收到的现金”项目趋势减缓，2011年比2010年增长了91.67%，而2012年比2011年减少了11.33%，说明企业减少了外部筹资。

整体来看现金流入量变化，企业的现金流入量随着其业务量的增长而增长。2011年比2010年增长了27.32%，2012年比2011年增长了8.05%。长期来说，企业运转的资金还是主要依赖经营活动现金流入，短期来说，随着企业投资回收现金的增加，减少了外部筹资，资金比较充实，现金流入具有可持续性。

（二）现金流出趋势分析

1. 编制现金流出趋势分析表

现金流出趋势反映了企业经营活动的现金流出、投资活动的现金流出和筹资活动的现金流出的趋势。以福耀玻璃现金流量表相关数据为例，编制现金流出趋势分析表，见表4-5。

表4-5　　福耀玻璃现金流出趋势分析表

项目	2010年（元）	2011年（元）	2012年（元）	基期分析		环比分析	
				2011年（%）	2012年（%）	2011年（%）	2012年（%）
一、经营活动产生的现金流量：							
购买商品、接受劳务支付的现金	5 657 090 000	7 489 020 000	6 714 400 000	132.38	118.69	132.38	89.66
支付给职工以及为职工支付的现金	677 628 000	936 674 000	1 153 870 000	138.23	170.28	138.23	123.19

表4－5(续)

项目	2010 年（元）	2011 年（元）	2012 年（元）	基期分析		环比分析	
				2011 年（%）	2012 年（%）	2011 年（%）	2012 年（%）
支付的各项税费	646 965 000	655 469 000	886 772 000	101.31	137.07	101.31	135.29
支付的其他与经营活动有关的现金	79 558 800	104 712 000	80 081 300	131.62	100.66	131.62	76.48
经营活动现金流出小计	7 061 240 000	9 185 880 000	8 835 120 000	130.09	125.12	130.09	96.18
二、投资活动产生的现金流量：							
购建固定资产、无形资产和其他长期资产所支付的现金	1 073 890 000	1 110 360 000	1 571 310 000	103.40	146.32	103.40	141.51
投资所支付的现金	0	0	2 487 200				
取得子公司及其他营业单位支付的现金净额	137 481 000	0	0				
支付的其他与投资活动有关的现金	0	0	0				
投资活动现金流出小计	1 211 370 000	1 110 360 000	1 573 800 000	91.66	129.92	91.66	141.74
三、筹资活动产生的现金流量：							
偿还债务支付的现金	3 299 550 000	3 120 930 000	5 512 690 000	94.59	167.07	94.59	176.64
分配股利、利润或偿付利息所支付的现金	482 170 000	1 297 020 000	998 212 000	269.00	207.02	269.00	76.96
支付其他与筹资活动有关的现金	3 982 010	3 487 000	9 064 000	87.57	227.62	87.57	259.94
筹资活动现金流出小计	3 785 700 000	4 421 430 000	6 519 970 000	116.79	172.23	116.79	147.46
四、现金流出合计	12 058 310 000	14 717 670 000	16 928 890 000	122.05	140.39	122.05	115.02

2. 现金流出趋势分析评价

从现金流出趋势表可以看出，经营现金流出量 2011 年比 2010 年增长了 30.09%，2012 年比 2011 年减少了 3.82%，2012 年比 2010 年依然增长了 25.12%。经营活动现金流出量中，“支付给职工以及为职工支付的现金”和“支付的各项税费”项目 2012 年比 2011 年分别增长了 23.19%、35.29%；“购买商品、接受劳务支付的现金”和“支付的其他与经营活动有关的现金”项目 2012 年比 2011 年分别减少了 10.34%、23.52%；基本与企业经营活动现金流入量相匹配。

投资现金流出量 2011 年比 2010 年减少了 8.34%，2012 年比 2011 年增长了 41.74%。投资活动现金流出量在 2012 年异常增长主要受“购建固定资产、无形资产和其他长期资产所支付的现金”项目的影响，2011 年比 2010 年增加了 3.4%，2012 年比 2011 年增长了 41.51%，2012 年比 2010 年增长了 46.32%，说明 2012 年企业投资项目有所增加，结合投资活动回收资金现金流入的增加，可以看出企业可能在改变投资方向。

筹资现金流出量 2011 年比 2010 年增长了 16.79%，2012 年比 2011 年增长了 47.46%。筹资活动现金流出中“偿还债务支付的现金”和“支付其他与筹资活动有关的现金”项目 2012 年比 2011 年分别增长了 76.64% 和 159.94%，“分配股利、利润或偿付利息所支付的现金”项目2011年比2010年增长了169.00%，2012年比2011年减少了23.04%，2012年比2010年依然增长了107.02%，说明企业筹资活动现金流出主要用于偿还债务和分配利润。

从整体来看现金流出量变化，企业的现金流出量随着其业务量的增长而增长。2011年比2010年增长了22.05%，2012年比2011年增长了15.02%，长期来看，企业经营活动、投资活动和筹资活动发生的现金流出均在增加，企业资金运转比较正常。

（三）现金流量净额趋势分析

1. 编制现金流量净额趋势分析表

现金流量净额趋势反映了企业经营活动的现金流量净额、投资活动的现金流量净额和筹资活动的现金流量净额的趋势。以福耀玻璃现金流量表相关数据为例，编制现金流量净额趋势分析表，见表4－6。

表4－6　福耀玻璃现金流量净额趋势分析表

项目	2010年（元）	2011年（元）	2012年（元）	基期分析		环比分析	
				2011年（%）	2012年（%）	2011年（%）	2012年（%）
经营活动产生的现金流量净额	2 115 080 000	1 462 000 000	2 509 570 000	69.12	118.65	69.12	171.65
投资活动产生的现金流量净额	－1 080 640 000	－1 055 200 000	－1 455 150 000	97.65	134.66	97.65	137.90
筹资活动产生的现金流量净额	－1 019 830 000	247 002 000	－1 374 670 000	－24.22	134.79	－24.22	－556.54
现金流量净额合计	14 610 000	653 802 000	－320 250 000	4475.03	－2191.99	4475.03	－48.98

2. 现金流量净额趋势分析评价

从现金流量净额趋势表可以看出，现金流量净额合计在2010、2011和2012年变动的幅度较大，主要是由于筹资活动产生的现金流量净额的影响。需要结合企业其他的财务报告资料和非财务信息进一步分析带来异动的具体原因。经营活动产生的现金流量净额2001年比2010年减少了30.88%，2012年比2011年增长了71.65%，2012年比2010年增长了18.65%，表明企业经营活动产生的现金流在上升。投资活动产生的现金流量净额2011年比2010年减少了2.35%，2012年比2011年增长了37.9%，2012年比2010年增长了34.66%，表明企业投资活动产生的现金流也在上升。特别需要说明的是，需要结合其他信息更准确地分析企业获取现金的能力。

三、现金流量表结构分析

现金流量表结构分析又称为编制百分比现金流量表，或现金流量的结构百分比分析，是对现金流量的各个组成部分及其相互关系的分析。通过现金流量表结构分析，在现金流量表有关数据的基础上，进一步明确现金流入、现金支出以及现金结余的构成，可以了解企业现金的来源、现金的去向以及净现金如何形成，并进一步分析各项目的变动对总体产生的影响、发生变化的原因和变化的趋势，从而有利于对企业获取现金的能力作出准确的判断和评价。

现金流量表结构分析可以分为现金流入结构的分析、现金流出结构的分析和现金流量净额结构的分析。所谓现金流量结构分析也就是指在这三类结构中某一个项目占该类项目总体的比重，即结构比重的分析。

（一）现金流入结构分析

现金流入结构是指企业经营活动现金流入、投资活动现金流入和筹资活动现金流入在全部现金流入中的比重，以及各项活动现金流入中具体项目在该类活动的现金流入中的结构和比重。通过现金流入结构的分析，可以了解企业的现金来自什么渠道，以判断和评价企业现金收入的合理性，把握增加现金流入的途径。

1. 编制现金流入结构分析表

根据福耀玻璃 2012 年的现金流量表编制以下流入结构分析表，如表 4－7 所示。

表 4－7　　福耀玻璃现金流入结构分析表

项目	本年金额（元）	上年金额（元）	本期比重（%）	上期比重（%）
一、经营活动产生的现金流量：				
销售商品、提供劳务收到的现金	11 149 000 000	10 474 100 000	67.13	68.14
收到的税费返还	101 245 000	102 425 000	0.61	0.67
收到的其他与经营活动有关的现金	94 488 700	71 307 700	0.57	0.46
经营活动现金流入小计	11 344 700 000	10 647 900 000	68.31	69.27
二、投资活动产生的现金流量：				
收回投资所收到的现金	0	0		
取得投资收益所收到的现金	0	4 900 000		0.03
处置固定资产、无形资产和其他长期资产所收回的现金净额	25 578 400	42 086 200	0.15	0.27
处置子公司及其他营业单位收到的现金净额	0	0		0.00
收到的其他与投资活动有关的现金	93 070 000	8 179 000	0.56	0.05
投资活动现金流入小计	118 648 000	55 165 200	0.71	0.36
三、筹资活动产生的现金流量：				
吸收投资收到的现金	3 675 000	0	0.02	

表4－7(续)

项目	本年金额（元）	上年金额（元）	本期比重（%）	上期比重（%）
其中：子公司吸收少数股东投资收到的现金	3 675 000	0	0.02	
取得借款收到的现金	3 341 620 000	3 768 440 000	20.12	24.52
发行债券收到的现金	0	400 000 000		2.60
收到其他与筹资活动有关的现金	1 800 000 000	500 000 000	10.84	3.25
筹资活动现金流入小计	5 145 300 000	4 668 440 000	30.98	30.37
四、现金流入合计	16 608 648 000	15 371 505 200	100.00	100.00

2. 现金流入结构分析评价

从上表可以看出，本期现金流入合计为16 608 648 000元，其中：经营活动现金流入为11 344 700 000元，占总现金流量的比重为68.31%；投资活动现金流入量为118 648 000元，占总现金流量的比重为0.71%；筹资活动现金流入量为5 145 300 000元，占总现金流量的比重为30.98%。上期现金流入合计为15 371 505 200元，其中：经营活动现金流入为10 647 900 000元，占总现金流量的比重为69.27%；投资活动现金流入量为55 165 200元，占总现金流量的比重为0.36%；筹资活动现金流入量为4 668 440 000元，占总现金流量的比重为30.37%。该企业近两年经营活动的现金流入量所占比重最大，说明现金流入量主要是来自于经营活动现金流量，尤其是来自于销售商品、提供劳务收到的现金，即主营业务活动现金流入，分别占总现金流量的68.14%（上期），67.13%（本期），明显高于其他经营活动的现金流入；同时，现金流入主要来自于筹资活动现金流入，这与企业的投资增长呈现较为合理的一致性；总体上属于正常状态，各项目占总现金流量的比重处于较为稳定的状态。

(二) 现金流出结构分析

现金流出结构是指企业各项业务活动现金流出占全部现金流出中的比重，以及各项业务活动现金流出中具体项目的构成和比重。通过现金流出结构的分析，可以了解企业现金使用的方向，了解企业现金流出的主要原因。

1. 编制现金流出结构分析表

根据福耀玻璃2012年的现金流量表编制以下流出结构分析表，如表4－8所示。

表 4-8　　福耀玻璃现金流出结构分析表

项目	本年金额（元）	上年金额（元）	本期比重（%）	上期比重（%）
一、经营活动产生的现金流量：				
购买商品、接受劳务支付的现金	6 714 400 000	7 489 020 000	39.66	50.88
支付给职工以及为职工支付的现金	1 153 870 000	936 674 000	6.82	6.36
支付的各项税费	886 772 000	655 469 000	5.24	4.45
支付的其他与经营活动有关的现金	80 081 300	104 712 000	0.47	0.71
经营活动现金流出小计	8 835 120 000	9 185 880 000	52.19	62.41
二、投资活动产生的现金流量：				
购建固定资产、无形资产和其他长期资产所支付的现金	1 571 310 000	1 110 360 000	9.28	7.54
投资所支付的现金	2 487 200	0	0.01	
取得子公司及其他营业单位支付的现金净额	0	0		
支付的其他与投资活动有关的现金	0	0		
投资活动现金流出小计	1 573 800 000	1 110 360 000	9.30	7.54
三、筹资活动产生的现金流量：				
偿还债务支付的现金	5 512 690 000	3 120 930 000	32.56	21.21
分配股利、利润或偿付利息所支付的现金	998 212 000	1 297 020 000	5.90	8.81
支付其他与筹资活动有关的现金	9 064 000	3 487 000	0.05	0.02
筹资活动现金流出小计	6 519 970 000	4 421 430 000	38.51	30.04
四、现金流出合计	16 928 890 000	14 717 670 000	100.00	100.00

2. 现金流出结构分析评价

从上表可以发现，本期的现金流出总额为 16 928 890 000 元，其中经营活动现金流出小计 8 835 120 000 元，占总现金流量的比重为 52.19%；投资活动现金流出小计 1 573 800 000元，占总现金流量的比重为 9.30%；筹资活动现金流出小计 6 519 970 000元，占总现金流量的比重为 38.51%。上期的现金流出总额为 14 717 670 000 元，其中经营活动现金流出小计9 185 880 000 元，占总现金流量的比重为62.41%；投资活动现金流出小计1 110 360 000元，占总现金流量的比重为7.54%；筹资活动现金流出小计4 421 430 000元，占总现金流量的比重为30.04%。分析发现，该企业近两年的现金流出主要出自经营活动，其次是筹资活动和投资活动，说明企业经营活动现金流出很大，企业的主要资金需求就是经营活动，即经营活动是企业主要的事实。此外，由于企业投资规模的扩大，本期投资活动和筹资活动现金流出比重略有增加。从单项来看，占比最大的依次是购买商品接受劳务支付的现金；偿还债务支付的现金；购建固定资产、无形资产和其他长期资产支付的现金；支付给职工以及为职工支付的现金；分配股利、利润或偿付利息支付的现金。经营活动现金流出的比重应较大，尤其是购买商品、接受劳务和支付经营费用等活动的现金流出量在现金流出总量中应占有较大的比重。这进一步印证了经营活动是企业主导的事实。由此可以看出企业的现金流出结构比较正常。

（三）现金流量净额结构分析

现金流量净额结构是指企业经营活动产生的现金流量净额、投资活动产生的现金流量净额和筹资活动产生的现金流量净额在现金及现金等价物净增加额中的比重。通过净现金流量结构的分析，可以了解企业现金净流量形成的原因，反映企业的现金收支是否平衡。

1. 编制现金流量净额结构分析表

根据福耀玻璃2012年的现金流量表编制以下流出结构分析表，如表4－9所示。

表4－9　　福耀玻璃现金流量净额结构分析表

项目	本年金额（元）	上年金额（元）	本期比重（%）	上期比重（%）
经营活动产生的现金流量净额	2 509 570 000	1 462 000 000	－783.63	223.62
投资活动产生的现金流量净额	－1 455 150 000	－1 055 200 000	454.38	－161.39
筹资活动产生的现金流量净额	－1 374 670 000	247 002 000	429.25	37.78
合计	－320 250 000	653 802 000	100.00	100.00

2. 现金流量净额结构分析评价

从上表分析可以发现，福耀玻璃本期经营活动产生的现金流量净额为2 509 570 000元，比上期的1 462 000 000元大幅增加，在净现金流量中的比重大幅提高，说明企业经营活动产生现金净流量的能力在增强。同时，投资活动现金净流出量在大幅增加，从上年的净流出1 055 200 000元增长到本期的1 455 150 000元，占总净现金流量的比重的绝对值也大幅增加，结合前面现金流出结构分析表可以看出，主要是企业购买固定资产等所导致的，说明企业的投资活动在进一步扩大。因此，不能说企业经营能力不佳，反而可能预示着企业将来有更多的发展机会，在未来可能会有更大的现金流入；除此之外，因为筹资活动引起的筹资活动现金净流出也在大幅度增加，从去年的净流入 247 002 000 元，改变为净流出 1 374 670 000 元，结合前面现金流出结构分析表，可以看出，主要是由于企业为了偿还债务和分配股利、利润或偿付利息大量地支出现金，说明企业在以前借款较多，本期能够偿还本息说明企业有信用、有支付能力，同时还可能说明企业在未来的偿债压力和财务风险变小。由于企业投资活动和筹资活动现金净流出量不能完全通过经营活动产生的净流入来有效地补充，最终导致本期获得净现金流量合计为 -320 250 000 元，而上期获得净现金流量为653 802 000 元，需要结合企业具体情况关注其现金流量平衡的能力。

小提示：

在对现金流量表进行结构分析时，需要把各部分现金流量所占比重与企业的经济活动联系起来。在正常情况下，由于引起现金流量变化的主要原因是企业的产、购、销等经营活动，因此企业经营活动对现金流量的变化所占的比重应当最大才为合理。投资活动和筹资活动的现金流量比例的大小，则因企业的理财策略不同而存在较大的差异。从稳定性上看，经营活动的现金流出应具有一定的稳定性，各期的变化幅度不应过大。而投资活动和筹资活动现金流出的稳定性相对较差，甚至具有偶发性、随意性。它们只是企业的理财活动，不应当是企业现金流量的主导。

参考文献

[1] 宋娟．财务报表分析从入门到精通 [M]．北京：机械工业出版社，2010.

[2] 黄世忠．财务报表分析——理论、框架、方法与案例 [M]．北京：中国财政经济出版社，2007.

课后题

1. 什么是现金流量表？现金流量表有何作用？
2. 阐述直接法编制的现金流量表与间接法编制的现金流量表有何区别？
3. 现金流量表项目分析有几个类别？阐述分析要点？
4. 现金流量表总体分析有哪几种方法？各有什么特点？
5. 自己选择相同行业的两家公司的现金流量表，采用本章所学的分析方法，分别对其进行水平分析、趋势分析和结构分析，并对比分析结果，评价两家公司的报表质量以及未来发展前景。

第五章　财务能力分析

学习提示：

财务能力分析有助于企业利益相关者全面了解并正确判断企业财务运行状况与运行效果，从而作出正确的决策。通过本章学习，学生能够了解财务能力分析的意义，掌握财务能力分析方法，具体包括偿债能力分析、营运能力分析、盈利能力分析和增长能力分析。

财务能力分析是指对企业财务运行状况与运行效果的分析。财务报告提供的会计信息，有助于企业的利益相关者了解企业的方方面面，但企业某一时点上的财务状况如何以及一定时期经营成果的好坏，很难一眼看出来，必须要借助专门的技术和方法展开分析，才能得出正确的结论，并帮助企业的利益相关者作出科学的决策。

企业的利益相关者主要有企业投资人、企业债权人、企业管理者、企业员工以及政府职能部门等。不同利益主体需要的会计信息各不相同，综合他们各自的需求和共同的需求，将财务能力分析划分为四个方面，即偿债能力分析、营运能力分析、盈利能力分析和增长能力分析。本章财务能力分析所需财务资料均摘自于青岛海尔公司相关年度财务报告。

第一节　偿债能力分析

一、偿债能力概念与分析意义

（一）偿债能力的概念

偿债能力是企业偿还其自身所欠债务的能力。但是，并不是所有的债务都对企业构成直接压力，未到期债务对企业尚未构成真正压力，所以偿债能力通常是指企业清偿到期债务的能力。一般来说，债务的偿还都是指用货币资金进行偿还，所以偿债能力反映的是企业清偿到期债务的现金保障能力。

尽管未到期的长期债务短期内不需偿还，但随着时间的推移，未到期的长期债务还是要转化为到期债务，最终也要偿还。因此，根据企业需要偿还的债务到期时间的长短情况，可以将偿债能力分为短期偿债能力和长期偿债能力。短期偿债能力是指企业以其流动资产偿还流动负债的现金保障能力；长期偿债能力是指企业偿还长期债务的现金保障能力。

(二) 偿债能力分析的意义

偿债能力分析是指企业偿还到期债务的能力分析，又称企业偿债风险状况分析或安全性分析，包括短期偿债能力分析和长期偿债能力分析。通过偿债能力分析，分析者可以了解企业的财务状况是否安全，揭示企业所承担的财务风险程度，预测企业未来的筹资状况。企业偿债能力的强弱是衡量企业经营安全与否的重要标准，直接影响企业的财务状况与财务风险，不仅关系到企业自身的生产与健康发展，同时还影响企业债权人、股东、管理者、员工甚至所在社区与政府的切身利益。不过，不同利益主体对偿债能力的分析具有不同的意义。

对于企业债权人来说，通过偿债能力分析可以判断其债权的偿还收回的保证程度，即企业能否按期收回本息，从而作出正确的借贷决策。对于任何债权人来说，其都不会愿意把资金借给没有偿还能力的债务人。

对于企业投资者来说，最主要关注的是企业长期健康发展，而偿债能力的强弱会对企业的持续经营产生直接影响。因此，投资人也会关注企业的偿债能力，通过偿债能力分析判断其所承担的终极风险，以确定投资决策。所谓终极风险是指企业破产清算风险，按照《中华人民共和国破产法》规定，企业不能偿还到期债务就得清算，这时损失最大的一定是投资者，因为投资者在清算追偿中排在最后。

对于企业管理者来说，通过企业偿债能力分析可以正确认识和评价企业的财务情况，以保证生产经营过程正常进行。偿债能力降低往往预示着企业财务状况、营运状况不佳，通过对企业偿债能力的分析和评价，可以较深入地了解企业的财务状况和经营管理状况，从而及时发现生产经营过程中存在的问题，并积极寻求解决措施。

二、短期偿债能力分析

短期偿债能力是指企业用流动资产偿还流动负债的现金保障程度。一般而言，流动负债是指企业需在一年或一个营业周期内偿还的债务，如企业的短期借款、应付票据、应付账款、应付职工薪酬、应交税费、应付股利、其他应付款等。流动资产是指企业可以在一年或者越过一年的一个营业周期内变现或者运用的资产，如货币资金、交易性金融资产、应收票据、应收账款、应收股利、其他应收款、存货等。不同环节产生的流动负债质量有所不同，即需要偿还的强制程度和紧迫性存在差异，如支付应交税费的强制程度和紧迫性要高于应付账款；同时，不同流动资产的质量，即流动性也有所不同，变现能力也有差异，如货币资金本身就是现金状态，可以直接用于偿还债务，而存货转化为货币资金则需要较长时间，也就意味着变现能力较弱。可见，短期偿债能力的强弱，不仅取决于企业需要偿还的流动负债和所拥有的流动资产的数量，同时还取决于两者的质量。

关于短期偿债能力分析的具体方法，一方面根据流动负债和流动资产的数量，运用定量分析法，采用一系列指标，如营运资金、流动比率、速动比率、现金比率、现金流量与流动负债比率、即付比率以及到期债务本息偿付率对短期偿债能力进行衡量；另一方面，要关注流动负债和流动资产的质量，结合企业具体情况开展定性分析，才能对企业的短期偿债能力强弱程度作出正确判断。

(一) 短期偿债能力指标

1. 营运资金

营运资金是指流动资产减去流动负债后的差额，也称净营运资本，表示企业用流动资产偿还流动负债之后还有多少剩余。营运资金的计算公式为：

营运资金＝流动资产－流动负债
＝（总资产－非流动资产）－（总资产－所有者权益－非流动负债）
＝（所有者权益＋非流动负债）－非流动资产
＝非流动资本－非流动资产

营运资本是反映企业短期偿债能力的绝对指标。该指标的高低取决于企业所拥有的流动资产存量与流动负债存量的比较。如果流动资产高于流动负债，表示企业具有一定的短期偿付能力。该指标越高，表示企业可用于偿还流动负债的资金越充足，企业的短期偿付能力越强，企业所面临的短期流动性风险越小，债权人安全程度越高。因此，营运资金是衡量企业短期债能力的一个基本指标。

在采用营运资本衡量企业短期债能力时需要注意以下问题：一是营运资本越高，表明企业短期偿付能力越强，但不等于营运资本越高对企业越有利。原因在于拥有过多的营运资本，意味着企业持有大量流动资产，而流动资产的盈利能力较弱。二是营运资本是一个绝对指标，因此，不适用于对不同行业不同规模的企业进行比较。

【例5－1】根据青岛海尔2012年年报资料，计算营运资金指标，见表5－1。

表5－1　　单位：元

项目	本期金额	上期金额
流动资产	39 699 687 411.83	31 393 676 591.98
流动负债	31 341 237 107.01	25 969 262 706.06
营运资金	8 358 450 304.82	5 424 413 885.92

根据表5－1的计算结果可知，青岛海尔本期的营运资金为8 358 450 304.82元，上期为5 424 413 885.92元，相比上期，营运资金增加了2 934 036 418.90元，增长幅度达54.08%，初步判断短期偿付能力在提高。

2. 流动比率

流动比率是指流动资产与流动负债的比率，表示每元的流动负债有多少流动资产可以作为偿还的保障。流动比率的计算公式如下：

$$流动比率=\frac{流动资产}{流动负债}$$

$$=\frac{流动负债+（流动资产-流动负债）}{流动负债}$$

$$=1+\frac{流动资产-流动负债}{流动负债}$$

$$=1+\frac{营运资金}{流动负债}$$

流动比率是衡量企业短期偿债能力的重要指标之一。它表明流动资产转变为现金以偿还到期流动债务的能力。一般情况下，流动比率越高，企业短期偿还债务的能力越强，债权人收回债权越有保障。如果该比率过低，则表示企业短期偿还债务的能力较弱，可能难以如期偿还债务。但是，流动比率也不应过高，过高的流动比率则表明企业流动资产占用较多，会影响资金的使用效率和企业的筹资成本，进而影响盈利能力。因此，流动比率应当保持在一个合适的水平上。一般认为，流动比率维持在 2∶1 左右时，企业财务状况比较稳妥可靠。这是因为流动资产中变现能力最差的存货金额约占流动资产总额的一半，剩下的部分为流动性较好的资产，至少应等于流动负债，才能保证企业最低的短期偿债能力。流动比率为 2，只是就一般情况而言，并不是绝对标准。

运用流动比率分析企业短期偿债能力时，需要注意以下几个问题：

（1）流动比率是一个静态指标，反映的是企业某一特定时点拥有的流动资产偿还流动负债的能力。流动负债是企业短期内需要偿还的债务，而流动资产却未必都能在短期内转化为现金，与企业未来的现金流状况没有必然关联。

（2）流动比率不等于实际支付短期债务能力，因为债务的偿还最终还是取决于企业的现金流状况。较高的流动比率并不意味着企业一定持有足够的现金流可用于偿还债务。流动比率高也可能是存货积压、应收账款增多，以及待摊费用和待处理财产损失增加所致，而真正可用来偿债的现金和存款却严重短缺，在这种情况下，企业实际偿还债务能力是很弱的。所以，企业应在分析流动比率的基础上，进一步对现金流量加以考察。

（3）从短期债权人的角度看，其自然希望流动比率越高越好。但从企业经营角度看，过高的流动比率则意味着企业持有过多闲置现金，导致企业机会成本的增加和获利能力的降低。因此，企业应保持合理的流动比率，尽量降低货币资金的闲置。

（4）针对流动比率是否合理，不同行业、不同企业以及同一企业不同时期的评价标准是不同的，不应用统一的标准来评价各企业流动比率合理与否。不同行业因其资产、负债占用情况不同，流动比率会有较大差别，一些行业的流动比率达到 1 时，就可能说明其有足够的偿债能力；而其他行业的流动比率达到或超过 2 时，也不一定表明其偿债能力很强。

【例 5－2】根据青岛海尔 2012 年年报资料，计算流动比率指标，见表 5－2。

表 5－2

项目	本期金额	上期金额
流动资产（元）	39 699 687 411.83	31 393 676 591.98
流动负债（元）	31 341 237 107.01	25 969 262 706.06
流动比率	1.266	1.208

根据表5-2的计算结果可知，青岛海尔本期的流动比率为1.266，比上期的1.208略有提高。进一步分析可以发现，该公司当期流动资产、流动负债均比上期有所增加，而且流动资产增加的规模更大。流动比率的上升是否意味着短期偿债能力一定增强，对于该问题需要结合具体流动资产项目和流动负债项目的质量进一步分析。

3. 速动比率

速动比率又称酸性试验比率，是指企业的速动资产与流动负债的比率，表示每元的流动负债有多少速动资产可以作为偿还的保障。速动比率的计算公式如下：

$$速动比率=\frac{速动资产}{流动负债}\times 100\%$$

其中：

$$\begin{aligned}速动资产&=流动资产-存货\\&=货币资金+交易性金融资产+应收票据+应收账款\\&\quad+应收利息+应收股利+其他应收款\end{aligned}$$

速动资产是指可以迅速转换成为现金或已属于现金形式的资产，包括货币资金、交易性金融资产、应收票据、应收账款、应收利息、应收股利以及其他应收款等，存货、预付账款、一年内到期的非流动资产以及其他流动资产等变现能力相对较差，属于非速动资产。速动比率反映企业流动资产中变现能力较好的速动资产偿付流动负债的能力，用速动比率来评价企业的短期偿债能力，消除了存货等变现能力较差的流动资产项目的影响，在一定程度上可以弥补流动比率指标的不足。当企业流动比率较高时，如果流动资产中可以立即变现用来支付债务的资产较少，其偿债能力也不理想；反之，即使流动比率较低，但流动资产中的大部分项目都可以在很短的时间内迅速转化为现金，则其实际偿债能力很强。所以，用速动比率来评价企业的短期偿债能力相对更准确一些。

一般认为，速动比率为1∶1较为合适，表明企业的每1元流动负债都有1元易于变现的资产作为抵偿。如果速动比率过低，说明企业的短期偿债能力不足；速动比率过高，则又说明企业拥有过多的速动资产，而可能失去一些有利的投资机会，从而影响盈利能力。比如，过高的货币资金存量能使速动比率提高，但货币资金的相对闲置会使企业丧失许多能够获利的投资机会。所以，企业应保持合理的速动比率，力求达到风险和收益的平衡。

在运用速动比率分析企业短期偿债能力时，需要注意以下几个问题：

（1）速动比率与流动比率一样，也是一个静态指标，反映的是企业某一特定时点拥有的速动资产偿还流动负债的能力，而速动资产却未必都能在短期内转化为现金，如逾期收不回的应收账款。

（2）尽管相对于流动比率，用速动比率衡量短期偿债能力更加准确，但速动比率也不等于实际支付短期债务能力。较高的速动比率同样并不意味着企业一定持有足够的现金流可用于偿还债务。速动比率高也可能是应收款项所占比例较大所致，而应收账款并不一定能全部转化为现金，在这种情况下，企业实际偿还债务能力依然很弱。所以，企业应在分析速动比率的基础上，进一步对速动资产的内部构成加以考察。

【例5-3】根据青岛海尔公司2012年年报资料，计算速动比率指标，见表5-3。

表5-3

项目	本期金额	上期金额
货币资金（元）	16 283 769 901.77	12 890 088 291.80
交易性金融资产（元）	0	0
应收票据（元）	11 004 078 056.44	7 939 389 122.39
应收账款（元）	4 196 720 339.90	3 090 747 300.64
应收利息（元）	59 117 038.94	72 517 490.96
应收股利（元）	0	3 274 215.51
其他应收款（元）	267 414 308.11	280 383 652.04
速动资产合计（元）	31 811 099 645.16	24 276 400 073.34
流动负债（元）	31 341 237 107.01	25 969 262 706.06
速动比率	1.015	0.935

根据表5-3的计算结果可知，青岛海尔公司本期的速动比率为1.015，比上期的0.935略有提高。进一步分析可以发现，该公司当期速动资产中，可以直接支付债务的货币资金大幅增加，同时，应收票据和应收账款也大幅度上升。

4. 现金比率

现金比率是指企业现金类资产与流动负债的比率。现金类资产是指变现能力强、很短时间内可转化为现金的那类资产，主要指企业库存现金、可动用的银行存款、其他货币资金以及交易性金融资产，持有该类资产就相当于持有现金。现金比率的计算公式如下：

$$现金比率=\frac{货币资金+交易性金融资产}{流动负债}\times 100\%$$

$$=\frac{速动资产-应收款项}{流动负债}\times 100\%$$

现金比率反映企业每1元流动负债有多少现金现金类资产可以作为偿还的保障。现金类资产实际上是在速动资产的基础上，进一步剔除应收票据、应收账款以及其他应收款等应收款项后的余额。由于应收款项存在发生坏账损失以及延期收回的可能，因此，现金类资产的变现能力几乎为100%，最能反映企业实际偿付流动负债能力，由此而计算的现金比率来衡量企业的短期偿债能力也更为保险和安全。

在运用现金比率分析企业短期偿债能力时，需要注意以下几个问题：

（1）现金比率与流动比率、速动比率一样，也是一个静态指标，反映的是企业某一特定时点拥有的现金类资产偿还流动负债的能力，并不能反映企业未来现金流状况。

（2）相对于速动比率，用现金比率衡量短期偿债能力更加准确，特别是在企业把应收账款和存货都抵押出去，或已有迹象表明应收账款和存货的变现能力欠佳的情况下，现金比率更能准确地反映企业的直接偿债能力。但是，企业通常不可能持有太多的现金类资产，因为现金类资产获利能力低下。只有在企业已处于财务困境时，该指标才是一个适当的选择。一般认为，现金比率在20%左右比较合理。如果现金比率太高，则表明企业不善于充分利用现金资产进行投资，没有把现金投入生产经营以获取更多的利润，相反却增加了现金类资产的持有成本。

【例5-4】根据青岛海尔公司2012年年报资料，计算现金比率指标，见表5-4。

表5-4

项目	本期金额	上期金额
货币资金（元）	16 283 769 901.77	12 890 088 291.80
交易性金融资产（元）	0	0
现金类资产合计（元）	16 283 769 901.77	12 890 088 291.80
流动负债（元）	31 341 237 107.01	25 969 262 706.06
现金比率	0.519	0.496

根据表5-4的计算结果可知，青岛海尔公司本期的现金比率为0.519，上期为0.496，总体上看，现金比率都偏高，表明该公司的偿付短期债务能力极强。但是，现金比率高并非一定是好事情，可能意味着企业没能有效利用现金资产，资产结构安排不合理、资金使用效应低下。因此，还需进一步分析企业大量持有现金资产的原因，如是否在为下一期的投资储备现金等。

5. 现金流量与流动负债比率

现金流量与流动负债比率是指经营活动现金流量净额与流动负债的比率，表示每1元的流动负债有多少经营活动现金流量可以作为偿还的保障。其计算公式如下：

$$现金流量与流动负债比率=\frac{经营活动现金净流量}{流动负债}\times 100\%$$

其中，经营活动现金净流量数据取自于从现金流量表中“经营活动现金流量净额”栏。

通过经营活动创造的现金流量是企业现金流量的最基本来源，因而现金流量与流动负债比率最能反映企业偿还短期债务的能力。当该指标值大于或等于1时，表明企业通过经营活动获取的现金流量可以偿还短期债务；否则，不足以偿还短期债务，尚需动用投资活动或筹资活动的现金流来偿还短期债务。

现金流量与流动负债比率是一个动态指标，在利用该指标进行分析企业短期偿债能力时，最好与流动比率、速动比率结合起来，才能正确评价企业的短期偿债能力。

【例5-5】根据青岛海尔公司2012年年报资料，计算现金流量与流动负债比率指标，见表5-5。

表 5 - 5

项目	本期金额	上期金额
经营活动现金净流量（元）	5 518 791 862. 41	6 199 975 023. 14
流动负债（元）	31 341 237 107. 01	25 969 262 706. 06
现金流量与流动负债比率	0. 176	0. 239

根据前面的分析可以发现，该公司的流动比率、速动比率、现金比率都在上升，但是本期的现金流量与流动负债比率为 0. 176，比上期的 0. 239 有一定幅度下降，说明经营活动提供的现金对偿还流动负债的保障程度比上期减弱。

6. 即付比率

即付比率是指企业现金及现金等价物与近期内需要偿还的流动负债的比率，反映企业利用现金流偿还即将到期的短期债务的能力。其计算公式如下：

$$即付比率 = \frac{期末现金及现金等价物}{流动负债 - 预收账款 - 6\text{ 个月以上的流动负债}} \times 100\%$$

对于企业来说，并非所有的流动负债都需要动用现金流来偿还，如预收账款。预收账款的偿还是通过支付实物的方式清偿的，并不会引起企业现金流的变化。

因而该指标更能反映企业实际支付即期债务的能力。

即付比率也是一个动态指标，是对现金流量与流动负债比率、流动比率等指标的进一步补充。该比率越高，说明企业短期偿债能力越强，现金偿债的时效性越好。当该指标值大于或等于 1 时，表明企业当期获取的现金流量可以偿还近期到期的债务；否则，无力偿还近期到期的债务，意味着企业创造现金流能力不佳，资金周转不畅。

7. 到期债务本息偿付率

到期债务本息偿付率是指经营活动现金流量净额与本期到期债务本金与现金利息支出之和的比率，反映企业通过经营活动产生的现金流量净额支付到期债务的本金和利息的能力。其计算公式如下：

$$到期债务本息偿付率 = \frac{经营活动现金净流量}{本期需用现金偿还的到期债务本息} \times 100\%$$

该比率越大，说明企业偿付到期债务的能力越强。该比率大于 100%，意味着企业经营活动现金流量在满足偿付到期现金债务的需求后，还有剩余用于预防性和投机性需要。但该比率过大，也意味着企业持有获利能力较低的现金资产过多，现金持有的机会成本增大；比率过小，则说明企业经营活动产生的现金流量不足以偿付到期债务，需要通过对外筹资或出售长期资产等活动解决所需资金，否则企业生存将受到威胁。如果该比率等于 100%，说明企业经营活动现金流量净额刚好能满足偿还到期债务的需求，又可以使持有现金的机会成本降到最低。

（二）短期偿债能力的影响因素分析

前面利用资产负债表和现金流量表的数据，采用定量分析的方法，构建了一系列指标对企业的短期偿债能力进行分析。根据以上分析可知，影响影响短期偿债能力的因素主要有三个：流动资产的数量与质量的规模与结构、流动负债的数量与质量的规模与结构以及企业创造现金流量的能力。

1. 流动资产的数量与质量的规模与结构

流动资产的数量是指流动资产的规模大小，是企业偿还短期债务的基础，一般地，流动资产规模越大，认为短期债务的偿还受到的保障程度越高。但是，不等于实际支付短期债务的能力就一定很强，因为流动资产的数量大，不等于其质量就好。流动资产的质量是指流动资产的内部构成以及各个组成部分所占的比例结构情况。在流动资产内部，货币资金、交易型金融资产的变现能力强，而存货的变现能力弱，应收款项的变现能力居中。通常认为，变现能力弱的流动资产规模越大，所占比例越高，则流动资产的质量越差；反之，则越好。因此，如果流动资产规模较大，但如存货、应收款项所占比重较大，内部结构不合理，其偿债能力是要打折扣的。从这个意义上讲，流动资产中应收账款、存货资产的周转速度也是反映企业偿债能力强弱的辅助性指标。因此，在进行企业短期偿债能力分析时，必须进一步分析流动资产的数量和质量。

2. 流动负债的数量与质量的规模与结构

流动负债的数量是指流动负债的规模大小，流动负债是企业在生产经营过程中必然要发生的一种债务。流动负债的规模越大，短期债务偿还压力也就越大。但是，有些流动负债必须以现金偿付，如短期借款、应交税费等；有些则可以用商品或劳务来偿还，如预收账款等。有些流动负债是在生产经营环节产生的，如应付账款、应付票据；有些流动负债是在筹资环节产生的，如应付利息、应付股利等；有些流动负债是在收益分配环节产生的，如应付股利等。不同环节产生的流动负债需要偿还的紧迫程度和强制性也是不同的。因此，需要对流动负债的内部组成以及所占比例进行分析，即对流动负债的质量进行考查。需要用现金偿付的流动负债对资产的流动性要求最高，企业只有拥有足够的现金才能保证其偿债能力。如果在流动负债中预收货款的比重较大，则企业只要拥有充足的存货就可以保证其偿还能力。此外，流动负债中各项负债的偿还期限是否集中，也会对企业的短期偿债能力产生影响。

3. 企业创造现金流量的能力

企业流动负债的偿还方式可以分为两种：一种是以企业本身所拥有的资产去偿还，另一种是以新的收益和负债去偿还，但最终还是要以企业的资产去偿还。而从根本上看，企业创造现金流量的能力是决定企业偿债能力的重要因素。企业现金流量主要来自于经营活动、投资活动和筹资活动三个方面，而来自于经营活动的现金流量是最基本的。当企业经营业绩良好时，就会有持续和稳定的现金收入，从而从根本上保障了债权人的权益。当企业经营业绩差时，其现金的流入不足以抵补现金的流出，造成营运资本缺乏，现金短缺，偿债能力必然下降。

此外，一些未在报表内部披露出来的表外因素也会影响企业的短期偿债能力，如银行已同意、企业未办理贷款手续的银行贷款限额，属于可动用的银行贷款指标，可以随时增加企业的现金，提高支付能力。企业可能有一些长期资产可以随时出售变现，如储备的土地等，在企业发生周转困难时，能够很快变现，也有助于缓解近期的债务偿还压力。当然，如果企业一贯信用很好，暂时出现偿债困难也比较容易筹集到资金。

不过，如果企业有与担保有关的或有负债，或是经营租赁合同中承诺的付款等事项，则短期偿债能力会降低。

小讨论：

根据表5-1~表5-5的计算结果以及青岛海尔公司年报附注资料，你认为青岛海尔公司的短期偿债能力如何?

三、长期偿债能力分析

长期偿债能力是指企业还非流动负债的保障程度，是企业财务是否安全与稳定的重要标志。一般而言，流动负债是企业短期内需要偿还的债务，如企业出现了临时的资金周转困难，可通过变现流动资产获取现金的方式偿还。但是，非流动负债的偿还最终取决于企业的盈利能力，即通过经营活动赚取利润并获取现金流来偿还，不可能总是通过变卖财产偿还债务。

关于长期偿债能力分析的具体方法，既要运用定量分析法，采用一系列指标，如资产负债率、已获利息倍数等对长期偿债能力进行衡量；同时，结合企业具体情况开展定性分析，才能对企业的长期偿债能力强弱程度作出正确判断。

（一）长期偿债能力指标

1. 资产负债率

资产负债率又称负债比例，是指企业负债总额与资产总额的比率。其计算公式如下：

$$资产负债率=\frac{负债总额}{资产总额}\times 100\%$$

$$=\frac{(资产总额-所有者权益总额)}{资产总额}\times 100\%$$

资产负债率反映企业总资产中债权人提供的资金所占比例，是衡量企业偿债能力的重要指标。该指标越大，说明企业的债务负担越重；反之，说明企业的债务负担越轻。

对债权人来说，若该指标值过高，则表明股东所提供的资金在总资产中所占比重较小，意味着企业的经营风险就主要由债权人承担。因此，对于债权人来说，其肯定希望该指标越低越好，那样的话，企业总体偿债能力有保障，债权的安全程度也更高。对企业来说，该指标并非越低越好。资产负债率较低，可能是企业的经营者不善于理财，缺乏举债经营意识，也比较保守和缺乏冒险精神。因为，如果长期借款利率低于资产报酬率，企业可以通过举债经营取得更多财务杠杆利益。但是，如果该指标过高，则会影响企业未来的筹资能力。当企业负债规模较大、财务风险较高时，在经济衰退或不景气的情况下，企业经营活动产生的现金收入可能难以支付利息费用，企业很难再借到贷款或成功发行债券。

对于股东来说，通过举债筹措的资金与股东提供的资金在经营中发挥同样的作用。因此，当借款利息率低于全部资本利润率时，股东希望尽可能多地利用债权人提供的资金，那样自己可以获取更多的利润。相反，全部资本利润率低于借款利息率的话，使用债权人提供的资金需要支付更高的利息，对自己不利。因此，从股东的立场看，该指标的高低取决于借款利息率与全部资本利润率的对比。

可见，站在不同利益相关者的角度，其对该指标的看法是有差异的。一般认为，该指标在40%～60%时，有利于风险与收益的平衡。如果超过100%，则表明企业已资不抵债，视为达到破产的警戒线。

在运用资产负债率分析企业长期偿债能力时，需要注意以下几个问题：

(1) 资产负债率是一个静态指标，反映的是企业某一特定时点还负债的能力。因此，通常需要对企业不同时期的资产负债率进行对比分析，从而更全面了解企业债务负担的变化趋势。

(2) 站在不同利益相关者的角度，对该指标的看法是有差异的。如果超过100%，则表明企业已资不抵债，视为达到破产的警戒线。企业应根据自身的实际情况，结合所在行业的一般水平，合理确定一个适度的标准。当企业债务负担持续增长并超过这一适度标准时，企业应注意加以调整，不能只顾获取杠杆利益而不考虑可能面临的财务风险。一般认为，该指标在40%～60%时，有利于风险与收益的平衡。

此外，在分析资产负债率时一定要注意分析负债的构成，尤其要注意经营负债和金融负债的规模与比例。如果一个企业资产负债率高是因为经营负债高，则财务风险不一定高，甚至经营非常好。

【例5-6】根据青岛海尔公司2012年年报资料，计算资产负债率指标，见表5-6。

表5-6

项目	本期金额（元）	上期金额（元）
资产总计（元）	49 688 316 696.42	39 783 742 739.43
负债合计（元）	34 262 177 684.93	28 221 139 581.42
资产负债率（%）	68.95	70.94

根据表5-6的计算结果可知，青岛海尔公司本期的资产负债率为8.95%，比上期的70.94%略有下降，对于债权人来说，债权安全程度有所提高。

2. 产权比率

产权比率又称资本负债率，是指企业的负债总额与所有者权益总额之间的比率。其计算公式如下：

$$\text{产权比率}=\frac{\text{负债总额}}{\text{所有者权益总额}}\times 100\%$$

$$=\frac{\text{资产总额}-\text{所有者权益总额}}{\text{所有者权益总额}}\times 100\%$$

产权比率反映了企债权人权益业受到所有者权益的保障程度。一般情况下，该指标值越低，表明企业的长期偿债能力越强，债权人权益保障程度越高，承担的风险越小，债权人也就愿意向企业提供借款；反之，则表明企业的长期偿债能力越低，企业的风险主要由债权人承担，债权人就不愿意向企业提供借款。当然该指标值过低，即所有者权益比重过大，表明企业不善于举债经营，不能充分利用负债的财务杠杆作用。所以，企业在评价产权比率时，应从提高获利能力与增强偿债能力两个方面综合进行，在保证债务偿还安全的前提下，应尽可能提高产权比率。

产权比率与资产负债率对评价偿债能力的作用基本相同，两者的主要区别是：资产负债率侧重于分析债务偿付安全性的物质保障程度，产权比率则侧重于揭示财务结构的稳健程度以及自有资金对偿债风险的承受能力。

【例5－7】根据青岛海尔公司2012年年报资料，计算产权比率指标，见表5－7。

表5－7

项目	本期金额	上期金额
负债合计（元）	34 262 177 684. 93	28 221 139 581. 42
所有者权益合计（元）	15 426 139 011. 49	11 562 603 158. 01
产权比率（%）	222. 10	244. 07

根据表5－7的计算结果可知，青岛海尔公司本期的产权比率为222. 10%，比上期的244. 07%略有下降，表明企业的长期偿债能力在提高。同时，从总体上看，该公司的产权比率较高。

3. 已获利息倍数

如果企业在偿付利息费用方面有良好信用表现，企业很可能永不需要偿还债务本金；或者意味着当债务本金到期时，企业有能力重新筹集到资金。对于债务人来说，只要能按期即时偿还债务的利息，就可以借新债还旧债。当然，债务归根结底还是要偿还的，而且需要通过企业赚取利润并取得现金收入来偿还。所以，对于企业债权人来说，借款人首先要具备偿还利息的能力，已获利息倍数分析就显得尤为重要。

已获利息倍数又称利息赚取倍数或利息保证倍数，是指企业生产经营所获得的息税前营业利润与利息费用之比。其计算公式如下：

$$已获利息倍数=\frac{息税前利润}{利息费用}$$

$$=\frac{税前利润+利息费用}{利息费用}$$

$$=\frac{税后利润+所得税费用+利息费用}{利息费用}$$

其中，息税前利润是指税前利润加利息费用；利息费用是指本期发生的全部应付利息净额，理论上讲，应该包括费用化的利息净支出和资本化的利息净支出，但由于很难获取资本化的利息净支出数据，故通常以费用化的利息净支出来代替。

为了保证再生产的顺利进行，企业在取得营业收入后，首先需要补偿企业在生产经营过程中的耗费。所以，营业收入虽然是利息支出的资金来源，但利息费用的真正资金来源是营业收入补偿生产经营中的耗费之后的余额，若其余额不足以支付利息费用，企业的再生产就会受到影响。

已获利息倍数反映企业利润弥补利息费用的能力，息税前利润对于利息费用的倍数越多，说明企业支付利息费用的能力越强，进而意味着企业对到期债务偿还的保证程度越强。一般地，已获利息倍数大于1，表明债务支付能力较强；已获利息倍数等于1，当期利润刚好可以满足支付利息的需要，存在一定的经营风险；已获利息倍数小于1，意味着当期利润不足以支付利息的需要，债务支付能力很弱。需要注意的是，若分母为负，导致已获利息倍数为负，则意味着当期利息支出小于利息收入，计算该指标无重要意义。因此，运用已获利息倍数分析评价企业的长期偿债能力时，一般认为该指标至少要大于1，否则说明企业偿债能力很差，无力举债经营。

【例5-8】根据青岛海尔公司2012年年报资料，计算已获利息倍数指标，见表5-8。

表5-8

项目	本期金额（元）	上期金额（元）
税前利润	5 428 268 523.39	4 417 159 500.24
利息支出	115 765 879.25	53 418 495.52
利息收入	237 591 807.53	170 056 814.34
息税前利润	–	–
已获利息倍数	–	–

根据表5-8可知，青岛海尔公司本期的利息收入远远超过利息支出，上期也是如此，故计算已获利息倍数指标毫无意义。对于债权人来说，不存在到期收不回债权利息的担忧。

4. 现金流量利息保障倍数

现金流量利息保障倍数是指企业生产经营活动的现金净流量与实际支付利息费用之比。其计算公式如下：

$$现金流量利息保障倍数=\frac{经营活动现金净流量+现金利息支出+所得税付现}{现金利息支出}$$

现金流量利息保障倍数反映了企业一定时期经营活动所取得的现金流量是现金利息支出的多少倍，更能衡量企业现金偿付债务利息的能力。因此，该指标比利息保障倍数更可靠。

（二）长期偿债能力的影响因素分析

长期偿债能力反映了企业偿还长期债务的现金保障程度。在进行企业长期偿债能力分析时，需要从两个方面着手进行，既要关注企业需要偿还的长期债务规模，包括债务本金和债务利息两部分，又要关注企业所拥有的现金流量，而现金流量归根结底取决于企业的长期盈利能力。因此，长期偿债能力最终取决于企业的盈利能力。

1. 资本结构

长期负债的规模大小与结构分布直接影响企业长期偿债能力。一般地，企业筹集长期债务资金主要用于购建固定资产或添置生产设备等长期投资方面。因此，长期资产对企业长期债务的偿还能力有着重要影响。当企业难以清偿到期债务时，可将长期资产变现或直接抵偿债务，如果两者相差很大，则往往说明企业的债务没有保证。此外，长期偿债能力必须以权益资本作为保障，所以企业必须保持合理的资本结构，才能保证到期债务的安全。

2. 长期盈利能力

短期债务可以通过资产变现予以偿还，但长期债务不可能依赖变现资产作为偿债的资金来源。对于经营正常的企业来说，长期债务的偿还主要取决于其盈利能力。只有企业的总资产报酬率高于长期债务的利息率，才能用企业利润去偿还长期借款，长期偿债能力才会有保障。通过企业生产经营所得获取利润偿付长期债务并留有剩余，才能实现资本保全并使资本增值，企业才能进一步扩大再生产。因此，盈利是企业发展的基础和关键，盈利能力越强，说明企业的长期偿债能力越强。

3. 企业现金流量

企业的债务主要用现金来清偿。虽然说企业的盈利是偿还债务的根本保证，但是盈利毕竟不等同于现金。企业宽松的信用政策安排会影响提高盈利，但不会带来现金流，企业只有具备较强的现金获取能力，有充裕的现金流量，才能保证实际的债务偿还能力。因此，现金流量状况决定了企业的实际偿债能力。

4. 其他因素

在分析长期偿债能力时，除了研究资本结构和收益与长期偿债能力的关系外，还应注意一些影响企业长期偿债能力的其他因素，主要包括：

（1）长期经营租赁

企业经营租赁不在表内反映，但到期时必须支付租金，如果租赁期较长、租金较高，必然构成一项长期性负担，进而影响企业的长期偿债能力。

（2）或有事项

一些在报表内未列示但通过报表附注却有可能发现的事项，如票据贴现、未决诉讼、未决仲裁等则将有可能增大企业的债务，降低企业的偿债能力。如因产品质量引起重大赔偿事件；因诉讼事件或经济纠纷败诉而引发的大额赔偿、罚款事件等，都会降低企业的偿债能力。

（3）承诺

企业为了经营的需要，常常要作出某些承诺。例如，对关联方承诺为其提供银行贷款担保；向客户承诺提供产品保证或保修，等等。承诺一旦变成现实，就有可能会加大企业的潜在负债，进而影响企业的长期偿债能力。

此外，企业持有的金融工具的风险程度、退休金计划等也会对企业偿债能力产生影响。因此，在进行长期偿债能力分析时，必须将表内资料与表外资料结合起来进行分析，才能作出正确的判断。

小讨论：

你认为长期偿债能力分析与短期偿债能力分析有何区别与联系？

第二节　营运能力分析

一、营运能力分析的概念与意义

营运能力是指企业充分利用资产创造收益的能力，表现为企业的资产营运效率与效益。资产营运效率是指资产的周转速度，资产营运效益是指企业资产投入与产出之间的比率。在一定的时期内，在资产规模一定的情况下，企业资产周转速度越快，为企业创造的效益越多，意味着企业的营运能力越强。营运能力分析就是要通过构建相应指标衡量企业资产营运效率与效益的高低，找出企业在资产营运中存在的问题，并积极寻求解决措施，以期进一步提高营运能力，从而为企业创造更多的收益。

营运能力体现了企业管理者运用资源创造财富的能力。企业资产周转速度越快，则资产流动性越好，资产获取利润的速度就越快。营运能力分析的实质是分析企业管理当局是否实现了资金的流动性、财务稳定性和增值性的要求，营运能力分析的内容主要包括流动资产营运能力分析、固定资产营运能力分析和总资产营运能力分析。

营运能力高低直接影响企业获利能力和偿债能力，因此，营运能力分析具有十分重要的意义。

对于企业管理者来说，通过资产营运能力分析，有助于了解资产周转状况和利用效率，及时发现资产管理中存在的问题，不断改善经营管理。

对于企业债权人来说，通过资产营运能力分析，有助于了解债权的物质保障情况和安全状况，判断企业偿还债务利息及本金的能力，从而作出合理的借贷决策。

对于企业投资者来说，有助于判断企业财务的安全性、资本的保全程度以及资产的收益能力，以进一步决定是否追加投资或者处置投资。对于企业潜在投资者来说，通过营运能力分析以决定是否进行投资。

二、流动资产营运能力分析

（一）流动资产周转率分析

流动资产是指企业可以在一年或者越过一年的一个营业周期内变现或者运用的资产。流动资产普遍具有变现速度快、构成比较繁杂、获利能力较低等特点。流动资产完成从货币资金到产品再到货币资金这一循环过程，表明流动资产周转了一次。流动资产周转一次所需时间越短，表明周转速度越快。衡量流动资产周转速度的指标主要有流动资产周转率和流动资产周转天数。

1. 流动资产周转率

流动资产周转率是指企业一定时期内（通常为一年）营业收入净额与流动资产平均占用额的比率，反映企业全部流动资产的运营效率。其计算公式如下：

$$流动资产周转率=\frac{营业收入净额}{流动资产平均余额}$$

其中：

营业收入净额 = 营业收入总额 -（销售折扣 + 销售退回）

$$流动资产平均占用额=\frac{期初流动资产余额+期末流动资产余额}{2}$$

流动资产周转率指标值越大，表示流动资产周转速度越快。在一定时期内，在流动资产规模相等的情况下，流动资产周转次数越多，表明以相同的流动资产完成的周转额越多，流动资产利用的效果越好，企业赚取的利润也更丰厚。

根据流动资产周转率的计算公式可知，流动资产周转速度快慢受到两个因素的影响，即流动资产占用情况和一定时期内获取的营业收入高低。因此，提高流动资产周转速度的途径主要有：在流动资产投入不变的情况下，提高营业收入；或是在营业收入不变的情况下，减少流动资产占用。因此，必须加强管理，合理安排资产结构，提高资产质量，减少不必要的资产闲置；同时，加强营销，提高销售额度。

2. 流动资产周转天数

流动资产周转天数是指流动资产周转一次所需要的时间，即企业完成流动资产投入到生产经营中去再收回来这一过程所需要的时间。其计算公式如下：

$$流动资产周转天数=\frac{360}{流动资产周转率}$$

在一定时期内，企业流动资产周转天数越多，表明企业流动资产周转速度越慢，流动资产的营运效率越低；反之，则越高。流动资产周转次数和周转天数呈反方向变动。

流动资产一年应周转几次并没有一个绝对的标准。不同行业的流动资产周转速度通常不一样，如零售商业的流动资产周转速度一般要快些，大型生产制造业的流动资产周转速度相对会慢些。同时，企业资产结构也会影响流动资产周转速度，如金融行业流动资产在总资产中所占比重为较大，因而流动资产周转速度就比较慢。因此，在分析流动资产周转率时，要结合企业所在行业特征以及前后年度进行趋势比较分析。

【例 5 - 9】根据青岛海尔公司 2011 年、2012 年年报资料，计算流动资产周转速度指标，见表 5 - 9。

表 5 - 9

	2012 年	2011 年
期初流动资产（元）	31 393 676 591.98	25 118 866 416.53
期末流动资产（元）	39 699 687 411.83	31 333 999 180.73
流动资产平均余额（元）	35 546 682 001.91	28 226 432 798.63
营业收入净额（元）	79 856 597 810.97	73 662 501 627.24
流动资产周转率（次）	2.246	2.609
流动资产周转天数（天）	160.247	137.946

根据表 5 -9 可知，青岛海尔公司 2011 年的流动资产周转了 2.609 次，产周转一次需要 137 天左右；2012 年的流动资产周转了 2.246 次，周转一次需要 160 天左右，增加了 22 天。与 2011 年相比，该公司流动资产周转速度有所下降。尽管 2012 年营业收入在提高，但占用的流动资产也在增加，并最终导致流动资产周转速度放慢，具体原因有待进一步分析。

（二）存货周转率分析

存货是指企业在日常活动中持有以备出售的产成品或商品，处在生产过程中的在产品、在生产过程或提供劳务过程中耗用的材料、物料等。存货在企业流动资产中所占的比重通常比较大，分布在采购、储存、生产和销售等多个环节，因而存货的质量即流动性，将直接影响流动资产的质量和短期偿债能力。同时，由于企业营业收入最终要通过产品的销售实现，因而存货的周转直接影响企业的获利能力。所以，必须重视对存货营运能力的分析。

衡量存货周转速度的指标主要有存货周转率和存货周转天数。

1. 存货周转率

存货周转率是指存货在一定时期内（通常为一年）周转的次数。计算有两种方法：一种是以存货销售成本为基础，另一种是以营业收入为基础。以存货成本为基础和以营业收入为基础的存货周转率有各自不同的目的。在短期偿债能力分析中，为了评价企业资产的变现能力，应使用营业收入；在分析资产的管理业绩时，应使用营业成本指标来计算存货周转率。

$$存货周转率 = \frac{营业成本}{存货平均余额}$$

或者

$$存货周转率 = \frac{营业收入净额}{存货平均余额}$$

存货周转率越高，说明企业存货周转越快，企业在存货上垫支的资金就越少。存货周转率过低，说明企业的存货管理效率欠佳，产销配合不好，存货积压过多，存货占用资金过多会导致仓储费用及利息负担增加；企业存货周转率过高，说明企业的存货水平较低，有可能是生产供应不足进而影响企业的销售。存货周转率的高低，也反映了存货的质量和盈利能力，进而影响企业偿债能力。

存货的周转需要经过采购、储存、生产和销售等多个环节。每一环节出现问题都会影响存货周转速度。为了进一步了解具体是哪一环节出现的问题，可以将存货分解为原材料、在产品、产成品等，进一步分析这些存货组成项目的周转速度，因此，可以将存货周转率指标分解为材料周转率、在产品周转率和产成品周转率三项子指标，具体计算公式如下：

$$材料周转率 = \frac{材料耗用成本}{材料平均余额}$$

$$在产品周转率 = \frac{在产品生产成本}{在产品平均余额}$$

$$产成品周转率 = \frac{产品销售成本}{产成品平均余额}$$

在对存货周转率进行分析时，还需要注意以下问题：①存货计价方法变更的影响。存货计价方法不同会影响存货成本的高低，如果是由于前后时期存货计价方法不同对存货周转率产生影响，并不是企业存货管理效率的变化，也不能据此来判断企业存货营运能力的变化。②资产负债表中的存货是扣除了存货跌价准备后的净额，当期存货跌价准备越高，则存货周转率越高，但并不代表存货质量越好。因此，需要结合当期存货跌价准备的计提情况进行分析。③存货周转率太高或太低都不好，但存货周转率到底应该保持在什么水平上，并没有一个绝对标准。在进行分析时，需要与同行业平均水平、先进水平进行比较，与企业历史水平进行比较，考核企业存货管理水平的高低。

2. 存货周转天数

存货周转天数又称为存货周转期，是指存货完成一次循环所需要的时间，即从采购材料开始到投入生产过程生产出产成品这一过程所需要的时间。

$$存货周转天数 = \frac{360}{存货周转率}$$

存货周转天数与存货周转率相反，周转一次所需要的天数越少，表明存货周转速度越快，变现能力越强，存货有助于提高偿债能力。

【例 5 - 10】根据青岛海尔公司 2011 年、2012 年年报资料，计算存货周转速度指标，见表 5 - 10。

表 5 - 10

	2012 年	2011 年
期初存货（元）	5 980 872 636.45	4 087 837 068.57
期末存货（元）	7 098 645 195.69	5 969 111 117.43
存货平均余额（元）	6 539 758 916.07	5 028 474 093.00
营业成本（元）	59 703 870 817.98	56 263 081 343.94
营业收入净额（元）	79 856 597 810.97	73 662 501 627.24
基于变现能力评价的存货周转率（次）	12.12	14.65
基于管理业绩评价的存货周转率（次）	9.13	11.17
基于变现能力评价的存货周天数（天）	29.70	24.57
基于管理业绩评价的存货周天数（天）	39.43	32.17

根据表 5 - 10 可知，从变现能力角度来看，2011 年青岛海尔公司的存货周转了 14.65 次，周转一次需要 24 天左右；2012 年存货周转了 12.12 次，周转一次需要 29 天左右。与 2011 年相比，该公司存货周转速度有所下降，增加了 5 天。尽管 2012 年营业收入在提高，但占用的存货也在增加。要了解存货周转速度放慢的具体原因，需要结

合不同环节占用的存货进一步分析。从管理效率角度来看，结果相似，表明该公司存货管理效率在下降。

小讨论：

根据表5-10的计算结果，你认为青岛海尔公司的存货管理效率下降的可能原因是什么？

（三）应收账款周转率分析

应收账款是指企业由于对外销售产品、材料、供应劳务等而应向购货单位或接受劳务单位收取的款项。应收账款属于尚未收回的债权，是外单位占用的本企业资金，需要经过一段时间才能收回，被对方单位占用的时间越长，应收账款收不回来而发生坏账损失的可能性就越大。因此，企业需要合理制定赊销政策，并加强对债务人的信用评估，了解其偿债能力。一旦发生了应收账款，要及时催收，避免不必要的损失发生。从应收账款发生到收回货币资金这一过程体现了应收账款营运能力的强弱，主要通过应收账款周转率和应收账款周转天数两个指标来衡量。

1. 应收账款周转率

应收账款周转率是指企业在一定时期内（通常为一年）应收账款转化为现金的次数，反映应收账款的变现速度以及管理效率。其计算公式如下：

$$应收账款周转率=\frac{营业收入净额}{应收账款平均余额}$$

一定时间内应收账款周转率越高，周转次数越多，说明企业应收账款的回收速度越快，企业应收账款管理效率越高。较高的应收账款周转率也说明企业加强了应收账款管理，有效减少收款费用和坏账损失，从而相对增加了企业流动资产的盈利能力。同时，应收账款周转率提高，意味着应收账款变现能力强，流动性好，从而可以提高企业的短期偿债能力。但是，如果企业应收账款周转率过高，也可能是企业的信用政策、付款条件过于苛刻，并可能因此影响企业的销售，进而影响企业的盈利水平。若应收账款周转率偏低，可能是企业收账政策不适当、收账措施执行不力、客户支付能力下降等造成。

在对应收账款周转率进行分析时，需要注意以下问题：①应收账款是由于赊销产品或提供劳务而产生的债权，应包括应收账款和应收票据两个部分，但不应包括应收股利、应收利息和其他应收款等。②既然应收账款是由赊销引起的，那么在计算应收账款周转率指标时，分子应选用赊销的营业收入，而不包括现销额。但是，在财务报表中很难把赊销的收入和现销的收入区分开来，因此，外部分析者通常直接以利润表中营业收入数据来替代。③资产负债表中的应收账款项目是扣除了坏账准备后的净额，当期坏账准备越高，则应收账款周转率越高，但并不代表应收账款流动性越好。因此，需要结合当期坏账准备的计提情况进行分析。④应收账款周转率太高或太低都不好，但应收账款周转率到底应该保持在什么水平上，并没有一个绝对标准。在进行分析时，需要与同行业平均水平、先进水平进行比较，与企业历史水平进行比较，从而真实反映企业应收账款营运能力的高低。

2. 应收账款周转天数

应收账款周转天数也称为应收账款的回收期，是指应收账款完成一次循环所需要的时间，即产品销售出去到收回现金所需要的时间，其计算公式如下：

$$应收账款周转天数 = \frac{360}{应收账款周转率}$$

应收账款周转天数与应收账款周转率相反，应收账款周转一次所需要的天数越少，表明应收账款周转速度越快，即应收账款变现能力越强，企业资金被外单位占用的时间越短，意味着企业应收账款管理工作越有效。

【例5－11】根据青岛海尔公司2011年、2012年年报资料，计算应收账款周转速度指标，见表5－11。

表5－11

	2012年	2011年
期初应收账款（元）	11 030 136 423.03	9 739 551 015.68
期末应收账款（元）	15 200 798 396.34	11 021 217 173.11
应收账款平均余额（元）	13 115 467 409.69	10 380 384 094.40
营业收入净额（元）	79 856 597 810.97	73 662 501 627.24
应收账款周转率（次）	6.09	7.10
应收账款周转天数（天）	59.125	50.73

根据表5－11可知，2011年青岛海尔公司的应收账款周转了7.10次，周转一次需要50天左右；2012年应收账款周转了6.09次，周转一次需要59天左右，增加了9天。与2011年相比，该公司应收账款周转速度有所下降。尽管2012年营业收入在提高，但占用的应收账款也在增加。一种可能是公司为了提高销售额而放宽信用条件，与此同时应收账款的回收难度加大，质量下降了，回收时间延长。

结合表5－9、表5－10和表5－11可知，该公司2012年度流动资产周转速度变慢，很大程度上是由于存货和应收账款周转速度下降引起的。

三、固定资产营运能力分析

固定资产是指企业使用期限超过一年的房屋、建筑物、机器、机械、运输工具以及其他与生产、经营有关的设备、器具、工具等。固定资产的使用时间较长，并能保持原有的实物形态，但其价值则随着企业生产经营活动而逐渐转移，并构成产品价值的一个组成部分。固定资产是企业开展生产经营活动的重要物质基础，在企业总资产中所占的比重较大。固定资产营运能力分析主要分析其使用效率，判断企业管理固定资产的能力，通常以固定资产周转率和周转天数来衡量。

（一）固定资产周转率

固定资产周转率又称固定资产利用率，是指一定时期内（通常为一年）企业实现的营业收入净额与固定资产平均余额的比率。具体计算公式如下：

$$固定资产周转率 = \frac{营业收入净额}{固定资产平均余额}$$

其中：

$$固定资产平均余额 = \frac{期初固定资产净值 + 期末固定资产净值}{2}$$

固定资产净值 = 固定资产原值 − 累计折旧 − 固定资产减值准备

一般地，固定资产周转率越高，说明固定资产的利用效率越高，实现的周转额也就越多，也就实现了固定资产的相对节约，并提高固定资产的质量与使用效率，从而实现更多的营业收入。固定资产周转率越低，说明固定资产存量过多或设备闲置，应将不需要的固定资产及时清理。该指标也并非越高越好，固定资产周转率太高，也可能是企业资产结构不合理、固定资产规模偏小造成的；或者是设备老化即将折旧完毕造成的。

在分析固定资产周转率时应注意：①根据企业行业特征，充分结合流动资产的投资规模、周转额、周转速度进行分析才更有价值。②固定资产周转率太高或太低都不好，应以企业历史水平和同行业平均水平作为标准，从中找出差距，努力提高固定资产利用效率。③固定资产折旧年限、折旧方法以及通货膨胀、资产报废等因素都可能影响该指标分析的有效性。

（二）固定资产周转天数

固定资产周转天数是指固定资产完成一次周转所需要的时间，具体计算公式如下：

$$固定资产周转天数 = \frac{360}{固定资产周转率}$$

固定资产周转天数与固定资产周转率呈反方向变动，固定资产周转率越高，则固定资产周转天数就越短；反之，则更长。

【例 5 − 12】根据青岛海尔公司 2011 年、2012 年年报资料，计算固定资产周转速度指标，见表 5 − 12。

表 5 − 12

	2012 年	2011 年
期初固定资产（元）	4 536 750 425.04	4 046 038 701.12
期末固定资产款（元）	5 282 765 216.81	4 536 601 196.26
固定资产平均余额（元）	4 909 757 820.93	4 291 319 948.69
营业收入净额（元）	79 856 597 810.97	73 662 501 627.24
固定资产周转率（次）	16.26	17.17
固定资产周转天数（天）	22.13	20.97

根据表 5 − 12 可知，2011 年青岛海尔公司的固定资产周转了 17.17 次，周转一次

需要20天左右；2012年固定资产周转了16.26次，周转一次需要22天左右。与2011年相比，该公司固定资产周转速度有所下降。从表面来看，似乎是固定资产利用效率在下降，增加了近2天；但是，结合表5-9、表5-10和表5-11会发现，固定资产的周转速度竟然快于存货、应收账款和流动资产！显然，这是不正常的现象。表明该公司总资产结构不合理，固定资产投资不足，比重严重偏低，必然影响其未来盈利能力。与2011年相比，该公司2012年固定资产规模有所扩大，但还是偏低。

四、总资产营运能力分析

总资产是企业所拥有或控制的能用货币计量的经济资源，反映总资产营运能力的主要指标是总资产周转率和总资产周转天数。

（一）总资产周转率

总资产周转率是指企业一定时期内（通常为一年）营业收入净额与资产平均占用总额的比率，反映企业全部资产的利用效率。其计算公式如下：

$$总资产周转率=\frac{营业收入净额}{总资产平均余额}$$

其中：

$$总资产平均余额=\frac{(期初总资产余额+期末总资产余额)}{2}$$

总资产周转率反映了企业每一元投资所创造的营业收入，是衡量企业全部资产综合使用效率的指标。在销售利润率不变的条件下，该指标越高，说明同样的投入能取得更多的收益，表明资产管理水平越高，经营风险相对较小。相应地，企业的偿债能力也就越强。反之，如果该指标较低，则说明企业利用全部资产进行经营的效率较差，企业在资产运用方面存在问题，经营风险相对较大，最终会影响企业的盈利能力。

一般来说，管理力度越强，资产结构越合理、资产质量越优良，资产周转速度越快；反之，越慢。然而，企业的财务政策如折旧政策、存货计价方法、营销策略等都会影响到企业资产占用总量，从而自然也会影响到资产周转速度。另外，由于所处行业及其经营背景不同，总资产周转速度会有所差异，如制造业通常资产占有量大，周转速度较慢；而服务业资产占有量相对较少，周转速度较快。因此，在评价总资产周转速度时，要结合企业历史水平和同行业平均水平进行分析。对不同行业、不同经营性质和经营背景的企业资产运用效率进行比较，所得到的结论无多大意义。

（二）总资产周转天数

总资产周转天数是指企业总资产完成一次周转所需要的时间，其计算公式如下：

$$总资产周转天数=\frac{360}{总资产周转率}$$

总资产周转天数与总资产周转率呈反方向变动，总资产周转率越高，则总资产周转天数就越短；反之，则更长。

【例5-13】根据青岛海尔公司2011年、2012年年报资料，计算总资产周转速度指标，见表5-13。

表5-13

	2012年	2011年
期初总资产（元）	39 783 742 739.43	31 828 768 724.04
期末总资产款（元）	49 688 316 696.42	39 723 484 083.51
总资产平均余额（元）	44 736 029 717.93	35 776 126 403.78
营业收入净额（元）	79 856 597 810.97	73 662 501 627.24
总资产周转率（次）	1.79	2.06
总资产周转天数（天）	201.67	174.84

根据表5-13可知，2011年青岛海尔公司的总资产周转了2.06次，周转一次需要174天左右；2012年总资产周转了1.79次，周转一次需要201天左右。与2011年相比，该公司总周转速度下降了，增加了约25天。从表面来看，似乎是总资产利用效率在下降。但是，结合表5-9、表5-10、表5-11和表5-12可知，总周转速度下降是由于资产结构调整的缘故，但并不意味着总资产利用效率的下降。

第三节　盈利能力分析

盈利能力是指企业获取利润的能力。实现盈利是企业开展生产经营活动的主要目标，是企业进一步扩大再生产的重要基础。利润是投资者取得投资回报、债权人收取本息的资金来源，是经营者经营业绩和管理效能的集中表现，也是职工福利不断完善的重要保障。因此，无论是企业的经营者、债权人还是投资人，都非常关心企业的盈利能力，都重视对企业盈利能力进行分析。

盈利能力分析，即通过一定的分析方法，剖析、鉴别、判断企业能够获取利润的能力，通常是指对利润率的分析，因为利润规模大小受到企业规模或投入总量的影响，不便于在不同规模的企业之间进行比较。盈利能力分析是营运能力、偿债能力和增长能力分析的基础，是财务报告分析的核心内容，具体包括经营盈利能力分析、资产盈利能力分析、资本盈利能力分析以及上市公司盈利能力分析。

一、经营盈利能力分析

经营盈利能力是指企业在生产经营过程中通过取得销售收入赚取利润的能力，即每一元营业收入能为企业贡献多少利润。企业的净利润主要来源于企业的营业利润，而营业收入是企业营业利润的基础。所以，经营盈利能力分析就是要通过利润与收入或者成本费用之间的对比，对企业盈利能力进行评价，常用的衡量指标有营业毛利率、销售净利率和成本费用利润率。

（一）营业毛利率

营业毛利率又称为销售毛利率，是指企业实现的毛利与营业收入的比率，其计算公式如下：

$$营业毛利率=\frac{毛利}{营业收入}\times 100\%$$

$$=\frac{营业收入-营业成本}{营业收入}\times 100\%$$

其中，毛利是指企业的营业收入扣除营业成本后的差额，表示营业收入补偿营业成本后，有多少剩余可用于支付各项期间费用和抵偿各种损失，反映企业生产环节效率的高低。

营业毛利率表示每一元营业收入扣除营业成本后，还有多少剩余可用于支付期间费用和损失。营业毛利率是公司营业净利率的基础，没有足够大的毛利率就不可能形成盈利。

根据营业毛利率的计算公式可知，提高毛利率的关键在于提高毛利，即在营业收入不变的情况下，尽可能降低营业成本；或是在营业成本不变的情况下，尽可能提高营业收入。不管是哪一种方式，都提出了对企业管理者更高的要求，因此，营业毛利率是衡量管理者经营业绩的指标之一。如果营业毛利率连续不断提升，就说明企业产品市场需求强烈，产品竞争力不断增加；反之，营业毛利率连续下跌则说明企业在走下坡路。如果营业毛利率发生较大的变化，应该引起管理者的警觉。另外，营业毛利率波动很大的话，要注意企业是否有通过虚报销售收入和隐瞒销售成本来虚增利润的情形。

营业毛利率具有明显的行业特点。一般地，营业周期短、固定费用低的行业，营业毛利率比较低，比如商业零售企业；反之，营业周期长、固定费用高的行业则具有较高的营业毛利率，以弥补巨大的固定成本，比如大型机械、设备生产企业。一般情况下，同一行业的营业毛利率差距不会太大。在分析营业毛利率时，需要结合企业以前年度以及同行业平均水平作为参考，分析影响营业毛利率变动的原因，并找出提高营业毛利率的途径。

【例5-14】根据青岛海尔公司2010年、2011年、2012年年报资料，计算营业毛利率指标，见表5-14。

表5-14

	2012年	2011年	2010年
营业收入（元）	79 856 597 810.97	73 662 501 627.24	60 588 248 129.75
营业成本（元）	75 129 270 897.21	70 020 458 413.85	57 865 369 583.78
毛利（元）	4 727 326 913.76	3 642 043 213.39	2 722 878 545.97
营业毛利率（%）	5.91	4.94	4.49

由表5－14可知，2010年青岛海尔公司营业毛利率为4.49%，2011年的营业毛利率为4.94%，2012年营业毛利率为5.91%。从最近三年来看，该公司营业毛利率呈上升趋势，表明企业市场需求及销售情况尚可，盈利能力在提高。但是，营业毛利率整体水平并不高，而且增长缓慢，这与家电行业本身竞争激烈有关。

（二）营业净利率

营业净利率又称为销售净利率，是指企业一定时期内实现的净利润与营业收入的比率，其计算公式如下：

$$营业净利率 = \frac{净利润}{营业收入} \times 100\%$$

营业净利率表明企业每一元销售收入补偿营业成本、支付各项期间费用和抵偿各种损失后，最终可以带来的盈利，反映企业一定时期销售收入最终的获利能力。该指标越高，说明企业的获利能力越强。如果营业净利率低，表明企业经营管理者的经营业绩差，未能很好控制成本费用。

从营业净利率的计算公式可以看出，营业净利率的高低主要受营业收入和净利润的影响，因此，提高营业净利率可以采用两种方式：一是在营业收入不变的情况下，尽可能提高净利润；二是在净利润不变的情况下，降低营业收入。而净利润的大小取决于当期的营业收入和营业成本，同时还受到营业税金及附加、期间费用、资产减值损失、公允价值变动损益、投资收益、营业外收支及所得税费等项目的影响。因此，从根本上来看，一方面要提高营业收入，另一方面要加强成本控制，尽可能减少营业外净支出。

在分析营业净利率时，应注意以下问题：①净利润包括资产减值损失、公允价值变动损益、投资收益以及营业外收支等非经常性损益，在不同年度会有波动，从而影响该指标的稳定性。②由于不同行业的竞争状况、经营特征的不同，不同行业的营业净利率不具有可比性。一般来说，资本密集程度高的企业，营业净利率较高；反之，资本密集程度低的企业，营业净利率较低。

【例5－15】根据青岛海尔公司2010年、2011年、2012年年报资料，计算营业净利率指标，见表5－15。

表5－15

	2012年	2011年	2010年
营业收入（元）	79 856 597 810.97	73 662 501 627.24	60 588 248 129.75
净利润（元）	4 360 610 580.93	3 647 662 677.50	2 824 284 191.26
营业净利率（%）	5.46	4.95	4.66

由表5－15可知，2010年青岛海尔公司营业净利率为4.66%，2011年的营业净利率为4.95%，2012年营业净利率为5.46%。与营业毛利率变动趋势相似，最近三年该公司营业净利率也呈缓慢小幅上升趋势，但是，营业净利率整体水平并不高。由于营

业净利率还受到成本控制、所得税等因素的影响，因此，还应结合该公司利润表构成对营业净利率的变动进行详细分析，才能得出正确的结论。

（三）成本费用利润率

成本费用利润率是指企业一定期间实现的利润总额与投入的成本、费用总额的比率，表示每付出一元投入可获得的利润。

关于成本费用利润率的计算方法有三种：一是计算成本费用营业利润率，二是计算全部成本费用利润率，三是计算全部成本费用净利率，具体计算公式分别如下：

$$成本费用营业利润率 = \frac{营业利润}{营业成本 + 期间费用 + 营业税金及附加} \times 100\%$$

$$全部成本费用利润率 = \frac{利润总额}{成本费用总额} \times 100\%$$

$$全部成本费用净利率 = \frac{税后利润}{成本费用总额} \times 100\%$$

其中：

成本费用总额 = 营业成本 + 营业税金及附加 + 期间费用 + 所得税费用

以上指标均体现了经营耗费所带来的经营成果，这些指标值越高，表明单位耗费取得的利润越多，企业的投入产出效益就越好；反之，则越差。成本费用利润率不仅反映了企业盈利能力的强弱，也体现了企业成本费用控制和管理水平的高低。

【例5－16】根据青岛海尔公司2010年、2011年、2012年年报资料，计算成本费用利润率指标，见表5－16。

表5－16

	2012年	2011年	2010年
营业成本（元）	59 703 870 817.98	56 263 081 343.94	46 420 009 145.90
营业税金及附加（元）	429 872 234.17	331 881 010.10	160 226 116.51
销售费用（元）	9 628 798 167.66	9 099 342 578.93	7 815 461 209.67
管理费用（元）	5 188 995 999.97	4 053 202 612.90	3 416 664 435.09
财务费用（元）	−22 147 108.29	115 380 434.91	6 658 266.14
所得税费用（元）	1 067 657 942.46	765 879 164.87	888 022 311.38
成本费用总额（元）	75 997 048 053.95	70 628 767 145.65	58 707 041 484.69
营业利润（元）	5 269 913 452.11	4 062 808 064.27	2 986 544 587.66
利润总额（元）	5 428 268 523.39	4 413 541 842.37	3 712 306 502.64
税后利润（元）	4 360 610 580.93	3 647 662 677.50	2 824 284 191.26
成本费用营业利润率（%）	7.03	5.82	5.17
全部成本费用利润率（%）	7.14	6.25	6.32
全部成本费用净利率（%）	5.74	5.16	4.81

由表5－16可见，2010年青岛海尔公司三项成本费用营业利润率指标分别为5.17%、6.32%、4.81%；2011年三项指标分别为5.82%、6.25%、5.16%；2012年三项指标分别为7.03%、7.14%、5.74%。从总体上来看，该公司各项成本费用利润率指标在逐年上升，表明公司的成本效益有所提升。同时，应结合销量、成本控制、税负等进一步展开分析。

二、资产盈利能力分析

资产盈利能力是指企业运用资产获取利润的能力，即每一元资产投入能获取多少利润的能力。企业开展生产经营活动必须具有一定数量的资产，并通过资产的运营周转创造利润。在一定时期占用和耗费的资产越少，获取的利润越大，说明企业资产盈利能力越强，经济效益越好。资产盈利能力分析有助于了解企业资产盈利能力是否高于社会平均资产利润率或行业资产利润率，因为只有高于社会平均资产利润率，企业才有发展前景，才能吸引更多的投资者的投资。同时，还可以反映企业管理者的经营管理水平。衡量资产盈利能力的指标主要有流动资产利润率、固定资产利润率、总资产报酬率以及总资产净利率等。

（一）流动资产利润率

流动资产利润率是指企业的利润总额与流动资产平均占用额之间的比率，其计算公式如下：

$$流动资产利润率 = \frac{利润总额}{流动资产平均占用额} \times 100\%$$

其中：

流动资产平均占用额 =（期初流动资产总额 + 期末流动资产总额）/2

流动资产利润率反映了企业流动资产投入与产出的关系，通过与行业平均水平相比，可以进一步了解企业流动资产盈利能力的高低和使用效率。根据其计算公式可知，流动资产利润率受利润总额和流动资产平均占用额两个因素的影响。在流动资产规模不变的情况下，利润额越多，说明流动资产盈利能力越强；在利润额不变的情况下，流动资产占用额越少，说明流动资产盈利能力也越强。

【例5－17】根据青岛海尔公司2010年、2011年、2012年年报资料，计算流动资产利润率指标，见表5－17。

表5－17

	2012年	2011年	2010年
期初流动资产（元）	31 393 676 591.98	25 118 866 416.53	17 909 755 597.51
期末流动资产（元）	39 699 687 411.83	31 333 999 180.73	23 571 164 980.18
平均流动资产（元）	35 546 682 001.91	28 226 432 798.63	20 740 460 288.85
利润总额（元）	5 428 268 523.39	4 413 541 842.37	3 712 306 502.64
流动资产利润率（%）	15.27	15.64	17.89

由表5－17可见，2010年青岛海尔公司流动资产利润率为17.89%，2011年为15.64%，2012年为15.27%。从总体上来看，该公司流动资产利润率在逐年降低，表明流动资产盈利能力下降，流动资产使用效率下降。同时，应结合行业平均水平等进一步分析。

（二）固定资产利润率

固定资产利润率是指利润总额与固定资产平均净值之间的比率，其计算公式如下：

$$固定资产利润率=\frac{利润总额}{固定资产平均净额}\times 100\%$$

其中：

固定资产平均净额＝（期初固定资产净额＋期末固定资产净额）/2

固定资产净额＝固定资产原值－累计折旧－固定资产减值准备

固定资产利润率反映了固定资产投入与产出的关系，通过与行业平均水平相比，可以进一步了解企业固定资产盈利能力的高低和使用效率。根据其计算公式可知，固定资产利润率受利润总额和固定资产平均净额两个因素的影响。在固定资产平均净额不变的条件下，利润总额越大，固定资产盈利能力越强；在利润总额不变的条件下，企业占用的固定资产平均净额越低，固定资产盈利能力越强。

但是，企业前后时期折旧政策的不同和减值准备政策的不同，会影响固定资产净额的大小，从而影响固定资产利润率的高低。由于会计处理政策的变动引起固定资产利润率的变化并不能真实反映企业固定资产的使用效率，在与同行业进行对比分析时，同样需要剔除会计处理政策不同的影响。

小提示：

为了剔除企业折旧政策与减值准备政策的变动对固定资产周转率计算的影响，在计算固定资产利润率指标时，可以同时计算不减除折旧与减值准备的固定资产利润率，以作参考与对比。

【例5－18】根据青岛海尔公司2010年、2011年、2012年年报资料，计算固定资产利润率指标，见表5－18。

表5－18

	2012年	2011年	2010年
期初固定资产净值（元）	4 536 750 425.04	4 046 038 701.12	3 104 407 676.59
期末固定资产净值（元）	5 282 765 216.81	4 536 601 196.26	3 172 289 232.83
平均固定资产净值（元）	4 909 757 820.93	4 291 319 948.69	3 138 348 454.71
利润总额（元）	5 428 268 523.39	4 413 541 842.37	3 712 306 502.64
固定资产利润率（%）	111	103	118

由表5－18可见，2010年青岛海尔公司固定资产利润率为118%，2011年为103%，2012年为111%，从总体上来看，最近三年固定资产盈利能力有小幅变动，一

般地，该指标越高越好，说明企业固定资产盈利能力越强。但是，该公司固定资产利润率太高，甚至高于流动资产利润率，属于不正常情况，需要从公司固定资产投入偏低、流动资产投入偏高的现状展开分析；同时，应结合行业平均水平等进行分析。

（三）总资产报酬率

总资产报酬率又叫总资产利润率、总资产回报率，是指企业息税前利润与全部资产平均额之间的比率，其计算公式如下：

$$总资产报酬率=\frac{息税前利润}{总资产平均额}\times100\%$$

$$=\frac{税前利润+利息费用}{总资产平均额}\times100\%$$

其中：

总资产平均额 =（期初资产总额 + 期末资产总额）/2

息税前利润是指未扣除利息费用的税前利润，利息费用是指本期发生的全部应付利息净额，理论上讲，应该包括费用化的利息净支出和资本化的利息净支出，但由于很难获取资本化的利息支出数据，故通常以费用化的利息净支出来代替。

总资产报酬率反映企业全部资产获取利润的水平，是评价企业资产综合利用效果和企业总资产获利能力的核心指标。该指标越高，表明企业投入产出的水平越好，企业的资产运营越有效。

从计算公式可以看出，总资产报酬率主要受企业总资产规模和息税前利润的影响。在平均总资产规模不变的情况下，息税前利润越多，说明总资产使用效率越高，总资产报酬率就越高；在息税前利润不变的情况下，占用的总资产平均额越少，说明总资产使用效率越高，总资产报酬率就越高。因此，可以采取以下途径提高总资产报酬率：①优化资产结构，减少资产闲置，加强对资产的日常管理。②通过有效的产品销售策略，增加营业收入，有效控制成本费用的开支，不断提高企业的利润。

同样，利用该指标评价企业盈利能力时，还需要结合企业历史标准、预期计划或同行业其他企业的标准进行比较。

【例 5－19】根据青岛海尔公司 2010 年、2011 年、2012 年年报资料，计算总资产报酬率指标，见表 5－19。

表 5－19

	2012 年	2011 年	2010 年
期初总资产（元）	39 783 742 739.43	31 828 768 724.04	22 702 304 452.92
期末总资产（元）	49 688 316 696.42	39 723 484 083.51	29 267 156 191.65
平均总资产（元）	44 736 029 717.93	35 776 126 403.78	25 984 730 322.29
利息支出（元）	115 765 879.25	52 387 213.31	36 251 358.82
利息收入（元）	237 591 807.53	170 040 207.48	122 736 108.09
税前利润（元）	5 428 268 523.39	4 413 541 842.37	3 712 306 502.64

表5－19(续)

	2012 年	2011 年	2010 年
息税前利润（元）	5 306 442 595.11	4 295 888 848.2	3 625 821 753.37
总资产报酬率（%）	11.86	12.01	13.95

根据表 5－19 可见，2010 年青岛海尔公司总资产报酬率为 13.95%，2011 年为 12.01%，2012 年为 11.86%，总资产报酬率在逐年下降。结合前面对该公司流动资产利润率和固定资产利润率的分析可知，资产结构安排不合理导致资产盈利能力下降；同时，应结合行业平均水平等进行分析。

（四）总资产净利率

总资产净利率是指企业的净利润与总资产平均额之间的比率，其计算公式如下：

$$总资产净利率=\frac{净利润}{总资产平均额}\times 100\%$$

总资产净利率反映企业运用全部资产获得净利润的能力，即公司每一元的资产平均能获得多少元的净利润。该指标越高，表明企业投入产出水平越高，资产运营越有效，成本费用的控制水平越高。

与总资产报酬率的分析相似，在对总资产净利率分析时应注意以下问题：①加强企业的资产结构分析，企业应调整生产经营用资产、非生产经营用资产、不良资产、闲置资产、优良核心资产的结构，加强资产管理，提高资产利用效率。②加强企业利润结构的分析，企业应加强销售管理，增加营业收入，节约成本费用，提高企业的盈利能力。

【例 5－20】根据青岛海尔公司 2010 年、2011 年、2012 年年报资料，计算总资产净利率指标，见表 5－20。

表 5－20

	2012 年	2011 年	2010 年
期初总资产（元）	39 783 742 739.43	31 828 768 724.04	22 702 304 452.92
期末总资产（元）	49 688 316 696.42	39 723 484 083.51	29 267 156 191.65
平均总资产（元）	44 736 029 717.93	35 776 126 403.78	25 984 730 322.29
净利润（元）	4 360 610 580.93	3 647 662 677.50	2 824 284 191.26
总资产净利率（%）	9.75	10.19	10.87

根据表 5－20 可见，2010 年青岛海尔公司总资产净利率为 10.87%，2011 年为 10.19%，2012 年为 9.75%，总资产净利率在逐年下降。具体原因需要结合公司的资产结构以及利润结构进行分析，同时要与行业水平进行比较。

三、资本盈利能力分析

投资者对企业的投资形成企业的资本，是企业重要的资金来源，可供企业长期使用。但是，对于投资者来说，投入企业的资本是有成本的，并希望能得到相应的回报。投入资本的回报越高，企业对于投资者就越有吸引力，因此，有必要对资本盈利能力进行分析。资本盈利能力是指企业投资者投入资本赚取利润的能力，即每一元资本投入能获取多少利润的能力。对于投资者来说，其总是希望通过较少的资本投入取得尽可能多的资本收益。衡量资本盈利能力的指标主要包括净资产收益率和资本保值增值率。

(一) 净资产收益率

净资产收益率又称股东权益收益率，是指企业一定时期内的净利润与净资产平均额的比率，其计算公式如下：

$$净资产收益率=\frac{净利润}{净资产平均额}\times100\%$$

其中：

净资产平均额 =（期初净资产总额 + 期末净资产总额）/2

净资产收益率体现了企业有资本获得净收益的能力，是衡量企业资本盈利能力的综合性指标，也是所有财务指标中最为核心的指标。一般来说，该指标越高，说明企业权益资本的盈利能力越强。根据计算公式可知，提高净资产收益率的关键在于：在净资产规模一定的情况下，尽可能提高净利润，而净利润的高低主要受营业利润的影响，同时营业外收支项目、所得税等也会影响净利润。有关净资产收益率指标的进一步分解与分析，详见本教材第六章内容。

【例 5-21】根据青岛海尔公司 2010 年、2011 年、2012 年年报资料，计算净资产收益率指标，见表 5-21。

表 5-21

	2012 年	2011 年	2010 年
期初净资产（元）	11 562 603 158.01	10 382 882 130.46	9 713 529 897.56
期末净资产（元）	15 426 139 011.49	11 538 948 742.82	9 488 787 431.07
平净资产（元）	13 494 371 084.75	10 960 915 436.64	9 601 158 664.32
净利润（元）	4 360 610 580.93	3 647 662 677.50	2 824 284 191.26
净资产收益率（%）	32.31	33.23	29.42

由表 5-21 可知，2010 年青岛海尔公司净资产收益率为 29.42%，2011 年的净资产收益率为 33.23%，2012 年净资产收益率为 32.31%。从总体上看，最近三年该公司净资产收益率有着小幅度的波动。一方面，公司资本规模在扩大，另一方面净利润也在变化，还应结合该公司利润表、资产负债表进行详细分析，才能得出正确的结论。

(二) 资本保值增值率

资本保值增值率是指企业年末所有者权益扣除客观增减因素后同年初所有者权益的比率，其计算公式如下：

$$资本保值增值率=\frac{期末所有者权益总额}{期初所有者权益总额}\times 100\%$$

资本保值增值率反映了企业资本保全性和增值程度，该指标越高，表明企业的资本保全状况越好，所有者权益增长越快，债权人的债务越有保障，企业发展后劲越强。该指标大于100%，表明企业资本实现了增值；该指标等于100%，表明企业资本得到了保值；该指标小于100%，表明企业资本发生贬值。

需要注意的是，实收资本、资本公积、盈余公积和未分配利润中的任何变动都将引起所有者权益总额的变动，但是，投资者追加投资引起所有者权益的增加以及利润分配引起的所有者权益的减少等，并不能反映真实的资本保值增值状况。企业是否实现资本保值增值，取决于其当期的经营成果，即实现的净利润。在物价水平保持不变的情况下，若当期净利润为零，则认为企业实现了资本保值；若当期企业净利润为正，则认为企业实现了资本增值；若当期净利润为负，则认为企业资本发生贬值。

【例5-22】根据青岛海尔公司2010年、2011年、2012年年报资料，计算资本保值增值率指标，见表5-22。

表5-22

	2012年	2011年	2010年
期初净资产（元）	11 562 603 158.01	10 382 882 130.46	9 713 529 897.56
期末净资产（元）	15 426 139 011.49	11 538 948 742.82	9 488 787 431.07
资本保值增值率（%）	1.33	1.11	0.976

由表5-22可知，初步的计算显示：2010年资本保值增值率小于1，表示发生资本贬值；2011年、2012年资本保值增值率均大于1，说明该公司当年比上年实现了资本增值。但是，需进一步结合资产负债表和利润表对当期期末净资产的构成及其变动进行分析，才能如实反映该公司的资本保值增值情况。

四、上市公司盈利能力分析

对于上市公司，除了按上述常规方法进行一般盈利能力分析外，还应结合股票价格、市场价值等指标进行进一步的分析，常用指标主要有每股收益、市盈率、每股净资产、市净率、每股现金股利以及股票获利率等。

（一）每股收益和市盈率

1. 每股收益

每股收益又称每股税后利润、每股盈余，是指公司税后利润与发行在外的普通股股数总数的比率，表示普通股股东每股所能享有的企业净利润或需承担的企业净亏损。根据计算方法的不同，又分为基本每股收益和稀释每股收益两种。基本每股收益计算公式如下：

$$基本每股收益=\frac{归属于普通股股东的净利润}{发行在外的普通股的加权平均数}$$

$$=\frac{税后净利润-优先股股利}{发行在外的普通股的加权平均数}$$

其中：

发行在外普通股加权平均数 = 期初发行在外普通股股数 + 当期新发行普通股股数 × 已发行时间 ÷ 报告期时间 − 当期回购普通股股数 × 已回购时间 ÷ 报告期时间

当存在稀释性潜在普通股，如可转换公司债券、认股权证和股份期权等时，应当计算稀释每股收益。稀释每股收益是以基本每股收益为基础，假设所有发行在外的稀释性潜在普通股均已转换为普通股，在对归属于普通股股东的当期净利润以及发行在外普通股的加权平均数进行调整的基础上计算而得的。如果不存在潜在普通股，稀释每股收益 = 基本每股收益。

每股收益是反映企业的经营成果、衡量普通股的获利水平及投资风险的重要财务指标之一。但是，每股收益不反映股票所含有的风险大小，高风险的行业往往有高收益。同时，每股收益高并不代表股东能获取的股利就一定多，股东能获得多少股利取决于股利支付率和股利政策以及公司可供支配的现金流量。

2. 市盈率

市盈率是指普通股每股市价与每股收益的比值，其计算公式如下：

$$市盈率=\frac{每股市价}{每股收益}$$

市盈率表示投资人相对于每股收益所愿意支付的股票价格，可以用来估计股票的投资报酬和风险。一般来讲，市盈率越高，表明市场对企业的未来越看好，企业价值就越大；同时，风险也越大。但是，市盈率并非越高越好，市盈率过高，蕴含的投资风险也更大，正常的市盈率为 5 ~ 20。市盈率的高低不仅受每股收益和股票市价的直接影响，同时还会受到宏观经济形势和经济环境等多种因素的间接影响。另外，新兴行业上市公司市盈率普遍较高，而处于成熟发展行业的上市公司市盈率普遍较低。

（二）每股净资产与市净率

1. 每股净资产

每股净资产是指期末归属于母公司所有者权益总额与发行在外的普通股流通股数的比率，其计算公司为：

$$每股净资产=\frac{归属于母公司所有者权益总额}{发行在外的普通股流通股数}\times 100\%$$

该指标反映每股普通股股票所拥有的资产现值。每股净资产越高，股东拥有的资产现值越多；每股净资产越少，股东拥有的资产现值越少。通常每股净资产越高越好。

每股净资产通常被认为是股价下跌的底线，如果股价低于每股净资产，那么企业的发展前景一般极度堪忧。每股净资产越高，表明企业内部积累越雄厚，在经济不景气时期拥有较强的抵御能力。

2. 市净率

市净率是指企业普通股每股市价与普通股每股净资产之间的比率，其计算公式如下：

$$市净率 = \frac{普通股每股市价}{普通股每股净资产} \times 100\%$$

一般来认为，市净率较低的股票，意味着风险也越低，投资价值较高；相反，投资价值较低。但是，市净率至少要高于1，市净率达到3时，可以树立较好的公司形象。

（三）每股现金股利和股票获利率

1. 每股现金股利

每股现金股利是指企业普通股现金股利总额与普通股流通股数之比，其计算公式如下：

$$每股现金股利 = \frac{普通股现金股利总额}{普通股流通股数}$$

每股现金股利反映了上市公司实际派发给普通股股东股利的大小。每股现金股利的高低不仅取决于企业获利能力的强弱和现金流量的充裕性，同时还受到企业股利政策与利润分配需要的影响。盈利能力强、现金流量充裕、未来投资需求少的企业通常会采用高分配股利政策，每股现金股利就高；反之，则低。

小知识：

股利政策主要有四种类型，即剩余股利政策、固定股利支付率政策、稳定性股利支付政策以及低正常股利加额外股利政策。企业往往根据自身发展需要采用不同的股利政策，进而影响企业的每股现金股利大小。

2. 股票获利率

股票获利率又称普通股获利率，是指企业普通股每股现金股利与普通股每股市价之比，其计算公式如下：

$$股票获利率 = \frac{普通股每股现金股利}{普通股每股市价} \times 100\%$$

股票获利率是衡量普通股股东当期获取收益情况的指标，其实质是股东不考虑股票价差（资本利得）时的实际投资收益率。当预期股息不变时，股票获利率与股票市价成反方向运动。当某股票的获利率偏低时，说明股票市价偏高；反之，说明股价偏低，投资者会竞相购买，又会导致股价上升。

第四节　增长能力分析

增长能力又叫发展能力，是指企业在生存的基础上，不断扩大规模、提高收益、提升企业价值的潜能，包括资产、利润、收入以及所有者权益的增长能力。企业的增长能力主要是通过自身的生产经营活动，不断扩大积累而形成的，主要依托于不断增长的销售收入、不断增加的资金投入和不断创造的利润，进而增加股东财富，提升企业价值。增长能力分析就是对企业的资产、收入、利润以及所有者权益的增长原因和未来趋势所作的分析，具体内容包括资产增长能力分析、收入增长能力分析、利润增长能力分析和所有者权益增长能力分析。

企业价值取决于未来的发展潜力，而不是过去所取得的收益状况，因此，增长能力分析非常重要。通过增长能力分析，可以发现企业发展中存在的问题，找出影响企业发展的因素，有助于了解和把握企业的增长空间、增长质量和未来可持续发展状况。增长能力是企业偿债能力、营运能力和盈利能力的综合体现，对企业股东、潜在投资者、债权人、管理者及其他相关利益者都至关重要。

一、资产增长能力分析

资产是指企业拥有和控制的能够用货币计量，并能够给企业带来经济利益的经济资源。资产是企业开展生产经营活动的基础，是企业盈利的源泉，是企业债务偿还的物质保障，资产规模和增长情况表明企业的实力和发展速度，也是体现企业价值和实现企业价值增加的重要手段。资产规模稳定并不断增长是企业不断发展的重要表现，因此，资产增长率是衡量企业发展能力的重要指标。

（一）资产增长率的计算

资产增长率又叫总资产扩张率，是指本期资产增加额与期初资产总额之比，其计算公式如下：

$$资产增长率=\frac{本期资产增加额}{期初资产总额}\times 100\%$$

$$=\frac{期末资产总额-期初资产总额}{期初资产总额}\times 100\%$$

资产增长率反映了企业资产总量投入的扩张能力，资产增长率越大，表明资产规模增加幅度越大。资产增长率为正数，说明企业本期资产规模增加；资产增长率为负数，则说明企业本期资产规模缩减。

为了避免少数年份特殊因素的影响，还可以计算三年的平均资产增长率，以反映企业在较长的时期内的增长情况。三年平均资产增长率计算公式如下：

$$三年平均资产增长率=\left(\sqrt[3]{\frac{年末资产总额}{三年前年末资产总额}}-1\right)\times 100\%$$

（二）资产增长能力分析

在对资产增长能力进行具体分析时，应该注意以下几点：

1. 企业资产增长的规模分析

企业资产增长率高并不意味着企业的资产规模增长就一定适当，必须与销售增长、利润增长等情况结合起来分析。如果资产增加，而销售和利润没有增长或减少，说明企业的资产没有得到充分的利用，可能存在盲目扩张而形成的资产浪费、营运不良等。所以只有在一个企业的销售增长、利润增长超过资产规模增长的情况下，这种资产规模增长才属于效益型增长，才是适当的、正常的。

2. 企业资产增长的结构分析

按照流动性不同，企业资产从总体上分为流动资产和非流动资产两大部分。流动资产和非流动资产的规模以及在总资产中所占的比例表现为企业的资产结构。由于流动资产的流动性较强，盈利能力较低，而非流动资产的流动性较弱，盈利能力较高，因此不同的资产结构安排必然影响企业的偿债能力和盈利能力。相应地，在资产总的规模增长的情况下，资产结构也可能发生变化，若流动资产比例上升，一方面偿债能力提高，另一方面可能意味着企业持有大量资金却没有合适的投资项目。若非流动资产比例上升，表明企业对内投资加大，是对未来发展充满信心的一种表现。

企业资产增长率高并不意味着企业的资产规模增长就一定适当，必须与销售增长、利润增长等情况结合起来分析。如果资产增加，而销售和利润没有增长或减少，说明企业的资产没有得到充分的利用，可能存在盲目扩张而形成的资产浪费、营运不良等。所以只有在一个企业的销售增长、利润增长超过资产规模增长的情况下，这种资产规模增长才属于效益型增长，才是适当的、正常的。

3. 企业资产增长的资金来源分析

企业资产增长的资金来源有两条途径：债权人的投入和投资者的投入。债权人的投入形成企业的负债，投资者的投入形成企业的所有者权益。在其他条件不变的情形下，无论是负债规模增加还是所有者权益规模增加，都会提高资产增长率。如果企业的资产增长完全依赖于负债的增长，则企业债务负担进一步加重，说明财务风险上升，因此不具备良好的发展潜力。若企业资产的增长主要是源于投资者投入的增加，意味着企业具备良好的发展前景，能吸引投资人投入更多的资金。从企业自身的角度来看，企业资产的增加应来自于内部积累，即取决于企业盈利的增加。当然，盈利的增加能带来多大程度的资产增加取决于企业的股利政策。

4. 企业资产增长的趋势分析

对于一个正常发展的企业，其资产增长应该呈平稳、持续的趋势，而不是波动、跳跃的状态。如果资产增长不稳定，时增时减，则反映出企业的经营业务也并不稳定，同时说明企业并不具备良好的发展能力。因此，在进行资产增长能力分析时，要将企业不同时期的资产增长率加以比较。资产增长速度保持在何种水平较适宜，并没有一个绝对标准，因此，还要与同行业平均资产增长率加以比较，才能正确评价企业资产规模的发展能力。

【例 5－23】根据青岛海尔公司 2010 年、2011 年、2012 年年报资料，计算资产增长能力指标，见表 5－23。

表 5－23

	2012 年	2011 年	2010 年
期初资产总额（元）	39 783 742 739. 43	31 828 768 724. 04	22 702 304 452. 92
期末资产总额（元）	49 688 316 696. 42	39 723 484 083. 51	29 267 156 191. 65
本期资产增加额（元）	9 904 573 956. 99	7 894 715 359. 47	6 564 851 738. 73
资产增长率（%）	24. 89	24. 80	28. 92

由表 5－23 可知，2010 年青岛海尔公司的资产增长率为 28. 92%，2011 年资产增

长率为24.80%，2012年资产增长率为24.89%。与2010年相比，2011、2012年的增长速度有所下降。从平均增长速度来看，三年平均资产增长率为29.83%，即三年平均资产增长率 = $\left(\sqrt[3]{\frac{49\ 668\ 316\ 696.42}{22\ 702\ 304\ 452.92}}-1\right)\times 100\% = 29.83\%$。从总体上看，该公司三年扩张速度是较快的，这种增长水平是否适宜，需要进一步结合资产增长的结构、资金来源以及同行业平均状况进行分析。

二、收入增长能力分析

营业收入是企业利润、权益和资产增长的源泉，企业的发展必须以收入的增长为后盾。企业销售情况越好，市场所占份额越多，意味着企业生存和发展的空间也越大，因此，可以用销售增长率来反映企业在销售方面的发展能力。

（一）销售增长率的计算

销售增长率是指企业本期营业收入增加额与上期营业收入额的比率，其计算公式如下：

$$销售增长率 = \frac{本期营业收入增加额}{上期营业收入额}\times 100\%$$

$$= \frac{本期营业收入额 - 上期营业收入额}{上期营业收入额}\times 100\%$$

销售增长率反映了企业当期销售收入的增减变动情况，销售增长率越高，说明企业销售收入增长得越快，销售情况越好。销售增长率为正数，则说明企业本期销售收入增加，产品受到消费者的青睐，市场前景良好。销售增长率为负数，则说明企业销售规模减小，销售情况较差，意味着企业市场份额在萎缩，或是存在产品质量欠佳、售后服务不好等问题。

为了消除少数年份特殊因素对销售的影响，还可以计算三年的平均销售增长率，以反映企业在较长时期内的销售增长情况。三年平均销售增长率计算公式如下：

$$三年平均销售增长率 = \left(\sqrt[3]{\frac{年末营业收入额}{三年前年末营业收入额}}-1\right)\times 100\%$$

（二）销售增长能力分析

在分析企业销售增长能力时，应该注意以下问题：

1. 销售增长能力的影响因素分析

销售增长能力的高低不仅受当期销售增长幅度的影响，还受到企业上年销售基数的影响，一些偶发事件也会影响产品的市场销售状况。同时，当期销售状况还受到企业宣传投入与销售政策的影响。企业放宽信用政策，有利于扩大销售额，但同时会带来应收账款收回与管理方面的问题。可见，销售增长速度并非越快越好。

2. 销售增长能力的效益分析

如果销售收入的增加主要依赖于资产规模的扩大，也就是销售增长率低于资产增长率，说明这种销售增长不具有效益性，同时也反映企业在销售方面可持续发展能力不强。正常情况下，企业的销售增长率高于其资产增长率，说明企业在销售方面具有良好的成长性。

3. 销售增长能力的趋势分析

某个时期的销售增长率可能会受到一些偶然的和非正常的因素影响，而无法反映出企业实际的销售发展能力。因此，应对一个企业若干期的销售增长率加以比较和分析；同时，还要与同行业平均销售增长率加以比较，才能正确评价企业销售增长能力。

【例5－24】根据青岛海尔公司2010年、2011年、2012年年报资料，计算收入增长率指标，见表5－24。

表5－24

	2012年	2011年	2010年
上期营业收入（元）	73 852 551 822. 20	64 694 775 664. 95	44 692 003 512. 29
本期营业收入（元）	79 856 597 810. 97	73 662 501 627. 24	60 588 248 129. 75
本期营业收入增加额（元）	6 004 045 988. 77	8 967 725 962. 29001	15 896 244 617. 46
销售增长率（％）	8. 13	13. 86	35. 56

根据表5－24可知，2010年青岛海尔公司的销售增长率为35. 56％，2011年销售增长率为13. 86％，2012年销售增长率为8. 13％。与2010年相比，2011、2012年的销售增长速度急剧下降。从平均增长速度来看，三年平均销售增长率为21. 34％，即三年平均销售增长率＝$\left(\sqrt[3]{\frac{79\ 856\ 597\ 810.97}{44\ 692\ 003\ 512.29}}-1\right)\times 100\%=21.34\%$。从总体上看，该公司近三年营业收入增长速度是较快的，但增速在下降，这与该公司资产规模增速放慢的状况相符。

三、利润增长能力分析

营业收入扣除有关的成本、费用后形成企业的利润。营业收入是企业利润的源泉，但并不完全形成企业的财富。企业的价值主要取决于利润的增长能力，所以对企业的利润增长进行分析至关重要。由于利润可表现为营业利润、利润总额、净利润等多种形式，因此，利润增长率也具有不同的表现形式，通常使用的是净利润增长率和营业利润增长率两个指标。

(一) 利润增长率的计算

1. 净利润增长率

净利润是企业利润总额扣除所得税后的余额，是当年实现的可供分配的净收益，体现了企业在一定时期内实现的经营成果。净利润是衡量一个企业经营效益的重要指标，当期实现的净利润越多，表明企业的经营效益越好；反之，越差。

净利润的增长是企业成长性的基本表现。净利润增长率是指企业本期净利润增加额与上期净利润的比率，其计算公式如下：

$$净利润增长率=\frac{本期净利润增加额}{上期净利润}\times 100\%$$

$$=\frac{本期净利润-上期净利润}{上期净利润}\times 100\%$$

需要说明的是，如果上期净利润为负值，则应取其绝对值代入公式进行计算。该公式反映的是企业净利润增长情况，净利润增长率越大，说明企业收益增长得越多，企业发展前景越好。净利润增长率为正数，说明企业本期净利润增加；净利润增长率为负数，则说明企业本期净利润减少，收益降低。

如果一个企业销售收入增长，但利润并未增长，说明企业的成本控制不佳。同样，一个企业如果营业利润增长，但营业收入并未增长，也就是说其利润的增长并不来自于营业收入，而是来源于营业外收入、公允价值变动损益等项目，那么这样的增长也是不能持续的，随着时间的推移也将会消失。因此，利用营业利润增长率指标能更好地反映企业真实的盈利能力。

2. 营业利润增长率

营业利润增长率是指本期营业利润增加额与上期营业利润的比率，其计算公式如下：

$$营业利润增长率=\frac{本期营业利润增加额}{上期营业利润}\times 100\%$$

$$=\frac{本期营业利润-上期营业利润}{上期营业利润}\times 100\%$$

如果上期营业利润为负值，则应取其绝对值代入公式进行计算。该公式反映的是企业营业利润增长情况。营业利润增长率为正数，说明企业本期营业利润增加，营业利润增长率越大，说明企业收益增长得越多；营业利润增长率为负数，则说明企业本期营业利润减少，收益降低。

为了反映企业在较长时期内的利润增长情况，还可以计算三年利润平均增长率指标，其计算公式如下：

$$三年利润平均增长率=\left(\sqrt[3]{\frac{年末利润总额}{三年前年末利润总额}}-1\right)\times 100\%$$

（二）利润增长能力分析

在分析企业利润增长能力时，应该注意以下问题：

1. 利润增长能力的结构分析

如果企业的净利润主要来源于营业利润，表明企业产品获利能力较强，具有良好的发展能力；相反，如果企业的净利润主要来自于营业外收入或者其他项目，甚至是营业利润大幅下降但净利润却大幅增长，这也说明企业的持续发展能力并不强。

如果企业的营业利润增长率高于销售增长率，则说明企业正处于成长期，业务不断拓展，企业的盈利能力不断增强；反之，如果企业的营业利润增长率低于营业收入增长率，则反映企业营业成本、营业税费、期间费用等成本上升超过了营业收入的增长，说明企业的成本控制不佳，企业发展潜力值得怀疑。

2. 利润增长能力的趋势分析

为了更正确地反映企业净利润和营业利润的增长趋势，应将企业连续多期的净利润增长率和营业利润增长率指标进行对比分析，这样可以排除个别时期偶然性或特殊性因素的影响，从而更加全面真实地揭示企业净利润和营业利润的增长情况。同时，还要与同行业平均利润增长率加以比较，才能正确评价企业利润增长能力。

【例5－25】根据青岛海尔公司2010年、2011年、2012年年报资料，计算利润增长能力指标，见表5－25。

表5－25

	2012年	2011年	2010年
上期营业利润（元）	4 066 428 602.99	3 207 168 761.00	2 258 241 228.07
本期营业利润（元）	5 269 913 452.11	4 062 808 064.27	2 986 544 587.66
本期营业利润增加额（元）	1 203 484 849.12	855 639 303.27	728 303 359.59
上期净利润（元）	3 650 647 741.81	3 011 122 584.22	1 878 732 600.20
本期净利润（元）	4 360 610 580.93	3 647 662 677.50	2 824 284 191.26
本期净利润增加额（元）	709 962 839.12	636 540 093.28	945 551 591.06
营业利润增长率（%）	29.6	26.68	32.25
净利润增长率（%）	19.45	21.14	50.33

根据表5－25可知，2010年青岛海尔公司的净利润增长率为50.33%，营业利润增长率为32.25%；2011年净利润增长率为21.14%，营业利润增长率为26.68%；2012年净利润增长率为19.45%，营业利润增长率为29.6%。无论是净利润还是营业利润，尽管总的规模在增长，但增速均呈下降趋势，这与该公司资产规模增速放慢的状况相符。与此同时，净利润增长速度的下降幅度要远远超过营业利润增长速度的下降幅度。

四、所有者权益增长能力分析

所有者权益是指企业资产扣除负债后有所有者享有的剩余权益，包括实收资本（或股本）、资本公积、盈余公积和未分配利润。所有者权益在股份制企业又称为股东权益。所有者权益属于公司的自有资本，所有者权益规模越大，表明企业实力越雄厚。所有者权益增加表示有新的资本加入或者产生利润，说明股东对企业前景看好或者企业经营状况良好。在资本结构不变的情况下，有助于增加企业的负债筹资能力，提高企业的可持续发展能力。所有者权益的增减变动反映了企业的资本积累状况，也是衡量企业所有者权益增长能力的重要标志，常用的指标有资本积累率和三年资本平均增长率。

（一）所有者权益变动指标的计算

1. 资本积累率

资本积累率又叫股东权益增长率，是指本期所有者权益增加额与所有者权益期初余额的比率，其计算公式如下：

$$资本积累率=\frac{本期所有者权益增加额}{所有者权益期初余额}\times 100\%$$

$$=\frac{所有者权益期末余额-所有者权益期初余额}{所有者权益期初余额}\times 100\%$$

资本积累率反映了股东投入企业资本的保全程度和增长能力，资本积累率越高，表明企业本期资本积累得越多，企业资本保全性越佳，企业抵御风险能力也越强。相反，若资本积累率为负，表明企业资本被侵蚀。

2. 三年资本平均增长率

为了反映企业在较长时期内的资本积累情况，可以进一步计算三年资本平均增长率，其计算公式如下：

$$三年资本平均增长率=\left(\sqrt[3]{\frac{年末股东权益}{三年前年末股东权益}}-1\right)\times 100\%$$

（二）股东权益增长能力的分析

在分析企业股东权益增长能力时，应该注意以下问题：

1. 股东权益增长的来源分析

股东权益增长是企业发展壮大的标志，也是企业扩大再生产的源泉。资本增长的途径有两条：一是由股东投入，即外延式增长；二是通过内部积累实现，即内涵式增长。如果由股东投入而实现所有者权益的增加，反映企业获得了新的资本，具备了进一步发展的基础；如果源于留存收益的增长，表明企业过去经营业绩良好，同时也说明企业具有进一步发展的后劲。但是，由股东投资引起的外延式增长，不一定说明公司发展良好，一个企业的股东权益增长应该主要依赖于企业运用股东投入资本所创造的收益。只有来自于公司留存收益的积累才是最佳的积累。

2. 股东权益增长的趋势分析

为正确判断和预测企业股东权益规模的发展趋势和发展水平，应将企业不同时期的股东权益增长率加以比较。因为一个持续增长型企业，其股东权益应该是不断增长的，如果时增时减，则反映出企业发展不稳定，同时也说明企业并不具备良好的发展能力，因此仅仅计算和分析某个时期的股东权益增长率是不全面的，应利用趋势分析法将一个企业不同时期的股东权益增长率加以比较，才能正确评价企业发展能力。

【例5－26】根据青岛海尔公司2010年、2011年、2012年年报资料，计算股东权益增长能力指标，见表5－26。

表5－26

	2012年	2011年	2010年
股东权益期初额（元）	11 562 603 158.01	10 382 882 130.46	9 713 529 897.56
股东权益期末额（元）	15 426 139 011.49	11 538 948 742.82	9 488 787 431.07
本期股东权益增加额（元）	3 863 535 853.48	1 156 066 612.36	－224 742 466.49
资本积累率（%）	33.41	11.13	－2

根据表5－26可知，2010年青岛海尔公司资本积累率为－2%，2011年资本积累率为11.13%，2012年资本积累率为33.41%。可见，近三年以来，资本积累速度在急速提高。从平均增长速度来看，三年平均资本增长率为16.67%，即三年平均资本增长率＝$\left(\sqrt[3]{\frac{15\,426\,139\,011.49}{9\,713\,529\,897.56}}-1\right)\times 100\%=16.67\%$。

小讨论：

结合表5－23、表5－24、表5－25的分析的结果可知，资本积累率的不断提高与资产增长能力、销售增长能力和利润增长能力下降的趋势并不相符，原因是什么呢？

本章参考文献：

[1] 邓德军，谢振兴．财务分析学［M］．北京：国防工业出版社，2009.

[2] 荆新，刘兴云．财务分析学［M］．北京：经济科学出版社，2010.

[3] 徐光华，柳世平，刘义娟．财务报表解读与分析［M］．北京：清华大学出版社，2008.

[4] 袁天荣．企业财务分析［M］．北京：机械工业出版社，2010.

本章思考题：

1. 什么是财务能力分析？财务能力分析有何意义？
1. 什么是偿债能力？为何要进行偿债能力分析？如何分析偿债能力？
2. 什么是营运能力？为何要进行营运能力分析？如何分析营运能力？
3. 什么是盈利能力？为何要进行盈利能力分析？如何分析盈利能力？
4. 什么是增长能力？为何要进行增长能力分析？如何分析增长能力？

第六章　财务报告综合分析

学习提示：

1. 了解财务报告综合分析的概念、作用和内容。
2. 掌握财务报告综合分析的原理。
3. 掌握沃尔比重评分法和杜邦财务分析法。
4. 掌握财务预警分析的技术方法。

引导性案例

中达股份财务危机①

江苏中达新材料集团股份有限公司（600074，以下简称“中达股份”）成立于1997年6月18日，主营双向拉伸聚丙烯薄膜（BOPP）、聚酯薄膜（BOPET）、多层共挤流延薄膜（CPP）三大系列高分子软塑料新型材料。至2007年6月末，中达股份历经10年的发展，总资产由当初的6亿元增加到近50亿元。然而，中达股份的发展并非一帆风顺。2005年以来，国内的软塑包装材料行业发展过快，使得市场呈现供过于求的状况；而国际原油价格的持续飞涨也使原材料价格大幅度上升，产品获利空间较小。与此同时，中达股份前期的投资过快，造成了公司负债偏高，结构不合理。在国家宏观紧缩的货币政策下，利率不断调高，公司负担加重，财务风险突显。2006年9月，江苏太平洋建设集团资金链断裂，而中达股份的大股东申达集团与其存在互保关系，相关债权银行追究申达集团的连带担保责任，由于中达股份也为江苏太平洋建设集团提供了1亿多元的担保，内、外因的积聚使得中达股份财务危机终于爆发，公司股票于2007年9月11日起紧急停牌。

读者不妨带着下面几个问题去阅读本章：中达股份财务危机产生的原因是什么？你认为事先应采取哪些策略及措施以应对中达股份的财务危机？该案例给我们带来了哪些思考和启示？

第一节　财务综合分析概述

前面有关章节从资产负债表、利润表及股东权益变动表、现金流量表分析入手，从企业的偿债能力、盈利能力、营运能力和发展能力等方面，分别对企业的财务状况

① 朱乃平．中达股份财务危机案例剖析［J］．财务与会计：综合版，2008（2）．

和经营成果进行了具体的分析。但是要全面评价企业的经济效益，仅仅满足于某些局部的分析是不够的，而应将相互关联的各种报表、各项指标联系在一起，从全局出发，进行全面、系统、综合的分析。

一、财务综合分析的概念

财务综合分析也称为财务报告综合分析，就是将营运能力、发展能力、偿债能力和获利能力等诸方面的分析纳入一个有机的整体之中，以企业的财务报告等资料为基础，综合运用各种分析方法，将定量分析结果、定性分析判断和实际调查情况结合起来，系统、全面、综合地对企业财务状况、经营成果及现金流量的变动进行分析、解释和评价，并在此基础上对公司未来的财务能力展开预警分析。

二、财务综合分析的内容

财务综合分析包括两个方面的内容：一是财务比率综合分析，二是财务预警分析。财务比率综合分析就是在前述四大类基本指标分析的基础上，基于不同的原理而展开的分析，由于分析的原理不同，又分为不同的方法，比较有代表性的包括杜邦财务比率综合分析和沃尔财务比率综合分析。财务预警分析是指借助企业提供的财务报表及其他相关会计资料，利用一些特别指标来建立财务预警模型并对企业的财务状况进行的分析。财务预警分析的目的是通过分析发现企业在经营管理活动中存在的经营风险和财务风险，并在危机发生之前向企业经营者发出警告，督促企业管理当局采取有效措施，避免潜在的风险演变成损失，起到风险防范的作用。

三、财务综合分析的特点

（一）系统性

财务报告综合分析的对象是企业所有的财务报告，包括对外公开发布的财务报表及其他财务报告，还包括企业内部管理报告。各种财务报告之间是互相联系的，是有因果关系和勾稽关系的，具有系统性。只有将所有的财务报告进行相互联系，互相验证，加以系统分析，才能判断事实的真相，揭示企业真实的财务状况和经营成果。

（二）完整性

财务报告综合分析不同于单一财务分析或单项财务分析的最主要的特点就是其完整性。综合分析不仅要分析其财务状况，包括偿债能力分析、现金流量分析；还要分析其经营状况，包括营运能力、获利能力；更要分析其未来的发展能力或可持续发展能力，并能对其经济效益如财务绩效、管理绩效和企业价值做出适当的评价和估计。因此，财务报告综合分析构成了对一个企业整体状况的完整分析和评价，使报告使用者形成对企业的整体判断和评价。

（三）重要性

财务报告综合分析不能事无巨细、全面开花，而是应该对主要问题和问题的主要方面展开分析，从而有助于短时间内把握企业财务的整体和大局。坚持财务报告分析的重要性原则，可以避免在冗余信息上消耗不必要的时间和资源投入，能够在短时间内揭示企业的财务真相，提升财务分析的效率，改善决策效果。

（四）相关性

财务报告综合分析是建立在单项分析的基础上的，但不是单向分析的简单相加。某一单个财务指标并不能作为做出准确判断的依据，各指标之间都具有相关性。综合分析就是要将各个财务分析对象之间的相关性结合起来，采用特殊的分析方法，借以揭示分析对象之间的联系，并共同为报表使用者提供决策的有用信息。

（五）发展性

财务报告综合分析的发展性是指财务报告综合分析是一个不断发展和完善的过程。这不仅指财务报告综合分析的内容会随着报告使用者需求的增加而不断完善和增加，还指财务报告综合分析的方法会随着财务分析的技术及计算机技术的不断发展而逐步丰富其内容和手段。现行的财务分析方法，无论是比较分析法、比率分析法还是因素分析法，包括杜邦分析体系及沃尔比重评分法等方法，基本用简单的数学运算就能完成，高等数学尤其是统计学的方法用得还比较少。随着财务分析电算化和信息化的进一步发展，财务综合分析的方法体系将会更加科学和完善。

四、财务综合分析的意义

财务综合分析在内部管理上是十分必要的，同时，也有助于外部利益相关者作出投资、信贷等各项决策，具有重要的实践价值。

（一）财务综合分析能够系统、准确、客观地评价企业财务状况

局部不能代替整体，某项指标的好坏不能说明整个企业经济效益的高低。因此，要达到对公司整体状况的分析，仅仅只测算几个简单的、孤立的财务比率，或者将一些孤立的财务分析指标堆垒在一起，彼此毫无联系地考察，是不可能得出合理、正确的综合性结论的，有时甚至会得出错误的结论。因此，只有将企业偿债能力、营运能力、盈利能力及发展能力等各项分析指标有机地联系起来，作为一套完整的体系，相互配合使用，才能对系统作出综合评价，才能从总体上把握企业财务状况和经营情况。

（二）财务综合分析便于不同企业的横向比较分析和同一企业的纵向分析

财务报表综合分析的结果在进行同一企业不同时期比较分析和不同企业之间比较分析时消除了时间上和空间上的差异，使之更具有可比性，有利于总结经验、吸取教训、发现差距、赶超先进，进而从整体上、本质上反映和把握企业生产经营的财务状况和经营成果。

（三）财务综合分析可以对企业面临的风险起到预警作用

当可能危害企业财务状况的关键因素出现时，财务预警系统能预先发出警告，提醒企业经营者早做准备或采取对策以减少财务损失。有效的财务失败预警系统不仅能

预知并预告，还能及时寻找导致企业财务状况进一步恶化的原因，使经营者知其然，更知其所以然，制订有效措施，阻止财务状况进一步恶化，避免严重的财务危机真正发生。有效的财务预警系统不仅能及时回避现存的财务危机，而且能通过系统详细地记录其发生缘由、解决措施、处理结果，并及时提出建议，弥补企业现有财务管理及经营中的缺陷，更能从根本上消除隐患。

第二节 财务比率综合分析

财务比率综合分析的方法主要有两种：沃尔比重评分法和杜邦财务分析法。

一、沃尔比重评分法

（一）沃尔比重评分法的定义

沃尔比重评分法是指将选定的财务比率用线性关系组合起来，并分别给定各自的分数比重，然后通过与标准比率进行比较，确定各项指标的得分及总体指标的累计分数，从而对企业的信用水平作出评价的方法。这种方法简称沃尔评分法。财务状况综合评价的先驱者之一是美国的亚历山大·沃尔教授，沃尔在《信用晴雨表研究》和《财务报表比率分析》中提出了信用能力指数的概念，他选择了7个财务比率，分别给定各指标的比重，然后确定标准比率（以行业平均数为基础），将实际比率与标准比率相比，得出相对比率，将此相对比率与各指标比重相乘，得出总评分。基于此提出了综合比率评价体系，即把若干个财务比率用线性关系结合起来，以此来评价企业的财务状况。

（二）沃尔评分法的程序

1. 选定评价并分配权重

沃尔在他最初的评价指标体系中选择了流动比率、产权比率、固定资产比率、存货周转率、应收账款周转率、固定资产周转率和主权资本周转率7项财务比率。但是当今社会与沃尔所处的时代相比发生了很大的变化，现在通常认为，所选取的指标应该包含四个大类指标，即偿债能力、营运能力、盈利能力和发展能力四类指标，在每一类指标中，通常应选择能说明问题的重要指标，还应选择有代表性的重要比率。根据各项指标的重要程度分配权重，各项指标的权重之和应等于100，对其重要程度的判断，可根据企业的经营状况、管理要求、发展趋势及分析的目的等具体情况而定。表6-1是修正后的沃尔评价指标体系，不同研究主体、研究目的和分析对象也会选择不同的指标，所分配的权重也会有所不同。

2. 确定各项财务评价指标的标准值

进行采用沃尔评分法进行分析时，必须确定各财务指标的标准值。财务指标标准值是指特定的国家、特定的行业、特定的时期的财务指标体系及其标准值，可以用来作为标准财务指标的通常是行业平均水平的比率，也可以是企业历史先进水平、国家有关评价标准值或国际公认的评价标准值。

3. 对各项评价指标计分并计算综合分数

某项评价指标得分 = 该指标的权重股 ×（该指标的实际值/该指标的标准值）

综合实际得分 = ∑（重要性权数 × 单项指数）

4. 形成评价结果

标准分为 100 分，超过 120 分的为高品质的企业，低于 60 分的为高财务风险的企业或处于财务危机的企业。分值越高，则评价结果越好；分值越低，则具有财务风险越高甚至是财务危机的预警意义。

沃尔评分法的计算方法见表 6-1。

表 6-1　　沃尔评分法的计算

财务比率＼计分	比重 (1)	标准比率 (2)	实际比率 (3)	相对比率 (4) = (3) / (2)	评价 (5) = (1) × (4)
流动比率	25	2	2.33	1.17	29.25
净资产/负债	25	1.5	0.88	0.59	14.75
资产/固定资产	15	2.5	3.33	1.33	19.95
销售成本/存货	10	8	12	1.5	15.00
销售额/应收账款	10	6	10	1.7	17.00
销售额/固定资产	10	4	2.66	0.67	6.70
销售额/净资产	5	3	1.63	0.54	2.70
合计	100	—	—	—	105.35

资料来源：彭韶兵，刑精平．公司财务危机论［M］．北京：清华大学出版社，2005.

上表计算结果显示，该公司的综合评分超过 100 分，企业处于较低的风险状态，财务状况和经营前景良好。

（三）沃尔评分法的缺陷及应注意的问题

1. 沃尔评分法的缺陷

尽管沃尔的方法在理论上还有待证明，在技术上也不完善，但它在实践中却被广泛应用。耐人寻味的是很多理论上相当完善的经济计量模型在实践中往往很难应用，而企业实际使用并行之有效的模型却又在理论上无法证明。这可能是人类对经济变量之间数量关系的认识还相当肤浅造成的。

（1）指标选用及权重设计的合理性缺陷

沃尔评分法在理论上存在的一个明显缺陷是，未能证明为什么选择这 7 个指标，而不是更多或更少，或者选择别的财务比率，以及未能证明每个指标所占比重的合理性。因此有关指标的权数确定只有结合具体企业的情况以及该行业长期实践进行不断的修正，才能设置出较为合理的权数比重。

（2）指标严重异常时对分析结果会产生不合逻辑的影响

沃尔评分法从技术上讲也有一个问题，就是某一个指标严重异常时，会对总评分产生不合逻辑的重大影响。这个缺陷是由财务比率与其比重相乘引起的。财务比率提高一倍，评分增加100%；而缩小一倍，其评分只减少50%。

2. 应用沃尔比重评分法应注意的问题

采用沃尔财务状况综合评价法可以综合评价企业的财务状况，但应注意这一方法的有效性，它依赖于重要性权数和标准比率的正确确定。而这两项因素在确定时，往往带有一定的主观性，因此，这两项因素应根据历史经验和现实情况合理地判断确定，只有这样才能得出正确的结果。因此，运用比率评价法时，有几点应引起分析者注意：

（1）在财务比率的选择及重要性确定方面，任何分析都带有一定的偏向性，如投资者偏向盈利能力，债权人偏好于偿债能力的分析等。因此，应根据分析的不同要求，有针对性地选择那些能说明问题的相关比率。与此相适应，在指标的重要性安排上也应体现分析目标的差别，例如，流动比率的重要性在债权人分析时可定为20分，而在投资分析时可能定为5分。可见，分析者的意向及偏好在指标选择及定性上起重要作用。

（2）在标准比率的制订方面，一定时期的标准比率是以该企业所属行业的平均值为基础，并根据本企业具体情况经修正得出的。该标准既要先进，又要符合实际，在利用标准对某指标评分时，要注意规范个别指标的异常差异可能对总分造成的不合理影响，即要合理确定其个别指标得分的上限和下限，如浮动幅度不超过50%，使相关比率在（0.5，1.5）之间变动。

（3）在实际使用该方法时，遇有下列情况应按下列原则进行调整：①亏损企业的营业净利率、总资产报酬率、资本收益率和资本保值增值率，如果实际财务比率是负数，在这种情况下，这些比率的关系比率值取0，该项指标得分为0。这样处理，可避免亏损时财务综合评分过低。②对资产负债率、流动比率、应收账款周转率和存货周转率，对最高得分进行限定。这样处理，可避免个别企业财务比率或行业平均财务比率异常，引起综合评分的过度异常浮动。③行业标准值一般根据行业中部分企业抽样调查得来，如果其中有一个极端的样本，则行业平均指标就难以反映整个行业的实际情况。而且，行业内每个企业采用的会计政策不一定相同，每个企业的经营状况也可能存在较大差异。把这些各不相同的企业的指标加在一起平均，也将影响标准比率的权威性。因此，采用标准比率进行比较分析时，应根据实际情况对行业平均财务比率进行一定的修正，尽可能建立一个可比的标准比率值。

二、杜邦财务分析法

（一）杜邦财务分析的含义

杜邦财务分析法简称为杜邦分析法、杜邦图分析法，是利用各主要财务比率之间的内在联系，对企业财务状况和经营成果进行综合系统评价的方法。该体系是以净资产收益率为龙头，以资产净利率和权益乘数为核心，重点揭示企业获利能力及权益乘数对净资产收益率的影响，以及各相关指标间的相互作用关系。这种分析方法首先由美国杜邦公司的经理创立并首先在杜邦公司成功运用，它是利用财务指标间的内在联系，对企业综合经营理财能力及经济效益进行系统的分析评价的方法，其基本思想是将企业净资产收益率逐级分解为多项财务比率乘积，这样有助于深入分析比较企业经营业绩。如前所述，有关章节用比率分析法分析企业的偿债能力、营运能力、盈利能力和发展能力，以评价企业的财务状况和经营业绩。但上述分析都是从某一特定的角度就企业经营的某一方面进行分析，因此，都不能全面评价企业的总体财务状况和经营业绩，杜邦财务比率分析模型弥补了这一不足。

杜邦财务分析模型的特点在于：它通过几种主要的财务比率之间的相互关系，全面、系统、深入、直观地反映出企业的财务状况。

（二）杜邦分析体系的核心比率

净资产收益率是分析体系的核心比率，具有很好的可比性，可用于不同企业之间的比较。由于资本具有逐利性，总是流向投资报酬率高的行业和企业，因此各企业的净资产收益率会比较接近。如果一个企业的净资产收益率经常高于其他企业，就会引来竞争者，迫使该企业的净资产收益率回到平均水平。如果一个企业的净资产收益率经常低于其他企业，就得不到资金，会被市场驱逐，使得幸存企业的净资产收益率提升到平均水平。

净资产收益率不仅有很好的可比性，而且有很强的综合性。为了提高净资产收益率，管理者有三种途径，这三种途径很好地体现在净资产收益率的计算公式中，其计算公式如下：

$$
\begin{aligned}
\text{净资产收益率} &= \frac{\text{净利润}}{\text{营业收入}} \times \frac{\text{营业收入}}{\text{平均总资产}} \times \frac{\text{平均总资产}}{\text{平均净资产}} \\
&= \text{营业净利率} \times \text{总资产周转率} \times \text{权益乘数}
\end{aligned}
$$

无论提高其中的哪个比率，净资产收益率都会提高。其中，营业净利率是利润表的概括，营业收入在利润表的第一行，净利润在利润表的最后一行，两者相除可以概括全部经营成果；权益乘数是资产负债表的概括，表明资产、负债和股东权益的比例关系，可以反映最基本的财务状况；总资产周转率把利润表和资产负债表联系起来，使净资产收益率可以综合整个企业经营活动和财务活动业绩。

1. 净资产收益率

该指标是所有比率中综合性最强、最具代表性的一个指标。决定净资产收益率的因素是营业净利率、总资产周转率和权益乘数。所以，净资产收益率的分析又必须具体落实到对营业净利率、总资产周转率和权益乘数的分析上。

2. 营业净利率

该指标是企业的营业收入对净利润的贡献程度。营业净利率取决于企业实现的营业收入和企业净利润的关系，而企业的净利润是其营业收入扣除了有关成本费用后的部分。它的高低取决于营业收入与成本总额的高低。要想提高营业净利率，有两条途径：一是要扩大营业收入，二是要降低成本费用。这两方面分析可以参见有关盈利能力指标的分析。

3. 总资产周转率

总资产周转率是企业总资产的周转次数，它是反映运用资产产生营业收入能力的指标。对资产周转率的分析，需对影响资产周转的各因素进行分析。影响总资产周转率的一个重要因素是资产总额，它由流动资产与长期资产组成。它们的结构合理与否将直接影响资产的周转速度。一般来说，流动资产直接体现企业的偿债能力和变现能力，而长期资产则体现该企业的经营规模、发展潜力，两者之间应保持一种合理的比率关系。除了对资产的各构成部分从占用量上是否合理进行分析外，还可以通过对流动资产周转率、存货周转率、应收账款周转率等有关各资产组成部分使用效率的分析，判明影响资产周转的主要问题出在哪里。

4. 权益乘数

权益乘数是企业全年平均负债总额与全年平均资产总额的百分比，从量上看等于1/（1－资产负债率），公式中的资产负债率是指全年平均资产负债率权益乘数，表示企业的负债程度。权益乘数越大则负债程度越高，可能给企业带来较大的杠杆利益，同时也给企业带来较大的风险。权益乘数取决于企业的全部资产中负债（或股东权益）的份额，反映了企业理财的开放程度和财务风险。当市场上的资金成本率低于企业的投资收益率的时候，企业应负债经营，利用财务杠杆原理提高企业的投资收益率。但企业也因此承担了较大的财务风险，因为如果市场条件一旦恶化，即当市场上的资金成本率高于企业的投资收益率的时候，企业将会背负沉重的利息负担和面临不能按期还债的危机。企业的负债又可以分为长期负债和流动负债，要得出正确的结论，必须进一步分析负债结构，做到在资产总额不变的条件下，开展合理的负债经营，以减少所有者权益所占的份额，从而达到提高所有者权益报酬率的目的。

（三）杜邦分析体系的基本框架

图6.1可以反映杜邦分析体系基本情况。

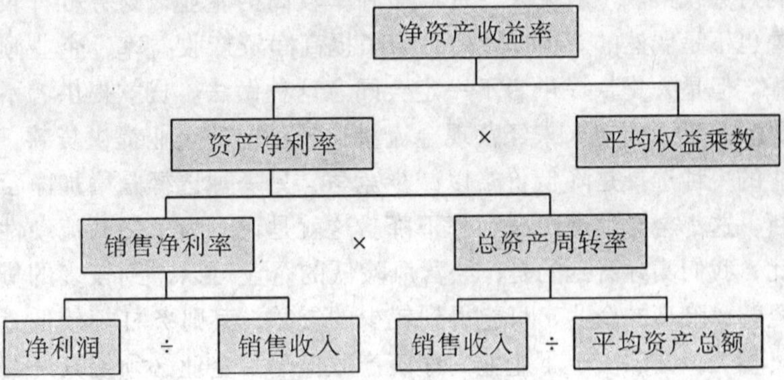

图6.1　杜邦分析图

说明：出于简化及突出实用性的目的，本图略去净利润、销售收入、资产总额的构成内容，这些项目的计算可以在资产负债表和利润表中直接获得结果。

杜邦分析体系的核心指标是净资产收益率（ROE），能够由净利润、销售收入、平均资产总额、权益乘数四个指标运算得出，即ROE＝总资产报酬率×权益乘数＝（净利润/销售收入）×（销售收入/平均资产总额）×平均权益乘数。其中，净利润和销售收入指标数值可以从利润表上直接提取。平均资产总额＝（期初资产总额＋期末资产总额）/2，平均权益乘数 =1/（1 - 平均资产负债率），平均资产负债率 =（期初负债 + 期末负债）/（期初总资产 + 期末总资产）。实务中，也有为了简化的需要，不采用平均权益乘数，而是用期末的权益乘数。

杜邦分析体系是一个多层次的财务比率分解体系。各项财务比率可在每个层次上与本企业历史或同业财务比率比较，比较之后向下一级分解。逐级向下分解，逐步覆盖企业经营活动的每个环节，以实现系统、全面评价企业经营成果和财务状况的目的。

第一层次的分解，是把净资产收益率分解为营业净利率、总资产周转率和权益乘数。这三个比率在各企业之间可能存在显著差异。通过对差异的比较，可以观察本企业与其他企业的经营战略和财务政策有什么不同。

分解出来的营业净利率和总资产周转率，可以反映企业的经营战略。一些企业营业净利率较高，而总资产周转率较低；另一些企业与之相反，总资产周转次数较高而营业净利率较低。两者经常呈反方向变化，这种现象不是偶然的。为了提高营业净利率，就是要增加产品的附加值，往往需要增加投资，引起周转率的下降。与此相反，为了加快周转，就要降低价格，引起营业净利率下降。通常，营业净利率较高的制造业，其周转率都较低；周转率很高的零售业，营业净利率很低。采取“高盈利、低周转”还是“低盈利、高周转”的方针，是企业根据外部环境和自身资源作出的战略选择。正因如此，仅从营业净利率的高低并不能看出业绩好坏，应把它与总资产周转率联系起来考察企业经营战略。真正重要的是两者共同作用得到的资产净利率。资产净利率可以反映管理者运用受托资产赚取盈利的业绩，是最重要的盈利能力。

分解出来的财务杠杆可以反映企业的财务政策。在资产净利率不变的情况下，提高财务杠杆可以提高净资产收益率，但同时也会增加财务风险。如何配置财务杠杆是企业最重要的财务政策。一般说来，资产净利率较高的企业，财务杠杆较低，反之亦然。这种现象也不是偶然的。可以设想，为了提高净资产收益率，企业倾向于尽可能提高财务杠杆。但是，贷款提供者不一定会同意这种做法。贷款提供者不分享超过利息的收益，更倾向于为预期未来经营现金流量比较稳定的企业提供贷款。为了稳定现金流量，企业的一种选择是降低价格以减少竞争，另一种选择是增加净营运资本以防止现金流中断，这都会导致资产净利率下降。这就是说，为了提高流动性，只能降低盈利性。因此，我们实际看到的是，经营风险低的企业可以得到较多的贷款，其财务杠杆较高；经营风险高的企业，只能得到较少的贷款，其财务杠杆较低。资产净利率与财务杠杆负相关，共同决定了企业的净资产收益率。企业必须使其经营战略和财务政策相匹配。

（四）净资产收益率的驱动因素分析

该分析体系要求，在每一个层次上进行财务比率的比较和分解。通过与上年比较可以识别变动的趋势，通过与同业比较可以识别存在的差距。分解的目的是识别引起变动（或产生差距）的原因，并衡量其重要性，为后续分析指明方向。

小讨论：

杜邦分析法是否蕴含了经营杠杆和财务杠杆的思想？

（五）传统杜邦分析体系的局限性

传统杜邦分析体系虽然被广泛使用，但也存在某些局限性。

1. 计算资产净利率的总资产与净利润不匹配

总资产为全部资产提供者享有，而净利润则专属于股东，两者不匹配。由于总资产利润率的“投入与产出”不匹配，该指标不能反映实际的报酬率。为了改善该比率，要重新调整分子和分母。

为公司提供资产的人包括无息负债的债权人、有息负债的债权人和股东，无息负债的债权人不要求分享收益，要求分享收益的是股东和有息负债的债权人。因此，需要计量股东和有息负债债权人投入的资本，并且计量这些资本产生的收益，两者相除才是合乎逻辑的资产净利率，才能准确反映企业的基本盈利能力。

2. 没有区分经营活动损益和金融活动损益

传统杜邦分析体系没有区分经营活动和金融活动。对于大多数企业来说金融活动是净筹资，它们在金融市场上主要是筹资，而不是投资。筹资活动不产生净利润，而是支出净费用。这种筹资费用是否属于经营活动费用，在会计准则制订中存在很大争议，各国会计准则对此的处理不尽相同。从财务管理角度看，企业的金融资产是投资活动的剩余，是尚未投入实际经营活动的资产，应将其与经营资产相区别。与此相应，金融损益也应与经营损益相区别，才能使经营资产和经营损益匹配。因此，正确计量基本盈利能力的前提是区分经营资产和金融资产，区分经营损益和金融损益。

3. 没有区分金融负债与经营负债

既然要把金融活动分离出来单独考察，就需要单独计量筹资活动成本。负债的成本（利息支出）仅仅是金融负债的成本。因此，必须区分金融负债与经营负债，利息与金融负债相除，才是真正的平均利息率。此外，区分金融负债与经营负债后，金融负债与股东权益相除，可以得到更符合实际的财务杠杆。经营负债没有固定成本，本来就没有杠杆作用，将其计入财务杠杆，会歪曲杠杆的实际效应。

4. 不能反映企业的核心竞争能力

企业的经营条件和所面临的各种环境已经发生了巨变，企业的知识化、信息化、社会化，使得传统的财务绩效评价存在严重缺陷，不能反映真实的企业价值。除股东、债权人外的其他利益相关者向企业提供的人力资本、社会资本和环境资本等新兴的资本类型对企业的生存和发展越来越重要，逐渐成为企业的核心竞争能力，但传统的杜邦分析体系未能将这些战略性资源要素纳入，财务分析“物是人非”，财务评价“见物不见人”，属于基于股东利益至上的一种分析，具有一定的静态性、封闭性、片面性。

实际上，可以借用一个颇为形象的比喻：资产是鸡，利润是蛋，鸡可以下蛋，蛋也可以孵化成鸡。那么，鸡本身的健康状况和产能如何（资产质量）？所下的蛋的品质（收益质量）如何？究竟是衡量一群鸡下的蛋多，还是单独考核一只或几只鸡下的蛋多？或者是自家鸡下蛋多，还是借来的鸡下蛋多？这些都是值得深入思考的问题。杜邦分析体系不能给出合理的解释。再者，马克思劳动价值理论告诉我们，价值是由劳动创造的，人力资本对于企业价值创造的贡献是毋庸置疑的。从这层意义上讲，人力资本才是真正意义上的产蛋的鸡，物质资本充其量算作是喂鸡的粮食，这在高科技行业、知识产业和服务业尤其重要。换言之，杜邦分析体系比较适合物质资本密集型企业的财务分析，但不大适合诸如注册会计师事务所、教育培训机构、文化娱乐行业等行业的分析。社会资本和环境资本也对企业价值形成具有重要影响，这些因素都未能在杜邦分析系统中加以揭示。随着知识经济时代的来临，人们迫切需要对杜邦分析体系加以改造，引入人力资本、环境资本等新的资本结构类型，将人力资产和其他无形资产纳入分析框架，提升财务分析的适用性、前瞻性和战略性。在此框架下，改良各类资产、负债和权益结构，优化“鸡群”，提高“蛋孵鸡”的转化率和“产蛋率”，很有必要。最终目标是实现“好鸡好蛋、多鸡多蛋”。为了更加准确地分析净资产收益率变动原因，有必要传统的财务报表和财务分析体系作一定的改进。

小提示

无论是沃尔评分法还是杜邦财务分析方法，均采用定量分析法。在实际工作中，只有将定量分析与定性分析结合起来，才能获得正确的结论。

第三节　财务预警分析

一、财务预警概述

（一）财务预警分析的含义

小知识：

“预警”（Early - warning）一词起源于军事领域。19世纪末，人们开始把预警思想应用于经济领域，但主要是对宏观经济的预测与警示，以显示一个国家经济运行过热或过冷的不良状态。直到20世纪60年代，欧美一些国家才开始将预警思想运用于微观经济领域，对企业的经营状况进行事前监督，以便在企业经营出现险情之前，发出警告，采取措施，加以排除。财务管理是企业管理的核心内容之一，从这一角度来进行预警，便是财务预警。

企业财务预警分析就是以会计核算和报表资料及其他相关经营资料为依据建立模型，通过设置并观察一些敏感性预警指标的变化，对企业的经营成果、财务状况及其变动等进行分析和预测，采用专门的分析方法将企业所面临的危机情况预先告知经营者和其他相关利益者，并分析企业发生财务危机的具体原因，采取有效措施防患于未然，记载和反馈危机处理的全过程，避免财务危机再次发生的财务分析系统。

财务预警包括财务风险监测和财务危机预警。财务风险预测实际上就是估算、衡量财务风险。风险管理者运用科学的方法，对其掌握的统计资料、风险信息及风险的性质进行系统分析和研究，进而确定各项风险的概率和强度，为选择适当的风险处理方法提供依据。财务风险预测一般包括预测财务风险的概率和强度两个方面。财务危机预警是指根据相关财务信息，利用一定的方法核对企业经营活动的过程、结果以及计划执行情况进行比较、分析和评价，及时发现财务恶化的苗头，采取措施化险为夷，提高经济效益的一种经营管理活动。财务危机（Financial Crisis）又称为财务困境（Financial Distress），是指在市场经济条件下，企业因无力支付到期债务或费用，导致其经营出现困难甚至破产的各种情况。最严重的财务危机是企业破产。

尽管企业财务危机形成的原因有多种，结果的严重程度也不相同，但基本上都有一个逐步恶化的过程。因此，企业应该及早发现财务危机信号，预测并化解可能的财务危机，这就是实施财务预警的意义所在。财务预警机制是企业选择重点检测财务指标，确定财务危机警戒标准，监测和发现财务危机，及时警示有关负责人员，并分析企业发生财务危机的原因和企业财务运行潜在的问题，提出防范措施的一种制度安排，它兼有监测、诊断和治疗功能。

（二）财务预警的作用

财务预警系统能够对企业的财务活动实施实时监控，及时发现企业在营运过程中存在潜在的经营风险和财务风险，判断财务危机发生的可能性，并向经营者发出警告，为其提供决策依据，采取措施，排除警情，保证企业经营活动的正常进行，其本质是利用财务指标度量企业财务状况偏离预警线的强弱程度、发出财务警戒信号。企业建立财务预警系统，科学有效地进行财务预警分析，不仅会帮助企业经营者预防财务失败风险，而且也是企业各利益关系者关注的焦点。具体来说，利用财务预警分析的结果，经营者能够在财务危机出现的萌芽阶段采取有效措施改善企业经营，阻止企业财务状况的进一步恶化；投资者在发现企业的财务危机萌芽后能够及时处理现有投资，减少更大损失；银行等金融机构可以利用这种预测，正确作出贷款决策并进行贷款控制，降低信贷风险；相关企业可以在预警信号的帮助下作出信用决策并对应收账款进行有效管理；审计机构和注册会计师可以利用这种预警信号合理确定其审计程序，准确判断企业的前景，发表恰当的审计意见，规避审计风险。总之，企业财务预警分析应该是企业财务综合分析的一部分，它除了能够预先告知经营者、投资者企业组织内财务营运体系隐藏的问题，还能清晰地告知企业经营者应朝什么方向努力，以便有效地解决问题，让该企业把有限的财务资源用于最需要或最能产生经营成果的地方。

（三）财务预警的特征

1. 不确定性

财务预警主要是对企业重大财务风险的预警，由于财务风险具有不确定性，且存在预警技术的局限性和预警人员的素质能力差异，所以财务预警也具有不确定性，所提供的预警信息涉及的警戒级别，预示着潜在财务危机爆发的可能性。财务预警的不确定性表现为预警不足和预警过度，预警不足必然导致对某些风险疏于防范，引起损失，而预警过度势必导致投入过多的资源用于风险防范，造成浪费。财务活动的不确定性可以从客观和主观两个方面来解释，一方面是指财务活动过程中各种因素的不断变化，另一方面是指财务管理人员所运用的预警技术方法本身的局限和预测财务风险能力的差异。由于财务活动的不确定性是财务风险产生的根源，因此，控制财务风险的关键就是控制财务活动的不确定性。

2. 时间相关性

预警的时间跨度越长，预警效果越差，预警的时间跨度越短，预警效果越好，这是由财务风险的时间相关性所致。财务风险的大小与财务活动持续时间的长短是相关的，即财务活动持续的时间越长，客观条件的变化因素越不易确定，可能出现的未来财务结果的分布范围越广，每一结果发生的概率越小，财务风险就越大。反之，财务风险就越小。

3. 价值增值性

财务预警是企业内部控制的重要环节，是财务治理机制的有机组成部分。财务风险一旦发生，会给企业带来损失，对财务风险加以预警，并采取适当的防御措施，将有助于推动企业价值增长，或者减缓、逆转企业价值的下跌的趋势，为企业财务目标的实现保驾护航。

4. 技术可行性

财务预警模型是围绕财务风险进行设计的，财务风险的可计量性为财务预警模型的建立提供了技术支持。财务指标分析体系的日益健全和风险测度有关的数理模型的发展，为财务预警技术提供了前所未有的契机。财务风险是财务收益与预期收益发生偏离的程度，这种风险程度可以根据历史类似事件的统计数据，采用一定的统计和预测技术，对各种结果发生的概率进行预测，这使财务风险的测度成为可能。

（四）财务预警的机制

财务预警分析是一种诊断工具，告知企业财务动作的现状、财务运营的未来方向，或者告知财务运营已偏离正确方向，将使企业发生财务风险，应事先警惕。要使企业财务预警系统发挥预期的作用，形成良性的动态循环，必须从机制上进行系统设计，通过其监测、诊断、治疗，进而达到增强企业的免疫功能的目的。

1. 财务风险识别机制

识别风险是开展财务预警的首要步骤，良好的财务风险识别机制有赖于对相关风险信息的获取和分析，在对大量资料系统分析的基础上，抓住每一个相关的财务风险征兆，对各种财务风险进行有效识别。财务危机预警资料包括内部数据和相关外部市场、行业等数据。这个系统应该是开放性的，不仅有财会人员提供的财务信息，更有其他业务渠道产生的信息。这个系统不仅是指一般意义上的企业会计核算报告系统，还包括对会计资料的加工处理、分析判断，以及诊断企业潜在的财务危机并及时消除财务危机的专家系统。此外，预警系统要在实践工作中实现理论上的功能，需要建立起计算机辅助系统。计算机系统可以处理大量的数据，进行大范围的分析比较，包括同企业、同行业，还可以为企业财务预警管理提供“标杆”的作用，一旦实际值超过警戒线值，辅助系统（计算机）就会自动向主管人员或者经营者自动发出警报，促使经营者及时解决企业出现的问题，防范不必要的风险。这样一套系统必须借助于现代计算机的数据库技术、专家系统技术，结合现代风险管理的方法与手段，融数据库管理体制、模型管理及财务专家知识于一体，使企业财务风险管理计算机化、智能化，为企业管理走向科学可控提供依据。

2. 财务风险评估机制

高效的风险评估机制是财务预警的关键，通过分析评估可以迅速排除对财务影响小的风险，从而将主要精力放在有可能造成重大影响的风险上。经重点研究，分析出风险的成因，评估其可能造成的损失，为制订相应的措施提供决策依据。为了保证分析结果的真实和客观，从事该工作的部门或个人应保持高度的独立性。预警分析系统一般有两个要素：先行指标和扳机点。先行指标是用于早期评价不佳运营状况的变动指标。扳机点是控制先行指标的临界点，也就是预先所准备的应急计划必须开始启动之点，一旦评测指标超过预定的界限点，则应急计划便随之启动。例如由应收账款周转率太低的信息，可以让经营者了解信用政策及顾客管理已经存在问题，应设法改善；进一步再用应收账款账龄分析法，可以了解哪些顾客账款回收有困难，应全力催收以保全企业债权的安全。

3. 财务风险应对机制

财务风险评估后，应立即制订和启动相应的应急预案，尽可能减少风险带来的损失。如果这种风险长期存在，可以将其设置为一个风险控制点，对其进行长期和全程的监视和控管。绘制企业动态风险地图，并将财务风险列为重大风险加以标识，作为财务预警的依据。无风险区域和低风险区域可以设立安全标杆，投入相对较少的资源以应对风险，中、高风险区域“红旗”（Red Flag）标明，需要投入较多的资源以应对可能发生的重大财务风险。此外，企业财务预警制度若要有效运作，就必须有正确、及时且符合企业需要的各种管理资讯系统，提供及时完整的经营结果数据，使经营者及各部门负责人能以实际经营状况数据体系来与标准财务指标数据相比较。当有超出或低于标准指标数据的情形发生时，就表明财务状况将可能有不健全的症状产生，经营者应作进一步深入研究，找出蛛丝马迹，对症下药，防止财务恶化。

二、财务预警分析的程序

（一）建立分析模型

分析模型有单变量模式和多变量模式之分，国外企业财务预警单变量分析模式即财务比率分析法，通过财务比率走势预测财务危机，主要指标有：债务保障率、资产收益率、资产负债率和资金安全率；多变量模式有“Z 分数模型”和“F 分数模型”等，运用多种财务指标加权汇总产生的总判别分来预测财务危机。我们在进行财务预警分析时，可以采用已经建立并使用的模型，也可以从本国企业的实际情况出发，选择财务指标或建立判别函数，探求财务比率的实际含义和判别函数的数量变化驱动因素，获取有效决策的经验数据。由于不同国家、地区、行业和企业有着不同的会计政策和制度，企业财务数据的计算口径并不完全一致，标准财务指标也不相同。因此，良好的财务预警分析模型的建立应因地制宜，经过实践的检验。

（二）根据财务数据和资料计算财务比率和判别值

根据企业的财务报告和相关资料来计算财务比率和判别值。运用单变量模式的，应根据公式计算出个别财务比率，如债务保障率、资产收益率、资产负债率和资金安全率等，它们分别反映了企业的现金流量、净收益和债务状况等；运用多变量模式的，应首先计算判别函数中用到的财务指标，然后根据公式计算判别值。

（三）根据指标、函数的标准值和计算值来判别财务危机的可能性

不管单变量模式还是多变量模式，财务指标或判别函数都有其判别财务危机发生的数值，即财务指标或判别函数值在某一范围内，财务状况良好，在另一范围内可能发生财务危机甚至于财务失败或经营失败。这表明财务状况好与坏的临界值即为财务危机的警戒线。临界值的确定必须要有科学的依据和实践的检验。通过比较计算值与临界值的大小，来判别财务危机的可能性。

（四）分析财务危机的具体原因并采取相关措施

单变量模式中，根据对个别财务指标的标准值和计算值的比较，可以直接发现企业财务危机发生的原因到底出自哪一方面，是现金流量不足，净利润太少，还是资本结构出现问题，或者企业经营环境恶化。然后把企业财务活动的总体分解为每个具体部分，再逐一从盈利能力、营运能力和偿债能力加以考察分析，查出企业财务危机的根源，对症下药，找出解决措施。多变量模式中，应根据计算判别函数值中的财务比率值的实际值与该财务指标的标准值相比较，来分析财务危机的具体原因。因此，在多变量模式中，分析财务危机的具体原因应首先找出判别函数中财务比率运动变化的度，不同的指标有不同的量的规定，分析每个指标时应掌握度的原则，把握标准值。

（五）记载和反馈危机处理的全过程以避免财务危机再次发生

完善的财务预警分析系统应包括记录和反馈步骤，即系统而详细地记载企业财务危机发生的原因、发展和处理过程，解除危机采取的措施和改进意见，将这一全过程记载和反馈给分析者，避免类似的财务危机再次发生。

三、财务预警的技术方法

（一）财务预警分析的分类

1. 定性分析和定量分析

按预警分析所采用的分析方法，可将其分为定性分析和定量分析。定性分析是在财务报表分析的基础上，结合专业分析人员的经验判断，对企业财务运行状况、组织管理进行综合评判得出预警结论。其特点是分析人员根据自己的经验对企业财务危机的原因进行分析，以判断财务危机发生的可能性。比较典型的有“四阶段症状分析法”，即将财务危机分为潜伏期、发作期、恶化期、实现期四个阶段，通过财务分析进行判断。此外，还常用专家调查法、管理评分法等。这类方法简单，但受到分析人员的分析方法及其经验等主观因素的影响较大。定量分析是对财务报表数据进行分析、加工来完成预警的，有其科学性和合理性。定量预警方法主要是指通过引入单个或多个变量建立模型来预测企业财务危机，变量一般为财务比率，预警模型往往采用一元或多元函数的形式。将定性分析和定量分析结合起来可以取长补短、相得益彰，因此，企业不但要通过定量分析，把握企业的发展趋势，而且要相应地结合定性分析进行综合判断。

2. 单变量与多变量财务预警分析

按分析时利用指标或因素的多少，财务预警分析可划分为单变量预警分析和多变量预警分析。单变量预警分析是指通过对每个因素或指标进行分析判断，与标准数据进行比较，然后决定是否发出警报以及警报的过程；多变量预警分析则是根据不同指标、因素的综合分析的结果进行判断。单变量模型的优点是简单可行，但其缺陷在于：①使用单个财务指标将在很大程度上排斥其他指标的作用。②不能准确反映数据的整体分布情况。③分析者对同一公司使用不同财务比率可能会得出不同的结论。多变量模型的优点是：①把多个财务比率综合到一个模型中，综合评价企业的风险。②能够包含独立变量。③一旦建立模型之后，运用相对容易。多变量模型的缺点是：①缺乏理论依据。迄今为止，还没有一个重要理论能够说明财务比率在企业破产前的预测能力。模型大多是以经验证明或实证分析为依据得来的，选择变量时会受研究人员自身的直观判断的影响以及数据的可获取情况的影响。②大多数研究都对样本的年度财务数据进行截面分析，忽视了企业财务循环中的时间序列特征，即只是一种表态分析，只站在一个时点上对经营单位进行横截面预警，没有做到动态分析。③受到诸多限制。不但财务数据和比率受到诸如会计核算标准、各国政府政治的影响，而且诸多预警指标、模型的判断标准会受到企业规模、所处行业、地域、面临的经济法律环境以及样本的选取范围和时间区间等诸多差异的影响，这样得出的模型存在很大差异。处于不同国家、不同地区、不同行业或不同时期的企业，财务预警模型可能不同，已有的预警模型不一定适用。④未考虑非财务因素。非财务因素，比如总体投资环境、政府财政政策、金融危机以及其他突发性危机等也可能导致财务危机。因此，以财务数据为基础的财务预警模型由于不能反映非财务因素的变化，其预警企业破产危机的有效性受到一定的限制。

当然，单变量模式与多变量模式有一定的区别，主要表现在以下方面：①预测方法不同。单变量模式以单个财务指标来分析评价企业的财务危机可能性，财务指标的选择具有多样性，当然每个财务指标的预测能力也有所不同；多变量模式则以几个财务比率的加权平均值为分析考察的基础，综合各方面来判别企业的财务危机的可能性。②预测的内容不同。单变量模式不仅可以分析企业的破产危机的可能性，还可以分析预测拖欠账款、资不抵债、无力支付股利等危机，这可从不同的财务指标中得出；多变量模式所预测的财务危机仅指企业的破产危机，因而多变量模式也被称为公司破产预测模型。③适用的范围不同。单变量模式适用于任何类型的企业，而多变量模式中涉及确定股价的财务比率的计算时，仅适用于上市公司，上市公司才可以获得股票市价的资料，模型才具有实际意义。

3. 指标判断和因素判断

按分析判断采取的主要依据，其可分为指标判断和因素判断。指标判断是指建立风险评价指标或指标体系，划分指标预警标准以及警报区域，然后根据指标值落入警报区域的状况确定是否发生警报以及警报的程度。因素判断是指将风险因素按一定方式进行重要度排序，以重点因素作为主要的报警因素，或通过某种方法得到风险因素的出现概率，然后与报警概率进行比较，作出判断。指标判断侧重于定量方面，而因素判断侧重于定性方面，两者可以结合起来使用，以提高财务预警分析的准确度。

（二）财务预警分析的具体技术方法

运用财务预警技术方法可以构建企业财务预警系统，有效监测和抵御企业在未来一段时期可能遭受的财务风险和可能发生的财务危机。建立企业财务危机预警系统，是企业战略的重要组成部分，是企业战略达成的“晴雨表”。各级管理者借助这个系统，可以及早发现企业可能或已经发生的债务风险，并根据预测的情况，制订实施相应的应对方案，预防风险的发生或控制其扩大，并避免类似情况的发生。财务预警系统是以企业信息化为基础，对企业在经营管理活动中潜在的风险进行实时监控的系统，它贯穿于企业经营的全过程。建立企业财务预警系统，对财务运营作出预测，无论从哪个立场分析都是十分必要的。经营者可以在财务危机出现的萌芽阶段采取有效措施改善企业经营，防患于未然；投资者可以在企业财务危机初露端倪时及时处理现有投资，以免遭受更大损失；包括银行在内的债权人可以利用这种预测作出信贷决策进行控制；供货单位和客户可以在这种信号帮助下制定商业信用政策，并加强对应收账款的管理。有效的企业财务危机预警系统应具备三个基本职能：一是当可能危害企业财务状况的关键因素出现时，企业财务危机预警系统能预先发出警告，提醒企业管理者早做准备或采取对策以减少财务损失；二是当财务危机征兆出现时，有效的企业财务危机预警系统不仅能预知预告，还能及时寻找导致企业财务状况恶化的原因，制订有效措施，阻止财务状况进一步恶化，避免严重的财务危机真正发生；三是有效的企业财务危机预警系统不仅能及时回避现存的财务危机，而且能通过系统详细地记录其发生原因、解决措施、处理结果，并及时提出改进建议，弥补企业现有财务管理及经营中的缺陷，从而既提供了未来类似情况的前车之鉴，更能从根本上消除类似财务危机再次发生的隐患。

传统的财务危机预警方法包括用财务指标分析预警财务危机，也包括专业机构，如银行、资信评估机构为弥补财务指标分析的不足，应用非财务信息指标如管理行为等预警财务危机。传统的财务预警方法只是通过对企业财务状况好坏的评价来分析预警财务危机，并没有发展成一门专门的财务危机预警技术。现在使用范围比较广泛的财务预警的具体技术方法包括单一财务比率法、财务比率综合计分法，以及基于计量方法的财务预警模型。

1. 单一财务比率法

单一财务比率法也称为单变量模型，是指将某一项财务指标作为判别标准来判断企业是否处于财务危机状态的一种预警方法。1966 年威廉·比弗（William Beaver）提出单变量预警模型，通过对 1954—1964 年期间的大量失败企业和成功企业比较研究，对 14 种财务比率进行取舍，最终得出可以有效预测财务失败的比率依次为：债务保障率（现金流量/债务总额）、资产负债率（负债总额/资产总额）、资产收益率（净收益/资产总额）、资产安全率（资产变现率－资产负债率）。威廉·比弗认为债务保障率能够最好地判定企业的财务状况（误判率最低）；其次是资产负债率，且离失败日越近，误判率越低。但各比率判断准确率在不同的情况下会有所差异，所以在实际应用中往往使用一组财务比率，而不是一个比率，这样才能取得良好的预测效果。

目前，我国企业在实际工作中常用的财务比率主要有资产负债率、利息保障倍数、流动比率和速动比率等。如流动比率的判别标准一般制造企业为2，即如果流动比率低于2，就可能存在偿债风险；速动比率的判别标准一般制造企业为1，即如果速动比率低于1，就可能存在偿债风险。比如，信贷部门通过长期的工作实践，总结出判断企业偿债能力的财务信号有：客房现金状况的恶化、应收账款额或比率的急剧上升或收取过程的显著放慢、存货周转率的放慢、流动资产在总资产中所占比例的下降或资产结构的变化、流动负债或长期负债的异常增加、较低的权益与负债比、不断降低的销售额、销售收入总额与销售收入净额之间的巨大差异、不断增加的成本或不断上升的损失、日常开支相对于销售额不成比例的增长、资产总额相对于销售额或利润的不断增加、较高的无形资产含量。单一财务比率法的优点是简单明了、易于掌握，缺点是财务比率可以被人为操纵，容易引起失误。

2. 财务比率综合计分法

财务比率综合计分法是选择多个财务比率并赋予相应的权重，计算综合财务指标，以此来判断企业发生财务危机的可能性。常用的财务比率综合计分法主要包括沃尔评分法和综合评分法。沃尔评分法在前面部分已有详细介绍，此处重点介绍综合评分法。

综合评分法选择评价营利能力、偿债能力、成长能力的财务比率，按5：3：2来分配比重，标准分为100分，取值范围为50～150分，分值越高，反映企业的财务状况越好，发生财务危机的可能性越小。其中，评价营利能力的财务比率选择了总资产周转率、销售净利率、净值报酬率；评价偿债能力的财务比率选择了自有资本率、流动比率、应收账款周转率、存货周转率；评价成长能力的财务比率选择了销售增长率、净利增长率、人均净利增长率。综合评分法的计分标准见表6－2。

表6－2　综合评分法的计分标准

财务比率 \ 计分方法		评分值	标准比率（%）	行业最高比率（%）	最高评分	最低评分	每分比率的差（%）
盈利能力	总资产周转率	20	10	20	30	10	1
	销售净利率	20	4	20	30	10	1.6
	净值报酬率	10	16	20	15	5	0.8
偿债能力	自有资本率	8	40	100	12	4	15
	流动比率	8	150	450	12	4	75
	应收账款周转率	8	600	1 200	12	4	150
	存货周转率	8	800	1 200	12	4	100
成长能力	销售增长率	6	15	30	9	3	5
	净利增长率	6	10	20	9	3	3.3
	人均净利增长率	6	10	20	9	3	3.3
合计		100	—	—	150	50	—

资料来源：彭韶兵，刑精平．公司财务危机论［M］．北京：清华大学出版社，2005.

综合评分法的优点在于考虑了多种财务比率，比较全面地评价企业的财务状况，但财务比率的选择和比重的确定都是经验的总结，缺乏理论依据。

3. 基于计量方法的财务预警模型

（1）Z计分模型。传统财务危机预警方法的弊端在于，在常用的20多个财务比率中，每一个比率可用来评估企业的财务状况的某一特定方面的优势和劣势。但是，任何一个单个的比率都无法用来准确评估一个企业的总体实力。于是，基于计量方法的财务预警模型应运而生，最经典的基于计量方法的财务预警模型是Z计分模型，运用该模型进行财务预警的方法称为Z计分法。Z计分法由爱德华·奥尔特曼（Edward I. Altman）教授于1968年发表。这一记分法通过统计的手段，将几个最重要的指标结合在一起来判断企业的运营情况。Z计分法最初源于对生产性企业的采样，但这一算法在预测非生产型企业的倒闭时有95%的准确率。目前也有很多其他的破产预测指数被研究并发表出来，但还没有哪一个指数像Z计分法这样，得到如此多的测试和广泛的接受。Z计分模型的表达式为：

$$Z = 0.012x_1 + 0.014x_2 + 0.033x_3 + 0.006x_4 + 0.999x_5$$

其中：Z为判断函数值；x_1 = 营运资金/资产总额；x_2 = 留存收益/期末资产总额；x_3 = 息税前利润/期末资产总额；x_4 = 普通股及优先股市场价值总额/负债账面价值总额 =（每股市价×流通股数 + 每股净资产×非流通股数）÷负债总额；x_5 = 销售收入/资产总额。

一般说来，Z值越低则企业越有可能破产。若Z值大于或等于2.675，表示企业财务状况良好；若Z值小于或等于1.81，表示企业有很大的破产危险。这个模型实际上是通过五种财务比率，将反映企业偿债能力的指标（x_1和x_4）、获利能力指标（x_2和x_3）和运营能力指标（x_5）有机联系起来，统合预测企业失败、破产可能性。实践证明，Z计分法在对企业一两年内的近期预测准确率很高，预测期延长则准确率降低。情况比较复杂的企业一般采用这种模型。值得注意的是，该定量分析方法还必须与对企业所在行业背景分析、企业综合实力分析、企业管理水平分析、现金流量情况分析紧密结合起来，进行综合分析判断。

Z计分模型的变量是从资产流动性、获利能力、偿债能力和营运能力等指标中各选择一两个最具代表性的指标组合而成的，模型中的系数则是根据统计结果得到的各指标相对重要性的量度。实证表明，该模型对企业财务危机有很好的预警功能。但其预测效果也因时间的长短而不一样，预测期越短，预测能力越强，因此该模型较适合对企业短期风险的判断，尤其是对企业破产前一年的财务风险判别准确率很高，可达95%，因而被广泛应用。不足之处主要有：利用这种方法进行横向比较的效果较差，同样的Z值在这个行业可能不存在破产的风险，而如果处在另外一个行业里，则破产的可能性极大；在企业破产前两年内利用这种模型的判别准确率较高，超出两年则准确率较低，据统计，预测企业破产在一年时间内的准确率为95%，两年内的准确率为83%，而三年以上的准确率仅为48%；选择的样本空间以及财务指标变量要求服从正态分布。同时，它采用的是按权责发生制原则编制的报表资料，没有考虑较为客观的现金流量指标，往往不能准确地反映企业现实的财务状况。

例如，泸州老窖股份有限公司某年度营运资本 2 133 750 427. 78 元，总资产 8 026 265 190. 17 元，计算 $x_1=26.5846$；留存收益 3 659 877 739. 71 元，计算 $x_2=45.5988$；息税前利润 2 926 507 720. 55 元，计算 $x_3=36.4616$；股权市价总值 31 327 962 309 元，总负债 2 463 911 210. 43 元，计算 $x_4=1\ 271.4729$；主营业务收入 5 188 723 576. 37 元，计算 $x_5=0.6465$。利用 Z 计分模型计算，$Z=10.4353$。从财务数据来判断，该企业的运营是安全的。当然，管理失误、欺骗、经济下滑以及其他因素都可能会造成难以预见的问题，所以该模型分析要结合其他分析一起进行。此外，本例计算的 Z 值显著高于奥尔特曼确定的 Z 值范围，这说明由于我国上市公司与美国公司所处环境不一样，可能降低了该模型对我国上市公司的适用性，只是在一定程度上具有参考价值。因而我国公司在运用该模型对公司的财务状况进行测算时，必须根据公司的实际情况进行修正，临界值需要调整，方能适合公司的实际情况，也才能有真正的实用价值。

（2）F 分数模型。由于 Z 计分模型在建立时并没有充分考虑到现金流量的变动等方面的情况，因而具有一定的局限性。为此，有的学者拟对 Z 计分模型加以改造，并建立财务失败预警分析的新模式——F 分数模型。

F 分数模型的主要特点是：

F 分数模型加入现金流量这一预测自变量，使财务分析更具有全面性。许多学者研究证实现金流量比率是分析企业财务状况和经营业绩的重要指标，也是预测企业破产的有效变量，因而它弥补了其他模式的不足。

本模型考虑到了企业随着财务状况的发展，其有关指标的演变和改进，富有动态性。比如企业在知识经济时代，随着网络和和电子商务的发展，分析企业的财务比率的标准发生了很大的变化。

本模型验证所使用的样本更加广泛，具有权威性。它使用了 Compustat PC Plus 会计数据库中 1990 年以来的 4160 家公司的数据进行检查；而单变量模式选用了 79 个失败企业和相同数量、相同资产规模的成功企业，Z 计分模型的样本仅为 66 家。检验结果表明，F 分数模型对破产公司预测的准确率为 68. 18%。F 分数模型的表达式为：

$$F=-0.1774+1.10911x_1+0.1074x_2+1.9271x_3+0.0302x_4+0.4961x_5$$

其中，x_1、x_2 及 x_4 与 Z 计分模型中的 x_1、x_2 及 x_4 相同，x_1 = 营运资金/资产总额；x_2 = 留存收益/期末资产总额；x_4 = 普通股及优先股市场价值总额/负债账面价值总额。不同之处在于其 x_3、x_5 与 Z 分数模型中 X_3、X_5 不同。在 F 分数模型中，x_3 = （税后利润 + 折旧）/平均总负债；x_5 = （税后利润 + 利息 + 折旧）/平均总资产。

X_3 是一个现金流量指标，它是衡量企业产生的现金流量用于偿还企业债务的重要指标。因为企业提取的折旧费用也是企业的现金流入，必要时可将这部分资金暂时用来偿还债务，缓解财务危机。

X_5 则衡量企业总资产在创造现金流量方面的能力。相对于 Z 计分模型，它可以更准确地预测出企业是否存在财务危机，其中的利息是指企业利息收入减去利息支出后的余额。

F分数模型中F判别值的临界值为0.0274，即若F<0.0274，则预测很有可能发生破产；反之，若F>0.0274，则公司破产可能性较小。

F分数模型增加了现金流量这一预测公司破产的有效变量，可以使预测更具可靠性，是企业建立财务预警体系的一个比较理想的选择。但也存在缺陷，F模型没有考虑到不同行业之间的财务指标差异。虽然F分数模型是建立在较大样本基础上的，但是具体到某行业来说，财务模型的具体运用上还需要做一定的改进。

小讨论：

传统财务分析是基于股东本位的思维模式，其分析主体、对象和方法都打上了"股东至上"的烙印，带有先天缺陷。王海兵博士在《人本财务研究》（立信会计出版社，2012）一书中，构建了以人为本的企业财务报告体系，包括资产权益表、增值表和社会责任报告，为开展利益相关者财务分析提供了信息基础。系统地探讨了"以人为本的企业财务绩效评价"，基于利益相关者视角重构了现代财务分析范式，例如将经济绩效进一步向社会绩效和环境绩效扩展，提出了员工财务分析、消费者财务分析等新的分析内容，对平衡计分卡、绩效三棱镜等新的分析工具进行了分析评价，以及探讨了经济附加值（EVA）、每股社会贡献值、综合绩效评价指数等新的评价指标，开辟了财务分析的新领域。有兴趣的同学可以自行阅读，以拓展知识面和创新思维，真正做到理论联系实践，学以致用，且能举一反三。

贵州茅台酒股份有限公司的营业税金及附加占总支出比重超过了该公司营业成本占公司总支出的比重，找到任意一家上市公司的利润表，比较两个公司的比重是否一致？是什么原因导致该公司的营业税金比重这样高？

实验实训案例

1. 案例资料

对青岛海尔2012年12月31日的年报进行杜邦财务分析。查阅新浪财经网，获得该公司的财务数据如下：青岛海尔2012年12月31日实现销售收入7 985 660万元，归属于上市公司股东的净利润326 946万元。年末资产总额4 968 830万元，年末负债总额3 426 220万元。年初资产总额3 972 350万元，年初负债总额2 818 450万元。

2. 杜邦分析图解

计算公式说明：平均权益乘数=1÷（1－平均资产负债率）=1÷（1－负债总额/资产总额）×100%，资产周转率=销售收入÷平均资产总额，平均资产总额=（期末资产总额+期初资产总额）÷2。

3. 分析结论

青岛海尔2012年的净资产收益率达到32.37%，远远超过上市公司10%的标准。资产净利率为9.75%，体现了海尔的盈利能力，这个指标并不算太高。但海尔的平均权益乘数为3.32，发挥了巨大的杠杆效应，迅速将海尔集团的盈利水平推高数倍。海

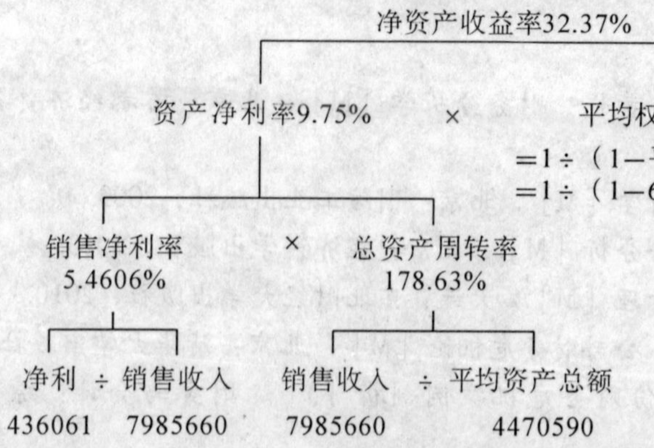

图 6.2 青岛海尔 2012 年杜邦分析图

尔的平均资产负债率接近 70%，主权资本只占到三成，本身蕴藏着较大的财务风险。但在可观的销售净利率和资产周转率共同作用下，使财务杠杆发挥出了收益倍增效应。可见，在一定的资本营运和盈利能力下，合理规划企业的资本结构，显得尤其重要。

案例分析

网通公司财务风险案例分析

中国网络通信集团公司（以下简称中国网通）在原中国电信集团公司及其所属北方10省（区、市）电信公司、中国网络通信（控股）有限公司、吉通通信有限责任公司基础上组建而成。中国网通的注册资本为600 亿元人民币，资产总额近 3000 亿元。2004 年 11 月，中国网通在纽约、香港成功上市，是国内外知名的电信运营商，北京 2008 年奥运会固定通信服务合作伙伴。2007 年以来，集团业务收入增幅连续下降，在国内四家主要运营企业当中收入增幅最低。2009 年 1 月 7 日经国务院同意，中国联合通信有限公司与中国网络通信集团公司重组合并，新公司名称为中国联合网络通信股份有限公司（简称“中国联通”），是中国唯一一家在纽约、香港、上海三地同时上市的电信运营企业。截止 2012 年 6 月，中国移动、中国联通、中国电信、中国网通四家公司的市场占有份额依次为：46.68%、24.68%、12.87%、13.39%。网通公司市场占有率比 2011 年下降了 1.11%，下降速度高于主要竞争对手中国电信。中国网通作为央企的重要一员，担负着国有资产保值增值的重任，必须充分认识风险管理的重要意义，开展全面风险管理，贯彻落实国资委《中央企业全面风险管理指引》，确保国有资产保值增值的要求。特别是要借鉴中航油事件，短期内发生巨亏导致国有资产损失惨重，其集中暴露出内部控制体系不健全，财务风险防控失效给国家及企业造成严重后果。网通现在所面临的风险一方面来自企业内部战略风险、投融资决策风险、流量风险和运营风险。另一方面是外部市场需求变化，政策法规改变，宏观经济调整，资本市场波动等风险。为了防止整个集团出现重大经营风险和财务风险，尤其是专门对南方各公司进行了内控工作整体部署。网通公司财务专业线通过自查，并在分析了上年度中国网通的运营报表之后，发现目前网通公司的有关规避财务风险、建立财务预警系统的机制和内部控制方面还不完善，尚待加强。

思考：怎样利用财务预警技术方法分析中国网通年报，以此对其财务危机进行预警？

参考文献：

[1] 郭复初，郑亚光，黄娟．财务分析学 [M]．北京：首都经济贸易大学出版社，2008.

[2] 邓德军．财务分析学 [M]．北京：国防工业出版社，2009.

[3] 杨安富．财务报告分析 [M]．北京：经济科学出版社，2013.

[4] 杨丹．中级财务管理 [M]．大连：东北财经大学出版社，2010.

[5] 彭韶兵，刑精平．公司财务危机论 [M]．北京：清华大学出版社，2005.

[6] 朱乃平，中达股份财务危机案例剖析 [J]．财务与会计：综合版，2008 (2).

课后题：

1. 何谓财务综合分析？它和财务分析有何区别和联系？
2. 财务综合分析的内容有哪些？
3. 财务综合分析具有哪些特点？
4. 财务比率综合分析方法主要包括哪些？
5. 简述沃尔评分法的实施过程及应注意的问题？
6. 何谓杜邦分析法？它有什么特点？
7. 杜邦分析法可以分解为哪些层次？每个层次包括哪些指标？指标之间的运算关系怎样？
8. 传统杜邦分析法的局限性有哪些？
9. 简述财务预警的概念和作用。
10. 简述财务预警分析的程序。
11. 财务预警分析的分类及技术方法包括哪些？

附录一　资产负债表分析实验指导书

一、实验项目名称

资产负债表分析。

二、实验目的

1. 通过此实验，可使学生检验对资产负债表重点项目分析技能的掌握情况，同时也能锻炼其处理财务数据和运用相关理论分析和解决实际问题的能力。

2. 通过此实验，可使学生检验对资产负债表总体分析技能的掌握情况，同时也能锻炼其处理财务数据和运用相关理论分析和解决实际问题的能力。

三、实验资料

请下载有色金属板块中的一家上市公司最近 3 ~ 5 个年度的财务报告作为实验资料。

同学们根据所学资产负债表分析的相关知识，用比较分析方法、构成分析法对公司的资产结构、负债结构、所有者权益结构、资本结构进行分析。

四、实验要求

本实验要求学生熟悉企业资产负债表、利润表及现金流量表等相关报表，利用查找的上市公司的基本资料及 Excel 软件，运用比较分析方法、构成分析法、比率分析法进行分析。具体要求如下：

1. 根据该公司的资产负债表，编制共同比报表。
2. 分析该公司的资产结构特征。
3. 分析该公司的负债结构特征。
4. 分析该公司的所有者权益结构的特征。
5. 计算该公司的偿债能力指标并评价其偿债能力的强弱。
6. 结合公司 5 ~ 10 年的报表分析公司的总体发展趋势。

五、实验步骤

1. 用 PDF 格式下载相关报表。
2. 用 Excel 绘制该公司的实验要求的相关原始数据及计算。
3. 完成相关实验报告。

资产负债表分析实验项目的实验报告规范格式如下：

《财务报告分析》课程实验报告

实验项目名称：　　　　资产负债表分析　　　　

实验时间：　　　　　　　年　月　日　　　　

实验地点：＿＿＿＿＿＿＿＿＿＿＿＿＿＿＿＿

实验班级：　　　　　级　　专业　　班　　

姓　　名：＿＿＿＿＿＿＿＿＿＿＿＿＿＿＿＿

学　　号：＿＿＿＿＿＿＿＿＿＿＿＿＿＿＿＿

小组成员：＿＿＿＿＿＿＿＿＿＿＿＿＿＿＿＿

实验成绩＿＿＿＿＿＿　指导教师：＿＿＿＿＿＿

评阅方面	优秀	良好	中等	及格	不及格
1. 实验态度（所占比例10%）	态度非常端正，积极主动查阅资料，认真分析问题，不断修改和完善拟定的制度。	态度端正，能按照老师要求查阅资料，分析问题较认真。	态度较端正，能利用老师给定的资料进行分析，拟定的制度缺乏针对性。	态度一般，只是利用部分资料进行分析。	态度较差，没有认真查阅资料、分析问题。
2. 实验项目完成情况（所占比例10%）	制度内容全面，条款简洁清晰，各项制度首尾连贯，格式规范。	较好地完成了实验，制度设计较全面，条款清晰，格式规范。	完成实验一般，制度基本涵盖了该管理制度主要内容，格式规范。	能够完成实验内容，但不完整，格式较为规范。	完成实验较差，制度设计“文不对题”，格式零乱。
3. 实验所依据的原理和方法（所占比例10%）	实验所依据的原理正确，方法可行，拟定的制度可操作性强。	实验所依据的原理正确，方法基本适用。	实验所依据的原理基本正确，方法基本可行。	实验所依据的原理基本正确，所选取的方法并不恰当。	实验所依据的原理不正确，方法也不适用甚至是错误的。
4. 实验过程设计及操作步骤（所占比例10%）	能根据实验要求进行操作，步骤详细、合理、规范。	能根据实验要求进行操作，步骤合理、规范。	能根据实验要求进行操作，步骤规范。	能根据实验要求进行操作，步骤过于简略。	不能完全根据实验要求进行操作，步骤缺损严重。
5. 实验结果与分析（所占比例40%）	能得出很好的实验结果，并进行详细深入的分析。	能得出较好的实验结果，并进行详细分析。	能得出实验结果，并进行了简要的分析。	能得出主要的实验结果，对实验结果的分析不够。	得出的实验结果不完整，也没有进行分析。
6. 实验讨论（所占比例5%）	对实验的内容，包括资料、问题和建议等，都能进行充分的讨论。	能对实验的部分内容进行较为充分的讨论。	对实验的部分内容进行了简要的讨论。	虽对实验的内容进行了讨论，但讨论空洞，不具有针对性。	没有对实验的内容进行讨论。
7. 针对目标企业的措施和建议（所占比例15%）	能针对目标企业的优势和问题，提出切实可行的措施和建议。	能指出目标企业的优势所在，并能就目标企业的某些问题，提出自己的修正措施。	能指出目标企业的优势和问题，提出的措施和建议一般，不具有针对性和可行性。	能指出目标企业的优势和问题，但未提出措施和建议。	不能指出目标企业的优势和问题。

教师评阅成绩：__________

实验目的
实验结果的分析
存在的问题和改进措施（主要指实验过程中存在的问题）

附录二　利润表分析实验指导书

一、实验项目名称

利润表分析。

二、实验目的

1. 通过此实验，可使学生检验对利润表项目分析相关知识的掌握情况，同时也能锻炼处理财务数据和运用相关理论分析和解决实际问题的能力。

2. 通过此实验，可使学生检验对利润表总体分析相关知识的掌握情况，同时也能锻炼处理财务数据和运用相关理论分析和解决实际问题的能力。

三、实验资料

选择医药行业的三家上市公司，三家公司最近财务年度的利润表要求一家盈利、一家基本持平和一家亏损。请下载你所选择的三家上市公司最近三年的利润表及其会计报表附注（财务会计报表可到上市公司网站上下载）。

四、实验要求

本实验要求学生能够熟练阅读企业利润表及会计报表附注，利用查找的上市公司的基本资料及 Excel 软件，运用水平分析和垂直分析等方法进行实际业务分析。具体要求如下：

1. 根据三家公司的相关报表资料，对利润表的收入项目、费用项目、利得与损失项目以及其他综合收益项目等进行分析，找到导致其结果的原因。

2. 根据三家公司的相关报表资料，对利润表进行变动分析、趋势分析、结构分析及质量分析，并得出结论。

3. 比较三家公司的分析结果，分析盈利能力不同的公司其利润表显示何种特点。

4. 如果实验时间有限，同学们可以选做实验要求 3，或仅比较盈利企业与亏损企业。

五、实验步骤

1. 用 PDF 格式下载相关报表。

2. 用 Excel 绘制该公司的实验要求的相关原始数据及计算。

3. 完成相关实验报告，提出分析的结论。

利润表分析实验项目的实验报告规范格式如下：

《财务报告分析》课程实验报告

实验项目名称：＿＿＿＿利润表分析＿＿＿＿

实验时间：＿＿＿＿年　月　日＿＿＿＿

实验地点：＿＿＿＿＿＿＿＿＿＿＿＿

实验班级：＿＿＿级　专业　班＿＿＿

姓　　名：＿＿＿＿＿＿＿＿＿＿＿＿

学　　号：＿＿＿＿＿＿＿＿＿＿＿＿

小组成员：＿＿＿＿＿＿＿＿＿＿＿＿

实验成绩＿＿＿＿＿　指导教师：＿＿＿＿＿

评阅方面	优秀	良好	中等	及格	不及格
1. 实验态度（所占比例10%）	态度非常端正，积极主动查阅资料，认真分析问题，不断修改和完善拟定的制度。	态度端正，能按照老师要求查阅资料，分析问题较认真。	态度较端正，能利用老师给定的资料进行分析，拟定的制度缺乏针对性。	态度一般，只是利用部分资料进行分析。	态度较差，没有认真查阅资料、分析问题。
2. 实验项目完成情况（所占比例10%）	制度内容全面，条款简洁清晰，各项制度首尾连贯，格式规范。	较好地完成了实验，制度设计较全面，条款清晰，格式规范。	完成实验一般，制度基本涵盖了该管理制度主要内容，格式规范。	能够完成实验内容，但不完整，格式较为规范。	完成实验较差，制度设计“文不对题”，格式零乱。
3. 实验所依据的原理和方法（所占比例10%）	实验所依据的原理正确，方法可行，拟定的制度可操作性强。	实验所依据的原理正确，方法基本适用。	实验所依据的原理基本正确，方法基本可行。	实验所依据的原理基本正确，所选取的方法并不恰当。	实验所依据的原理不正确，方法也不适用甚至是错误的。
4. 实验过程设计及操作步骤（所占比例10%）	能根据实验要求进行操作，步骤详细、合理、规范。	能根据实验要求进行操作，步骤合理、规范。	能根据实验要求进行操作，步骤规范。	能根据实验要求进行操作，步骤过于简略。	不能完全根据实验要求进行操作，步骤缺损严重。
5. 实验结果与分析（所占比例40%）	能得出很好的实验结果，并进行详细深入的分析。	能得出较好的实验结果，并进行详细分析。	能得出实验结果，并进行了简要的分析。	能得出主要的实验结果，对实验结果的分析不够。	得出的实验结果不完整，也没有进行分析。
6. 实验讨论（所占比例5%）	对实验的内容，包括资料、问题和建议等，都能进行充分的讨论。	能对实验的部分内容进行较为充分的讨论。	对实验的部分内容进行了简要的讨论。	虽对实验的内容进行了讨论，但讨论空洞，不具有针对性。	没有对实验的内容进行讨论。
7. 针对目标企业的措施和建议（所占比例15%）	能针对目标企业的优势和问题，提出切实可行的措施和建议。	能指出目标企业的优势所在，并能就目标企业的某些问题，提出自己的修正措施。	能指出目标企业的优势和问题，提出的措施和建议一般，不具有针对性和可行性。	能指出目标企业的优势和问题，但未提出措施和建议。	不能指出目标企业的优势和问题。

教师评阅成绩：__________

实验目的
实验结果的分析
存在的问题和改进措施（主要指实验过程中存在的问题）

附录三　现金流量表分析实验指导书

一、实验项目名称

现金流量表分析。

二、实验目的

通过此实验，可使学生检验对现金流量表分析相关知识的掌握情况，同时也能锻炼处理财务数据和运用相关理论分析和解决实际问题的能力。

三、实验资料

请下载一家稀缺资源上市公司的最近 3 ~5 个年度的现金流量表、财务报告及附注，作为实验资料。

同学根据所学现金流量表分析的相关知识，用变动分析、趋势分析和结构分析方法对该公司现金流量进行财务分析。

四、实验要求

本实验要求学生熟悉现金流量表格式及内容，利用查找的上市公司的基本资料及 Excel 软件，运用所学的现金流量变动分析、趋势分析和结构分析法进行实际业务分析。具体要求如下：

1. 根据该公司的现金流量表资料，编制现金流量表水平分析表，并进行水平分析评价。

2. 根据该公司的现金流量表资料，编制现金流入趋势分析表、现金流出趋势分析表和现金流量净额趋势分析表，并进行相应的趋势分析评价。

3. 根据该公司的现金流量表资料，编制现金流入结构分析表、现金流出结构分析表和现金流量净额结构分析表，并进行相应的结构分析评价。

五、实验步骤

1. 用 PDF 格式下载相关报表。
2. 用 Excel 绘制该公司的实验要求的相关原始数据及计算。
3. 完成相关实验报告。

现金流量表分析实验项目的实验报告规范格式如下：

《财务报告分析》课程实验报告

实验项目名称：　　　　现金流量表分析　　　　

实验时间：　　　　　　年　月　日　　　　　　

实验地点：____________________

实验班级：　　　　　级　　专业　　班　　　　

姓　　名：____________________

学　　号：____________________

小组成员：____________________

实验成绩__________　指导教师：__________

评阅方面	优秀	良好	中等	及格	不及格
1. 实验态度（所占比例10%）	态度非常端正，积极主动查阅资料，认真分析问题，不断修改和完善拟定的制度。	态度端正，能按照老师要求查阅资料，分析问题较认真。	态度较端正，能利用老师给定的资料进行分析，拟定的制度缺乏针对性。	态度一般，只是利用部分资料进行分析。	态度较差，没有认真查阅资料、分析问题。
2. 实验项目完成情况（所占比例10%）	制度内容全面，条款简洁清晰，各项制度首尾连贯，格式规范。	较好地完成了实验，制度设计较全面，条款清晰，格式规范。	完成实验一般，制度基本涵盖了该管理制度主要内容，格式规范。	能够完成实验内容，但不完整，格式较为规范。	完成实验较差，制度设计"文不对题"，格式零乱。
3. 实验所依据的原理和方法（所占比例10%）	实验所依据的原理正确，方法可行，拟定的制度可操作性强。	实验所依据的原理正确，方法基本适用。	实验所依据的原理基本正确，方法基本可行。	实验所依据的原理基本正确，所选取的方法并不恰当。	实验所依据的原理不正确，方法也不适用甚至是错误的。
4. 实验过程设计及操作步骤（所占比例10%）	能根据实验要求进行操作，步骤详细、合理、规范。	能根据实验要求进行操作，步骤合理、规范。	能根据实验要求进行操作，步骤规范。	能根据实验要求进行操作，步骤过于简略。	不能完全根据实验要求进行操作，步骤缺损严重。
5. 实验结果与分析（所占比例40%）	能得出很好的实验结果，并进行详细深入的分析。	能得出较好的实验结果，并进行详细分析。	能得出实验结果，并进行了简要的分析。	能得出主要的实验结果，对实验结果的分析不够。	得出的实验结果不完整，也没有进行分析。
6. 实验讨论（所占比例5%）	对实验的内容，包括资料、问题和建议等，都能进行充分的讨论。	能对实验的部分内容进行较为充分的讨论。	对实验的部分内容进行了简要的讨论。	虽对实验的内容进行了讨论，但讨论空洞，不具有针对性。	没有对实验的内容进行讨论。
7. 针对目标企业的措施和建议（所占比例15%）	能针对目标企业的优势和问题，提出切实可行的措施和建议。	能指出目标企业的优势所在，并能就目标企业的某些问题，提出自己的修正措施。	能指出目标企业的优势和问题，提出的措施和建议一般，不具有针对性和可行性。	能指出目标企业的优势和问题，但未提出措施和建议。	不能指出目标企业的优势和问题。

教师评阅成绩：__________

实验目的
实验结果的分析
存在的问题和改进措施（主要指实验过程中存在的问题）

附录四　财务能力分析实验指导书

一、实验项目名称

财务能力分析。

二、实验目的

1. 通过此实验，可使学生检验对财务能力分析相关知识的掌握情况，同时也能锻炼处理财务数据和运用相关理论分析和解决实际问题的能力。

2. 通过此实验，可使学生对案例公司的偿债能力、营运能力、盈利能力、增长能力做出分析评价。

三、实验资料

请下载一家房地产行业上市公司最近3~5个年度的财务报告作为实验资料。

四、实验要求

本实验要求学生熟悉企业资产负债表、利润表及现金流量表等相关报表，利用查找的上市公司的基本资料及Excel软件，运用综合分析法或财务预警分析法进行实际业务分析。具体要求如下：

1. 根据该公司的相关报表资料，计算偿债能力的相关财务比率，包括短期偿债能力指标和长期偿债能力指标，同时结合定性分析，对该公司的偿债能力进行评价。

2. 根据该公司的相关报表资料，计算营运能力的相关财务比率，包括流动资产营运能力指标、固定资产营运能力指标和总资产营运能力指标，同时结合定性分析，对该公司的营运能力进行评价。

3. 根据该公司的相关报表资料，计算盈利能力的相关财务比率，包括经营盈利能力分析、资产盈利能力分析、资本盈利能力分析，同时结合定性分析，对该公司的盈利能力进行评价。

4. 根据该公司的相关报表资料，计算增长能力的相关财务比率，包括资产增长能力指标、收入增长能力指标、利润增长能力指标和所有者权益增长能力指标，同时结合定性分析，对该公司的增长能力进行评价。

5. 根据偿债能力分析、营运能力分析、盈利能力分析以及增长能力分析的结果，对该公司的财务能力进行综合评价。

五、实验步骤

1. 用 PDF 格式下载相关报表。
2. 用 Excel 绘制该公司的实验要求的相关原始数据及计算。
3. 完成相关实验报告。

财务能力分析实验项目的实验报告规范格式如下：

《财务报告分析》课程实验报告

实验项目名称：________财务能力分析________

实验时间：________年　月　日________

实验地点：________________

实验班级：________级　　专业　　班________

姓　　名：________________

学　　号：________________

小组成员：________________

实验成绩________　指导教师：________

评阅方面	优秀	良好	中等	及格	不及格
1. 实验态度（所占比例10%）	态度非常端正，积极主动查阅资料，认真分析问题，不断修改和完善拟定的制度。	态度端正，能按照老师要求查阅资料，分析问题较认真。	态度较端正，能利用老师给定的资料进行分析，拟定的制度缺乏针对性。	态度一般，只是利用部分资料进行分析。	态度较差，没有认真查阅资料、分析问题。
2. 实验项目完成情况（所占比例10%）	制度内容全面，条款简洁清晰，各项制度首尾连贯，格式规范。	较好地完成了实验，制度设计较全面，条款清晰，格式规范。	完成实验一般，制度基本涵盖了该管理制度主要内容，格式规范。	能够完成实验内容，但不完整，格式较为规范。	完成实验较差，制度设计"文不对题"，格式零乱。
3. 实验所依据的原理和方法（所占比例10%）	实验所依据的原理正确，方法可行，拟定的制度可操作性强。	实验所依据的原理正确，方法基本适用。	实验所依据的原理基本正确，方法基本可行。	实验所依据的原理基本正确，所选取的方法并不恰当。	实验所依据的原理不正确，方法也不适用甚至是错误的。
4. 实验过程设计及操作步骤（所占比例10%）	能根据实验要求进行操作，步骤详细、合理、规范。	能根据实验要求进行操作，步骤合理、规范。	能根据实验要求进行操作，步骤规范。	能根据实验要求进行操作，步骤过于简略。	不能完全根据实验要求进行操作，步骤缺损严重。
5. 实验结果与分析（所占比例40%）	能得出很好的实验结果，并进行详细深入的分析。	能得出较好的实验结果，并进行详细分析。	能得出实验结果，并进行了简要的分析。	能得出主要的实验结果，对实验结果的分析不够。	得出的实验结果不完整，也没有进行分析。
6. 实验讨论（所占比例5%）	对实验的内容，包括资料、问题和建议等，都能进行充分的讨论。	能对实验的部分内容进行较为充分的讨论。	对实验的部分内容进行了简要的讨论。	虽对实验的内容进行了讨论，但讨论空洞，不具有针对性。	没有对实验的内容进行讨论。
7. 针对目标企业的措施和建议（所占比例15%）	能针对目标企业的优势和问题，提出切实可行的措施和建议。	能指出目标企业的优势所在，并能就目标企业的某些问题，提出自己的修正措施。	能指出目标企业的优势和问题，提出的措施和建议一般，不具有针对性和可行性。	能指出目标企业的优势和问题，但未提出措施和建议。	不能指出目标企业的优势和问题。

教师评阅成绩：__________

实验目的
实验结果的分析
存在的问题和改进措施（主要指实验过程中存在的问题）

附录五　财务报告综合分析实验指导书

一、实验项目名称

财务报告综合分析。

二、实验目的

1. 通过此实验，可使学生检验对财务告综合分析相关知识的掌握情况，同时也能锻炼处理财务数据和运用相关理论分析和解决实际问题的能力。

2. 通过此实验，可使学生检验对财务预警分析相关知识的掌握情况，同时也能锻炼处理财务数据和运用相关理论分析和解决实际问题的能力。

三、实验资料

请下载一家白色家电行业上市公司的最近 3 ~5 个年度的财务报告作为实验资料。

同学根据所学财务报告综合分析或财务预警分析的相关知识，用杜邦分析法或沃尔评分法或财务预警分析方法对公司进行综合分析。

四、实验要求

本实验要求学生熟悉企业资产负债表、利润表及现金流量表等相关报表，利用查找的上市公司的基本资料及 Excel 软件，运用综合分析法或财务预警分析法进行实际业务分析。具体要求如下：

1. 根据该公司的相关报表资料，计算杜邦分析法相关的净资产收益率、权益乘数、总资产净利率、销售净利率、总资产周转率，以文字写出几者的关系，并以数据进行分析验证。

2. 根据该公司的相关报表资料，计算沃尔评分法相关的相关财务比率，并以数据进行分析验证。

3. 根据该公司的相关报表资料，进行财务预警分析。

4. 同学们只需做以上三个实验要求之一即可。

五、实验步骤

1. 用 PDF 格式下载相关报表。

2. 用 Excel 绘制该公司的实验要求的相关原始数据及计算。

3. 完成相关实验报告。

"财务综合分析"实验项目的实验报告规范格式如下：

《财务报告分析》课程实验报告

实验项目名称：_____财务报告综合分析_____

实验时间：_____年　月　日_____

实验地点：__________

实验班级：_____级　专业　班_____

姓　　名：__________

学　　号：__________

小组成员：__________

实验成绩__________　指导教师：__________

评阅方面	优秀	良好	中等	及格	不及格
1. 实验态度（所占比例10%）	态度非常端正，积极主动查阅资料，认真分析问题，不断修改和完善拟定的制度。	态度端正，能按照老师要求查阅资料，分析问题较认真。	态度较端正，能利用老师给定的资料进行分析，拟定的制度缺乏针对性。	态度一般，只是利用部分资料进行分析。	态度较差，没有认真查阅资料、分析问题。
2. 实验项目完成情况（所占比例10%）	制度内容全面，条款简洁清晰，各项制度首尾连贯，格式规范。	较好地完成了实验，制度设计较全面，条款清晰，格式规范。	完成实验一般，制度基本涵盖了该管理制度主要内容，格式规范。	能够完成实验内容，但不完整，格式较为规范。	完成实验较差，制度设计“文不对题”，格式零乱。
3. 实验所依据的原理和方法（所占比例10%）	实验所依据的原理正确，方法可行，拟定的制度可操作性强。	实验所依据的原理正确，方法基本适用。	实验所依据的原理基本正确，方法基本可行。	实验所依据的原理基本正确，所选取的方法并不恰当。	实验所依据的原理不正确，方法也不适用甚至是错误的。
4. 实验过程设计及操作步骤（所占比例10%）	能根据实验要求进行操作，步骤详细、合理、规范。	能根据实验要求进行操作，步骤合理、规范。	能根据实验要求进行操作，步骤规范。	能根据实验要求进行操作，步骤过于简略。	不能完全根据实验要求进行操作，步骤缺损严重。
5. 实验结果与分析（所占比例40%）	能得出很好的实验结果，并进行详细深入的分析。	能得出较好的实验结果，并进行详细分析。	能得出实验结果，并进行了简要的分析。	能得出主要的实验结果，对实验结果的分析不够。	得出的实验结果不完整，也没有进行分析。
6. 实验讨论（所占比例5%）	对实验的内容，包括资料、问题和建议等，都能进行充分的讨论。	能对实验的部分内容进行较为充分地讨论。	对实验的部分内容进行了简要的讨论。	虽对实验的内容进行了讨论，但讨论空洞，不具有针对性。	没有对实验的内容进行讨论。
7. 针对目标企业的措施和建议（所占比例15%）	能针对目标企业的优势和问题，提出切实可行的措施和建议。	能指出目标企业的优势所在，并能就目标企业的某些问题，提出自己的修正措施。	能指出目标企业的优势和问题，提出的措施和建议一般，不具有针对性和可行性。	能指出目标企业的优势和问题，但未提出措施和建议。	不能指出目标企业的优势和问题。

教师评阅成绩：__________

实验目的
实验结果的分析
存在的问题和改进措施（主要指实验过程中存在的问题）

图书在版编目(CIP)数据

财务报告分析/唐俐主编．—成都:西南财经大学出版社,2014.1
(2014.7 重印)

ISBN 978 -7 -5504 -1293 -4

Ⅰ.①财… Ⅱ.①唐… Ⅲ.①会计报表—会计分析 Ⅳ.①F231.5

中国版本图书馆 CIP 数据核字(2013)第 315838 号

财务报告分析

主　编:唐　俐

副主编:王海兵　杨安富

责任编辑:冯　梅

助理编辑:林　伶

封面设计:杨红鹰

责任印制:封俊川

出版发行	西南财经大学出版社(四川省成都市光华村街 55 号)
网　　址	http://www.bookcj.com
电子邮件	bookcj@foxmail.com
邮政编码	610074
电　　话	028 -87353785　87352368
照　　排	四川胜翔数码印务设计有限公司
印　　刷	郫县犀浦印刷厂
成品尺寸	185mm×260mm
印　　张	12.75
字　　数	290 千字
版　　次	2014 年 1 月第 1 版
印　　次	2014 年 7 月第 2 次印刷
印　　数	2001—5000 册
书　　号	ISBN 978 -7 -5504 -1293 -4
定　　价	28.00 元